W0205838

KNAUR

Über den Autor:
Butz Peters, geboren 1958, ist Publizist und Rechtsanwalt und einer der führenden Experten zur Geschichte der Roten Armee Fraktion. Er war Leiter des Ressorts Rechtspolitik beim NDR, Moderator der ZDF-Sendung *Aktenzeichen XY … ungelöst* und schrieb drei Bestseller über die RAF. 2017 erschien bei Droemer *1977. RAF gegen Bundesrepublik.*

Butz Peters

Hundert Tage

Die RAF-Chronik 1977

KNAUR

Besuchen Sie uns im Internet:
www.knaur.de

FSC
www.fsc.org
MIX
Papier aus verantwortungsvollen Quellen
FSC® C083411

Originalausgabe Februar 2017

Ein Imprint der Verlagsgruppe
Droemer Knaur GmbH & Co. KG, München

Covergestaltung: Büro Jorge Schmidt, München
Coverabbildung: Picture Alliance, AKG/AP, AKG/Picture-Alliance/dpa
Satz: Adobe InDesign im Verlag
Druck und Bindung: CPI books GmbH, Leck
ISBN 978-3-426-78811-0

5 4 3 2 1

Vorwort

1977 – ein Jahr, das sich wie nur wenige in die kollektive Erinnerung der Deutschen eingebrannt hat.

Buback – Ponto – Bundesanwaltschaft – Schleyer – Landshut – Mogadischu – Stammheim – Mülhausen. Das sind die Schlagwörter.

Ein Zyklus schockierender Ereignisse: In Karlsruhe liegt die Leiche von Generalbundesanwalt Siegfried Buback stundenlang im Nieselregen am Wegesrand zur »Residenz des Rechts«. In Oberursel führt eine Tochter aus hanseatisch-großbürgerlichem Haus ihrem Nennonkel Jürgen Ponto, Deutschlands erfolgreichstem Banker, seine Mörder in die Villa. In Karlsruhe scheitert der Versuch, mit einer »Stalinorgel« ein Gebäude der Bundesanwaltschaft in Schutt und Asche zu legen – ein »winziger Fehler« ist der Grund. In Köln rinnt das Blut von vier gerade erschossenen Begleitern des deutschen Arbeitgeberpräsidenten Hanns Martin Schleyer im gleißenden Scheinwerferlicht auf den Asphalt einer Anliegerstraße. Auf dem Weg nach Frankfurt kapert ein palästinensisches Luftpiraten-Kommando im Auftrag der RAF die Lufthansa-Boeing »Landshut«, eine Urlaubermaschine auf dem Rückflug von Mallorca. Fünf Tage Luft-Odyssee beginnen – Rom, Larnaka, Bahrain, Dubai, Aden, Mogadischu. In Mogadischu stürmt die Bundesgrenzschutz-Eliteeinheit GSG 9 die »Landshut«, erschießt drei der Entführer und befreit alle Geiseln. Ohne eine ernsthafte Verletzung. Ein Wunder! Kanzler Helmut Schmidt hatte »mit Toten« gerechnet.

Keine acht Stunden nach dem glücklichen Ende auf dem Rollfeld in Somalia finden Justizbeamte in Zellen des Hochsicherheitstrakts in Stuttgart-Stammheim die Leichen der RAF-Köpfe Andreas Baader und Gudrun Ensslin: dem »sichersten Gefängnis der Welt«, wie es der baden-württembergische Justizminister Bender gepriesen hatte. Im Elsass wird die Leiche des Arbeitgeberpräsidenten entdeckt – eingepfercht in den Kofferraum eines Audi 100.

Das alles geschah 1977. Die RAF – nicht einmal zwei Dutzend junge Leute – fühlte sich stark genug, um dem Staat die »Machtfrage« zu stellen. Sie startet den Versuch, Baader & Co. aus den Gefängnissen freizupressen.

Das, was damals tatsächlich hinter den Kulissen auf beiden Seiten passierte, war lange Zeit nicht zu durchschauen. Etliche Gerichtsverfahren arbeiteten die Geschehnisse von 1977 auf – natürlich jeweils nur partiell. Im November 2013 wurde das Urteil in dem letzten großen Strafverfahren rechtskräftig, es ging um den Mord an Generalbundesanwalt Buback. Und noch heute steht eine Entscheidung des Oberlandesgerichts Stuttgart wegen des Buback-Mordes in einem »Klageerzwingungsverfahren« aus.

Im Lauf der Zeit haben sich etliche Täter von einst geäußert, ebenso Ermittler und andere Zeitzeugen. Viele Akten von Strafverfolgern und Ministerien, die damals als vertraulich eingestuft wurden, konnte ich einsehen, auch die der DDR-Staatssicherheit.

Mit einem deutlichen Mehr an Erkenntnissen als heute ist in der Zukunft nicht zu rechnen: Die Akten, die für die Wissenschaft freizugeben waren, wurden nach spätestens dreißig Jahren freigegeben. Und eine Reihe der Akteure von damals ist inzwischen gestorben – wie Helmut Schmidt,

Kurt Rebmann, Klaus Bölling, Gerhard Boeden und Alfred Klaus.

Im Lichte all dieser Erkenntnisse ist es nun möglich, wie durch ein Brennglas fokussiert, die verschiedenen Handlungsstränge dieses dramatischen Jahres 1977 chronologisch zu schildern. Hundert Tage, die die Republik veränderten.

Um die Persönlichkeitsrechte derjenigen zu wahren, die nur zufällig in das RAF-Geschehen geraten sind, beispielsweise als Zeuge bei einem RAF-Anschlag, habe ich ihre Namen geändert und kursiv gesetzt.

Dresden, im Oktober 2016
Butz Peters

Chronik 1977

Sonnabend, 1. Januar

Hamburg-Lokstedt, Gazellenkamp 57 (heute: Hugh-Greene-Weg 1). Das Fernsehzentrum des Norddeutschen Rundfunks: Über einen langen Gang schiebt ein Hausbote einen Rollwagen. Auf ihm gestapelt türmen sich Plastikkoffer mit Sendebändern. Der Mann kommt aus der ASZ, der Aufzeichnungs- und Sendezentrale, und ist auf dem Weg ins Archiv. Auf dem Wagen liegt ein 2-Zoll-MAZ-Koffer mit der Nummer 1033512 – eine elektronische Magnetaufzeichnung mit der »Ansprache des Bundeskanzlers zum Jahreswechsel 1976/77«; ausgestrahlt am Vorabend in der ARD.

In dieser »Neujahrsansprache« benannte Helmut Schmidt die Themen für 1977: die »Arbeitslosigkeit, die wir entschieden und mit allen Mitteln bekämpfen müssen« – 1976 betrug die Arbeitslosenquote in der Bundesrepublik 4,6 Prozent. Das »Bemühen, die schweren Auswirkungen der Weltwirtschaftskrise zu überwinden« – 1976 verzeichnete die Bundesrepublik ein reales Wirtschaftswachstum von satten fünf Prozent. Und Schmidt sprach vom »Drehen an der Ölpreisschraube« durch die »Öllieferanten und den Auswirkungen für unser wirtschaftliches Wohlergehen« – 1976 zahlte der Bundesbürger für den Liter Normalbenzin 91 Pfennig.

Mit Zuversicht blickt der Kanzler auf das neue Jahr: Allen Zuschauern wünscht er »ein fröhliches Herz, damit wir die

Herausforderungen gut bestehen können, die auch das neue Jahr für jeden einzelnen und für uns als Volk bereithält«. Kein Thema in der Ansprache ist der Terrorismus. So auch nicht die RAF: die Rote Armee Fraktion. Der Kanzler ahnt nicht, was auf ihn und die Republik 1977 zukommt.

Mittwoch, 5. Januar

Riehen, eine beschauliche 20000-Einwohner-Gemeinde im Kanton Basel-Land im Grenzgebiet zu Deutschland. Zwischen Lörrach und Basel. Um 19.10 Uhr machen zwei schweizerische Zöllner eine Beobachtung – sie sind auf »Grenzwachtpatrouille«. Aus ihrem Wagen auf dem Parkplatz vor dem Schwimmbad sehen sie, wie zwei junge Männer eine schmale Steintreppe auf einem Rebhang herunterkommen, einer trägt einen Aktenkoffer. Oben ist der Grenzübergang zu Deutschland, zumeist unbewacht, wie auch an diesem Abend: Ein Übergang, den fast nur Einheimische kennen und benutzen – argwöhnisch werden die Männer auf »Grenzwachtpatrouille« immer, wenn sie auf dem Weg jemanden sehen, den sie nicht kennen.

Und da sie die beiden mit dem Aktenkoffer nicht kennen, geben sie ihrem Kollegen Urs Bettschart per Funk auf, sie zu kontrollieren. Er steht unten auf der Weilstraße, in der grauen Zolluniform, er trägt eine Pelerine. Es ist kalt.

Bettschart sieht die beiden auf der anderen Straßenseite kommen, sie schlendern unauffällig. Er geht zu ihnen hinüber und bittet sie, ihm ihre Ausweise zu zeigen.

Das tun sie. Aus dem Restaurant »Wiesengarten«, es ist gut besucht und hell erleuchtet, fällt viel Licht auf die Straße. So erkennt Bettschart, ohne seine Taschenlampe zu Hilfe nehmen zu müssen, dass es sich um einen dänischen und einen deutschen Pass handelt und die Fotos die Männer zeigen, die vor ihm stehen. Der »Däne« ist ohne »Schnauz«, der Deutsche mit.

Der Grenzer ist etwas stutzig geworden: Auf der Treppe über den Rebhang ist ein »Däne« selten. Vor allem einer, der fließend Deutsch spricht mit einem eigentümlichen Dialekt, der nicht so richtig echt nach Dänemark klingt. Hinzu kommt, dass die beiden, nach Ausweislage ein Däne und ein Hamburger, mit dem Aktenkoffer bei Dunkelheit in die Schweiz einwandern – ohne weiteres Gepäck.

Deshalb fordert Bettschart die beiden Männer auf, ihm ins Zollhaus zu folgen, ganz in der Nähe. Dort will er die beiden in Ruhe überprüfen, anhand der dicken Fahndungsbücher – Computer gibt es noch nicht. Dem Zöllner erscheint die Sache als Routinefall. Er glaubt, alles werde sich rasch aufklären. Er steckt die Ausweise unter seine Pelerine und schreitet voran. Richtung Zollhaus.

Dass seine Einschätzung über die beiden Grenzgänger nicht richtig ist, spürt er im nächsten Augenblick. In den Hintern trifft ihn eine Kugel. Der »Däne« hinter seinem Rücken feuert aus einer Entfernung von 1,50 Metern insgesamt dreimal. Bettschart taumelt einige Schritte nach vorn. Dann stürzt er auf die Fahrbahn. Ein Renault 6 weicht aus. Ein VW bremst scharf.

Der Renault stoppt. Aus ihm steigen die Eheleute *Rosa* und *Anton Zellmann* sowie ein Bekannter von ihnen. Sie wollen sehen, was los ist: warum der Zöllner taumelte und auf die Straße stürzte. Die Türen lassen sie offen. Auf einmal springt der »Däne« auf den Beifahrersitz, rutscht durch auf den Fahrersitz und greift zum Zündschlüssel. Der steckt.

Irritiert und um seine Karosse bangend, kommt *Anton Zellmann* angerannt, fragt den Fremden hinter seinem Steuer: »Was ist da?« Der »Däne« feuert aus einer Pistole auf Zellmanns Kopf. Haarscharf zischt die Kugel an ihm vorbei. Schlagartig hat *Zellmann* verstanden, »was« da ist. Mit einem lauten Schrei lässt er sich auf die Straße fallen. Der »Däne« versucht, den Renault zu starten, mehrfach. Aber es gelingt ihm nicht. Der Anlasser dreht durch. Der Mann steigt aus, *Anton Zellmann* liegt regungslos auf dem Boden – er stellt sich tot. Der »Däne« verschwindet im Dunkel der Nacht, zusammen mit seinem Komplizen. Sofort werden Großfahndungen in der Schweiz und in Deutschland eingeleitet. Sie bleiben ergebnislos.

Bei den Pässen stellt sich heraus: Den dänischen hatte sein Besitzer verloren gemeldet – ausgestellt ist er auf den Namen Kaj Ringvig Larsen in Horsens an der Ostküste Jütlands. Einzige Verfälschung: Dort, wo einst ein Foto von Larsen war, klebt nun das von Christian Klar. Das Foto in dem deutschen Pass – ausgestellt vom Bezirksamt Hamburg-Altona für Knut Alfred Häveker, zeigt Günter Sonnenberg mit Schnauzbart.

Wenige Stunden zuvor, an diesem ersten Mittwoch im Jahr 1977, hatte der Ermittlungsrichter des Bundesgerichtshofs einen Haftbefehl gegen Christian Klar erlassen – Verdacht: Mitgliedschaft in einer terroristischen Vereinigung. Ein sogenannter »Abtauchhaftbefehl«: den erlässt der Ermittlungsrichter auf Antrag der Bundesanwaltschaft, wenn eine Person aus dem RAF-Umfeld spurlos verschwunden ist und gravierende Anhaltspunkte dafür bestehen, dass sie in den Untergrund abgetaucht ist. Klar (25), Aktivist in der Karlsruher RAF-Sympathisantenszene, war im Herbst 1976 aus seiner Wohnung in Karlsruhe in der Luisenstraße 2a spurlos verschwunden. Die Miete hatte er zum letzten Mal für Oktober 1976 überwiesen.

Dieser Haftbefehl mit dem Aktenzeichen II BGs 21/77 besteht für zwei weitere Personen: Günter Sonnenberg (22) und Knut Folkerts (25). Die drei gelten bei der Karlsruher Polizei als Macher der »spontan-frivol-brutalen Art«. Mehrere Jahre hatten sie zusammen in Wohngemeinschaften in Karlsruhe gelebt. Oftmals waren sie gemeinsam aufgetreten. Gekämpft hatten sie für selbstverwaltete Jugendzentren und gegen die Haftbedingungen der RAF-Häftlinge in dem »Komitee gegen die Isolationsfolter«.

Einen »Abschiedsbrief« ihres Sohnes hatten die Eltern von Günter Sonnenberg ohne Vorwarnung im November 1976 erhalten, aus Mülhausen/Frankreich. Der Student der Philosophie, Geschichte und Politik teilte ihnen mit, er werde ein Urlaubssemester einlegen und nun mit Freunden auf eine »Weltreise« gehen.

Knut Folkerts hielt sich mit Gelegenheitsarbeiten und als Taxifahrer in Karlsruhe über Wasser. Durchgerauscht war er bei der Aufnahmeprüfung an der Staatlichen Hochschule für Musik. Ähnlich wie seine Freunde Christian Klar und Günter Sonnenberg war er, von langer Hand vorbereitet, im Herbst 1976 abgetaucht. Alle drei sind entsprungene Kinder des Bürgertums, brachten alle Voraussetzungen mit, um ein beschaulich-bürgerliches Leben zu führen. Alle drei kommen aus badischen Beamtenfamilien und wuchsen behütet auf: Der Vater von Christian Klar ist Vizepräsident des Oberschulamts Nordbaden, zuvor war er Gymnasialdirektor, seine Mutter Gymnasiallehrerin; Folkerts Vater ist Bundesbahninspektor, Sonnenbergs Vater Bundesbahnoberamtsrat.

Die Situation an diesem 5. Januar ist Sinnbild für das ganze Jahr 1977 und die Erkenntnisse der Strafverfolger über die RAF: Die Ermittler wissen, nach wem sie suchen, aber nicht, wie sie sie fassen können.

Freitag, 7. Januar

Bonn, Stadtteil Bad Godesberg, am Kurpark, Friedrich-Ebert-Straße 1: Dienstbesprechung in der Abteilung TE – Terrorismus – des Bundeskriminalamts. Kaffeetassen und Aschenbecher stehen auf dem Tisch. Zigaretten qualmen. Die Männer überlegen, warum Christian Klar bei Dunkelheit in die Schweiz eingewandert sein könnte und sofort von der Schusswaffe Gebrauch gemacht hatte. Seit sechs Wochen wissen sie, dass elf Personen an Vorbereitungen für die gewaltsame Befreiung von Andreas Baader, Gudrun Ensslin, Jan-Carl Raspe und anderen RAF-Häftlingen arbeiteten: Am 30. November 1976 hatten Polizeibeamte Siegfried Haag, einst Verteidiger von Andreas Baader, auf der Autobahn in der Nähe von Butzbach in Hessen gestellt. Auf der Rückbank des Opel Admiral in einer »Herrentragetasche« und im Kofferraum lagen eine Reihe rätselhafter Papiere: Die 132 Seiten Notizen sind ebenso kryptisch wie alarmierend. In ihnen zu lesen ist von »Margarine«, »Rückzug (wer wohin?)«, »Perspektiven nach Margarine«, »Big Money (Vorbereitung schon jetzt)«, »Big Raushole – Rache!« Anderthalb Jahre zuvor war der Rechtsanwalt aus Heidelberg abgetaucht. Nun fuhr er in der Riesenlimousine durch die Republik, chauffiert von seinem »Assistenten« Mayer, Richtung Süden. Offenbar hatte er Größeres vor. Schon sehr bald.

BKA-Chefanalytiker Alfred Klaus studierte die Papiere

über Wochen und stellte fest, alles spreche dafür, dass es sich »um ein auf Zeit angelegtes Untergrundnetz zum Zwecke einer bewaffneten Aktion zur Befreiung der RAF-Gefangenen« handle. Alarmierend für die Sicherheitsbehörden war Klaus' Feststellung: »Die hierfür erforderlichen logistischen Voraussetzungen – Geld, Wohnungen, Depots, Autos, Waffen, Sprengstoff, falsche Papiere – standen offenbar kurz vor dem Abschluss.«

In den Aufzeichnungen entdeckt Alfred Klaus Anhaltspunkte für fünf »operative Planungen«, und zwar:

»1. ein unmittelbar bevorstehendes ›Kommando‹-Unternehmen, Deckname ›Margarine‹,

2. eine in Vorbereitung befindliche bewaffnete Aktion zur Beschaffung einer großen Geldsumme, Stichwort ›Big Money‹,

3. eine geplante ›Rache‹-Aktion zur Befreiung einer größeren Anzahl von Gefangenen, Stichwort ›Big Raushole‹, sowie die

4. Vorbereitung eines Bankraubes durch die ›Filiale 2‹ und

5. einen Einbruch in eine Passbehörde (›Amt‹) durch die ›Filiale 1‹ zur Beschaffung von Dokumenten für die Herstellung von Falschpapieren.«

Die Ermittler in Bad Godesberg vermuteten, dass eine neue RAF-Formation dabei ist, die Liste »abzuarbeiten«, und die Aufgaben 4. und 5. bereits erledigt hat: Am 12. November 1976 überfiel ein RAF-Trupp die Bezirkshauptmannschaft in Landeck/Tirol und erbeutete stapelweise Ausweise – Reisepässe, Personalausweise, Waffen- und Führerscheine – sowie Stempel. Und keine vier Wochen ist es her, da erfolgte der »Bankraub«: Am 13. Dezember 1976 überfielen drei RAF-Mitglieder eine Filiale des »Creditanstalt – Bankverein« in Wien, Kärntnerstraße. Auf der Flucht gefasst wurde Waltraud Boock, Ehefrau von Peter-Jürgen Boock.

So vermuten die BKA-Beamten, dass die beiden Männer bei ihrer Wanderung in die Schweiz »eine Aufgabe« im Rahmen der Planungen in den Haag-Mayer-Papieren »zu erledigen« hatten: irgendetwas dorthin zu schaffen oder von dort zu holen. Aber was in dem Koffer war oder in ihn hinein sollte, bleibt für die Ermittler ein Rätsel. Eine Waffe? Geld? Ausweise?

Der Tatort Riehen legt für sie die Vermutung nahe, dass Klar & Co. den nächsten Schlag im Südwesten der Republik planen. Sie überlegen, was wo passieren könnte – vor allem auch, was der Tarnname »Margarine« zu bedeuten hat. Aber sie finden keine überzeugende Antwort. Jedenfalls spricht an diesem ersten Freitag im Jahr 1977 für die TE-Leute am Kurpark in Bad Godesberg alles dafür, dass die RAF dabei ist, ein »›Kommando‹-Unternehmen« im Südwesten der Republik vorzubereiten. Aber was heißt »Margarine«?

Montag, 10. Januar

In Stuttgart-Stammheim beginnt das Jahr mit einem Paukenschlag. Im »Mehrzweckgebäude« der Justizfestung Stammheim läuft das Strafverfahren gegen die »Köpfe« der ersten RAF-Generation, die noch leben: Andreas Baader, Gudrun Ensslin und Jan-Carl Raspe – Ulrike Meinhof hatte sich acht Monate zuvor in ihrer Zelle erhängt, Holger Meins zwei Jahre zuvor zu Tode gehungert. Das Strafverfahren läuft bereits seit zwanzig Monaten. Nach den Vorstellungen der Richter soll es bald, in den nächsten Monaten, in die Zielgerade münden. Die Urteilsverkündung planen sie fürs Frühjahr.

Für Überraschung sorgt ein Befangenheitsantrag von Otto Schily, Verteidiger von Gudrun Ensslin, gegen den Gerichtsvorsitzenden Prinzing. Nicht die Tatsache, dass er einen Befangenheitsantrag stellt, sorgt für Aufmerksamkeit – deren wurden in dem Verfahren bislang über fünf Dutzend gestellt und allesamt abgelehnt –, sondern Schilys Begründung.

Er erklärt, der Vorsitzende Prinzing habe »ohne Wissen der übrigen Senatsmitglieder Ablichtungen aus den Ermittlungsakten dieses Verfahrens – und zwar solche Aktenbestandteile, die weder durch Vorhalt noch durch Verlesung in die Hauptverhandlung eingeführt worden sind – sowie Ablichtungen aus dem Wortprotokoll der Hauptverhandlung (Tonbandniederschrift) dritten, am Prozess nicht beteiligten, Personen überlassen« – und zwar unter anderem Bundesrichter Mayer vom dritten Strafsenat des Bundesgerichtshofs. Dieser Senat in Karlsruhe ist für die Beschwerden gegen Entscheidungen des Prinzing-Senats in Stuttgart zuständig; ebenso für die Revision gegen das Urteil. Dass Prinzing Verfahrensunterlagen an seinen Kollegen weitergegeben habe, habe er »auch nicht in den Gerichtsakten vermerkt«, behauptet Schily.

Prinzing bestreitet nicht den Sachverhalt, meint aber, nichts Unzulässiges getan zu haben. In einer »dienstlichen Erklärung« schreibt er noch an diesem Montag, BGH-Richter Mayer habe ihn im vergangenen Sommer angerufen und erklärt, »›uns‹ oder ›den Senat‹ würde der den ›Ensslin-Kassiber‹ betreffenden Teil der Aussage Müllers interessieren«.

Gerhard Müller, Ulrike Meinhofs letzter Begleiter in Freiheit, hatte im Stammheimer Verfahren Angaben zu diesem Kassiber gemacht – es ist Deutschlands rechtsgeschichtlich bedeutsamster Schmuggeltext: Gefunden worden war er bei

Meinhofs Verhaftung am 14. Juni 1972 in Hannover. Die zwei DIN-A4-Blätter, eng betippt, steckten in ihrer schwarzen Samtjacke – mit Ratschlägen an die RAF-Mitglieder in Freiheit, was sie nun, nach Ensslins Verhaftung, tun sollten, beispielsweise welche Verstecke aufgegeben (»Laube räumen«) und wie sich RAF-Mitglieder verhalten sollten (»Liesel … mach' die Fresse zu u. bleib i. Loch«)[1].

Außer Frage steht, dass Ensslin den Text verfasst hat, und zwar – das ist der springende Punkt – eindeutig nach ihrer Verhaftung: eindeutig, weil sie in dem Text auch ihren Transport im Hubschrauber von Hamburg in die Justizvollzugsanstalt Essen schildert.

Gefasst worden war sie eine Woche vor Ulrike Meinhof. Seither saß sie in strenger Einzelhaft in der JVA Essen. So war seinerzeit für Kriminalisten und Juristen ein Rätsel – und ist es heute noch immer –, wer den Text aus der Haftanstalt geschafft und veranlasst hat, dass er getippt wurde; Ensslin stand keine Schreibmaschine zur Verfügung. In Verdacht geriet ebenjener Otto Schily, weil er, so später die Sichtweise von BKA und Justiz, Ensslins einziger Besucher in der Haftanstalt in Essen war.

Deshalb schloss ihn der BGH-Ermittlungsrichter am 17. Juni 1972 von der weiteren Verteidigung Ensslins aus. Die Entscheidung bestätigte der dritte Strafsenat des Bundesgerichtshofs – bei dem Beschluss hatte jener Albrecht Mayer den Vorsitz, dem Stammheim-Richter Prinzing die Kopien aus dem Strafverfahren gegen Baader & Co. vier Jahre später zuschickt. Die Begründung von ihm und seinen Kollegen in dem Schily-Beschluss: Auch wenn es keinen Beleg dafür gab,

1 »Liesel« war der Deckname von Ulrike Meinhof.

dass Ensslins Verteidiger tatsächlich den Kassiber schmuggelte, begründe »die Gesamtheit« der »Umstände« gegen ihn »den dringenden Verdacht, dass er den Kassiber aus der Anstalt gebracht hat, mag er sich dazu auch erst auf Drängen der Beschuldigten Ensslin bereitgefunden haben.« Unter anderem stützte sich der Senat darauf, dass zwei Beamtinnen, die ebenfalls mit Ensslin allein gewesen waren, »von der Anstaltsleitung als seit Jahren im Vollzugsdienst erprobte Bedienstete und als außerhalb des Verdachts einer so schweren Pflichtverletzung stehend beurteilt« worden seien, »wie sie in der Beförderung eines Kassibers zu erblicken wäre«. Bei den beiden Beamtinnen gebe es nichts, resümierte das Gericht, »was Zweifel an ihrer Glaubwürdigkeit und Vertrauenswürdigkeit begründen könnte«. Deshalb, so der brachiale Umkehrschluss, könne nur Schily der Bote gewesen sein.

Diese Entscheidung kassierte das Bundesverfassungsgericht ein halbes Jahr später. Dahinstehen könne, ob Schily der Schmuggler war oder nicht, erklärt das Gericht. Denn so oder so gebe es für seinen Ausschluss aus dem Verfahren keine Rechtsgrundlage. Eine schallende Ohrfeige für den stellvertretenden BGH-Vorsitzenden Mayer und seine Kollegen – die Quintessenz der Verfassungsrichter salopp formuliert: Die Richter in Deutschlands höchstem Staatsschutzsenat wussten nicht, was das Gesetz besagt.

Und Prinzing? Wie begründete er, im Januar 1977, das Recht gehabt zu haben, die Kopien von den Müller-Aussagen aus seinem Verfahren an seinen Kollegen Mayer zu schicken? Ganz einfach. Weil er, so schreibt er in einer »dienstlichen Erklärung« am 10. Januar 1977, »über solche Dinge« als Vorsitzender »allein entscheiden« könne. Nicht in Abrede stellt er, mehrfach mit BGH-Richter Mayer gesprochen zu haben, den er seit »1 1/2 Jahrzehnten« kenne. Aber er lehnt ab, zur Anzahl und zum Inhalt der Gespräche etwas zu sagen, weil sie »nur privaten« Charakter gehabt hätten.

Anwälte von RAF-Angeklagten mutmaßen daraufhin, Prinzing wolle über die Gespräche deswegen nichts sagen, weil er sich mit dem für seine Kontrolle zuständigen BGH-Richter abgestimmt und so seine Entscheidungen »beschwerde-« und »revisionssicher« gemacht habe: Vor den Entscheidungen seines Senats habe er in den Gesprächen mit Mayer ausgelotet, so der böse Verdacht, welche Entscheidungen und welche Begründungen »eine Instanz höher« beim BGH unbeanstandet bleiben.

Schilys Befangenheitsantrag weisen Prinzings Kollegen zurück.

Dienstag, 18. Januar

Schily macht weiter. Er stellt den nächsten Befangenheitsantrag gegen Prinzing – nun für seine Mandantin Gudrun Ensslin. Begründung: Prinzing habe »am 10.1.1977 eine falsche dienstliche Erklärung abgegeben«: »Die Behauptung, es habe ein ›amtliches Interesse des 3. Strafsenats‹ vorgelegen und die Anforderung der Unterlagen durch Bundesrichter Mayer sei entsprechend begründet worden, ist unrichtig«, trägt Schily vor: »Keinem der Mitglieder des 3. Strafsenats des Bundesgerichtshofs – mit Ausnahme von Bundesrichter Mayer – war etwas davon bekannt, dass irgendwelche Unterlagen aus dem Stammheimer Verfahren bezüglich der Aussage des Zeugen Gerhard Müller angefordert worden sind.«

Somit sei, so Schily weiter, die Behauptung Prinzings »unrichtig, Bundesrichter Mayer habe die Unterlagen nicht zur privaten, sondern zur amtlichen Information des gesamten 3. Strafsenats angefordert.« Tatsächlich habe er die Unterlagen an Mayer »ausschließlich aufgrund der langjährigen privaten Bekanntschaft« zwischen beiden geschickt.

Was Schily mit einer Nutzung zur privaten Information durch Richter Mayer meint, ist mittlerweile klar – durch eine breite Berichterstattung in den Medien in diesen Tagen, vorneweg dem *Spiegel:* Mayer hatte die Kopien aus Stuttgart nicht zur Akte genommen, sondern sie an Herbert Kremp weitergeschickt, den Chefredakteur der *Welt«* – mit der Anregung, einen Artikel gegen den *Spiegel* zu verfassen.

Bundesrichter Mayer sann auf publizistische Rache, weil das Nachrichtenmagazin im September 1972 kritisch über den unter seinem Vorsitz zustande gekommenen »Schily«-Beschluss berichtet, ihm »Gesinnung statt Beweis« attestiert und kommentiert hatte, Deutschlands oberste Strafrichter böten ein »eindringliches Beispiel dafür, wie zu Lasten des Betroffenen eine schwerwiegende Entscheidung auch allein auf Verdachtsmomente gestützt werden kann, wenn nur die richtige Richtung eingeschlagen wird«.

So schickte Mayer mehr als vier Jahre nach dieser Veröffentlichung an den »lieben Cartellbruder Kremp« drei Seiten aus den Zeugenaussagen von Gerhard Müller, von denen er meinte, sie belegten, dass Otto Schily der Kassiber-Bote gewesen sei. (Tatsächlich tun sie das nicht: Es sei »stillschweigend immer von Schily ausgegangen« worden, erklärte Müller im Juli 1976 als Zeuge in Stammheim über das, was er seinerzeit, im Sommer 1972, in RAF-Kreisen hörte, aber »der Name Schily« sei »explizit nie gefallen.«)

BGH-Richter Mayer fragt seinen »Cartellbruder« in seinem Anschreiben: »Möchte sich die ›Welt‹ nicht unter dem

Aspekt dieser neuen Erkenntnisse noch einmal mit dem Aufsatz im ›Spiegel‹ vom 4.9.1972 (Nr. 37) Seite 67 befassen? Nicht um meinetwillen, sondern um einmal wieder die Haltung und die Praktiken dieses Blattes deutlich werden zu lassen, das sich seinerzeit mit eilfertiger Bereitwilligkeit die – wie sich nun zeigt – von Ströbele und Müller ausgeheckte Entlastungslegende zu eigen machte und das den Baader-Meinhof-Leuten soviel publizistische, gelegentlich auch materielle Unterstützung (Honorare für Interviews aus der Untersuchungshaft) zuteil werden ließ. Vielleicht könnte diese Aufgabe gar einen Chefredakteur reizen?«

Den Chefredakteur reizt die Geschichte nicht. In der *Welt* erscheint nichts. Aber anders als von Mayer in seinem Schreiben an Kremp erbeten, wurden seine Unterlagen nicht »nach Ausgebrauch vernichtet«, sondern landeten beim *Spiegel* und bei Schily. Das ist das Ende der Karriere des Bundesrichters: Noch an dem Tag, an dem die »Aktenaffäre« bekannt wird, am 10. Januar 1977, schiebt das Präsidium des Bundesgerichtshofs Mayer in den weniger exponierten vierten Strafsenat ab. Prinzing bleibt. Der »Aktenaffäre« folgt die »Anrufaffäre«.

Donnerstag, 20. Januar

Stuttgart-Stammheim, 174. Verhandlungstag. Heute stellt Baader-Verteidiger Hans Heinz Heldmann einen Befangenheitsantrag gegen Prinzing. Es ist der fünfundachtzigste in diesem Verfahren. Prinzing habe »mit einem der Verteidiger in diesem Verfahren außerhalb der Haupthandlung Kontakt aufgenommen«, begründet der Anwalt seinen Antrag, »um mit ihm über in der Hauptverhandlung gestellte Anträge, zumindest jedoch über einen in der Hauptverhandlung gestellten Antrag zu sprechen«. Im Verlauf des Gesprächs habe Prinzing unter anderem gesagt, es mache einen Unterschied, ob ein Ablehnungsgesuch von dieser oder jener Seite der Verteidigerbänke gestellt werde – gemeint war damit die Front zwischen den »Vertrauensanwälten« und den Verteidigern, die das Gericht gegen den erklärten Willen der Angeklagten ihnen beigeordnet hatte. Für jeden der Angeklagten hatte Prinzing, ohne mit ihnen Rücksprache zu halten, zwei Verteidiger beigeordnet, um zu verhindern, dass, falls die Vertrauensanwälte ihre Mandate niederlegen, der ganze Prozess platzt – es handelt sich um ein Verfahren mit »notwendiger Verteidigung« nach der Strafprozessordnung. Verhandelt werden darf nur, wenn für jeden Angeklagten mindestens ein Verteidiger im Saal ist.

Auch die Geschichte, die nach Heldmanns Antrag ans Tageslicht kommt, ist irrwitzig: Es geht um ein Telefonat nach Feierabend zwischen dem Vorsitzenden Prinzing und Manfred Künzel aus Waiblingen, einem Verteidiger, den der Vorsitzende Gudrun Ensslin beigeordnet hatte. Ensslin hasst Künzel, wechselt mit ihm kein einziges Wort während des gesamten Verfahrens. Künzel kommt sich vor »als Ratte für sie, Verteidiger ohne Vertrauen«. Im Laufe des Verfahrens hat sich Künzels Einstellung zu seiner Rolle grundlegend gewandelt. Ihm ist klar geworden, so sagt er in der Rückschau, dass »die zwangsweise Beiordnung eine Ungeheuerlichkeit gegenüber dem Angeklagten« darstelle, weil der Anwalt nicht in das »Verteidigungskonzept« eingeweiht sei.

Deshalb hatte er schon lange keine Anträge mehr in dem Verfahren gestellt, am Anfang waren es drei gewesen – weil für ihn »die Gefahr, das Konzept der Angeklagten zu durchkreuzen, einfach zu groß war«. So sei für ihn in dem Stammheimer Gerichtssaal alles »auf ein aufmerksames Zuhören« hinausgelaufen – ähnlich einem Journalisten in der ersten Reihe. »Während die Verteidiger auf der anderen Seite etwa bei dem wochenlangen Ringen um die Verhandlungsfähigkeit um die Interessen der Angeklagten bis zum Umfallen gekämpft haben«, bilanziert er über die Front zwischen den beiden Verteidigergruppen in dem Stammheim-Prozess, »kam es auf Seiten der beigeordneten Verteidiger gelegentlich zum Kampf gegen den Schlaf«.

Zu dem Verteidigungskonzept der Vertrauensanwälte gehört auch die Argumentation, dass mehrere RAF-Anschläge wegen des Vietnamkrieges gerechtfertigt seien. So trägt beispielsweise Baader-Anwalt Heldmann vor, dass die »USA Handlungen, die als Völkerrechtsverbrechen zu würdigen sind, auch vom Territorium der Bundesrepublik aus begangen« hätten und deshalb zu klären sei, »ob seinerzeitige Gewaltanwendung gegen bestimmte militärische Einrichtungen der USA auf dem Territorium der Bundesrepublik, so Bombenangriffe auf die US-Stützpunkte in Frankfurt und Heidelberg, gerechtfertigt waren«.

Und Ensslin-Verteidiger Otto Schily beantragt, als Zeugen »1. den früheren US-Präsidenten Richard M. Nixon, San Clemente (Californien), USA, 2. den früheren Verteidigungsminister der US-Regierung, Melvin Laird, 3. den früheren stellvertretenden US-Verteidigungsminister Daniel James« und »4. den früheren Oberbefehlshaber der US-Streitkräfte in Vietnam, General Creighton Abrams« zu laden. Notwendig sei die Ladung der Zeugen, weil sie »bekunden« würden, trägt Schily vor – zwei Jahrzehnte später ist er Bundesinnenminister –, »daß sie, in der Ansicht, das vietnamesische Volk ganz oder mindestens teilweise zu zerstören, zusammen mit anderen bekannten oder unbekannten Mittätern in den Jahren 1968 bis 1974 in Fortsetzung des Vorgehens der früheren US-Präsidenten Eisenhower, Kennedy und Johnson vorsätzlich Vietnamesen in großer Zahl getötet und Vietnamesen in noch größerer Zahl schwere körperliche oder seelische Schäden zugefügt haben«, und außerdem, »daß sie ferner das vietnamesische Volk unter Lebensbedingungen gestellt haben, die geeignet waren, dessen körperliche Zerstörung ganz oder teilweise herbeizuführen«.

Derartige Anträge stellten Künzel und die anderen Verteidiger nicht, die den Angeklagten gegen ihren Willen beigeordnet sind. Aber Künzel hatte doch noch einen Antrag in dem Verfahren gestellt, und zwar einen Befangenheitsantrag gegen Prinzing – eine Woche zuvor, am 13. Januar 1977, eine Woche vor Heldmanns Ablehnungsantrag. Noch am selben Abend erhielt Künzel einen Anruf von Prinzing. »Herr Künzel, Ihr Antrag ist für mich das Schlimmste, was ich in zwei Jahren mitgemacht habe«, bricht es aus dem Vorsitzenden heraus. Künzel hatte den Antrag gestellt, weil er für sich zu der Einsicht gekommen war, nicht anders handeln zu können. Nicht nachvollziehbar für ihn war in Prinzings »dienstlicher Erklärung« über seinen Kontakt zu Mayer die Aussage, zu privaten Gesprächen sage er nichts, auch wenn sie sich mit Rechtsfragen befassten. Diese Äußerung befeuerte nach Künzels Verständnis die Vermutung, dass Prinzing mit einem Richter der übergeordneten Instanz seine Entscheidungen abgestimmt habe, um sein Risiko zu minimieren, dass eine seiner Entscheidungen aufgehoben wird.

Wie Künzel ging es vielen bei Prinzings »dienstlicher Erklärung«: Ihnen fehlte schlicht die Fantasie, sich vorzustellen, dass die beiden Richter, die seit anderthalb Jahrzehnten privat verkehrten und entscheidende Funktionen in dem seinerzeit aufsehenerregendsten Strafverfahren der Republik hatten, mit viel juristischem Neuland und etlichen Fallstricken, sich regelmäßig über Rechtsfragen in Gesprächen austauschten, die ausschließlich »privaten Charakter« besaßen. In dem Stammheimer Verfahren stellten sich etliche spannende juristische Fragen.

Anlass für Prinzings Anruf an diesem Abend war offenbar, dass nun zum ersten Mal in dem Verfahren ein Befangenheitsantrag gegen ihn von einem Verteidiger gestellt worden war, den er ausgesucht hatte. So erläutert er Künzel, dass es für ihn einen Unterschied mache, von welcher Seite ein solcher Antrag käme. Nun werde wieder die Presse über ihn herfallen, sagt er sich selbst bemitleidend – Künzel war als Rechtsreferendar bei Prinzing zur Ausbildung: Zwischen beiden besteht eine Art von Ausbilder-Auszubildender-Verhältnis.

Künzel bittet Prinzing, »sich doch einmal in die Lage der Frau Ensslin zu versetzen, die sich nun sagen müsse, dass eine zukünftige Revision sinnlos ist und die sich später immer sagen müsse, dass ihre Revision sinnlos gewesen sei, weil ja ein Austausch zwischen den beteiligten Senaten stattgefunden habe« – »mit dem Ziel, ein revisionssicheres Urteil zu erstellen«.

»Das ist doch der Frau Ensslin egal«, erwidert Prinzing: »Das kommt doch alles von Rechtsanwalt Schily.«

Künzel entgegnet, dass er sich dies nicht vorstellen könne. Prinzing jammert: »Wenn ich das nicht durchstehe, Herr Künzel …«

Künzels Fazit, so erklärt an diesem 20. Januar 1977 in Stammheim: »Ein Richter, der diese Sorge hat, sie einem anderen gegenüber äußert und dies gegenüber einem Verteidiger, der gerade einen Ablehnungsantrag gegen ihn gestellt hat, will auf die Verteidigung einwirken.«

Um 16.45 Uhr sitzt Prinzing nicht mehr auf dem Vorsitzendenstuhl. Bevor Eberhard Foth, bislang Beisitzer, auf ihm Platz nimmt, verkündet er: »Die Ablehnung des Vorsitzenden Dr. Prinzing ist begründet.«

»Darauf, ob Dr. Prinzing befangen ist oder sich befangen fühlt, kommt es entscheidend nicht an«, begründet Foth die Absetzung seines Vorgängers: »Maßgebend ist, ob aus der Sicht der Angeklagten vernünftigerweise Misstrauen in die Unparteilichkeit des Richters gesetzt werden kann. Diese Befürchtung ist nicht ganz von der Hand zu weisen, wenn Dr. Prinzing – nach seiner dienstlichen Erklärung – Rechtsanwalt Künzel seine ›Kenntnis‹ mitgeteilt hat, die Angeklagten zeigten sich von den bekanntgewordenen Vorgängen im Zusammenhang mit der sogenannten Akten-Affäre merkwürdig unberührt und ohne Interesse, Baader habe sogar geäußert, was das wieder für eine Kiste eines Rechtsanwalts sei, oder – nach der Erinnerung von Rechtsanwalt Künzel – ›Das ist doch der Frau Ensslin egal, das kommt alles von Rechtsanwalt Schily.‹ Ging der abgelehnte Richter von einem solchen Sachverhalt aus, ohne daß eine Klärung stattgefunden hätte, und brachte er ihn in Zusammenhang mit vorausgegangenen Anträgen der Verteidigung, so ist aus der Sicht der Angeklagten die Befürchtung nicht unbegründet, Dr. Prinzing messe aufgrund eines solchen ungeprüften Vorganges derartigen Anträgen eine geringere Bedeutung bei, als ihnen sonst zukäme.«

Eine solche Situation sei geeignet, »die Ablehnung zu begründen«. Prinzing ade. Achtzehn Sitzungstage vor Urteilsverkündung.

Donnerstag, 3. Februar

»Meldung« in der Justizvollzugsanstalt Stammheim von Obersekretär Grossmann: »Beim Umschluss am 3.2.1977 gegen 14.15 Uhr ging der Gef. Baader in die Zelle 713 zu Ensslin hinein. Nachdem ich einige Schritte in Richtung Zelle kam, kam Baader wieder aus der Zelle heraus und schrie: ›Was wollen Sie hier, Sie Arschloch, bleiben Sie draußen an Ihrem Arbeitsplatz sitzen.‹ (Stuhl).«

Ein Mann in der Zelle einer Frau – und das in der Untersuchungshaft bei zwei Mitbeschuldigten? Hä? Haben Sie eben etwas falsch gelesen? Oder hat der Autor dieser Zeilen etwas durcheinandergebracht? Nein. Nichts von beidem. Sondern die tatsächliche Situation 1977 auf der siebten Etage in Stammheim.

Vier Jahre zuvor, 1973, nachdem feststand, dass der Prozess gegen Baader & Co. in Stuttgart stattfindet, wurde die Stuttgarter Justizvollzugsanstalt Stammheim zu einer Festung und die siebte Etage zum Hochsicherheitstrakt ausgebaut. Dort wurden 1974 Baader, Ensslin, Meinhof und Raspe untergebracht. So trafen sich die RAF-Köpfe wieder – nachdem sie zwei Jahre lang nach ihren Verhaftungen in verschiedenen Haftanstalten inhaftiert waren.

Auf dieser siebten Etage setzte die baden-württembergische Justizverwaltung zwei eiserne Grundsätze des Untersuchungshaftrechts außer Kraft. Zum einen, dass Männer und Frauen in den Haftanstalten strikt voneinander zu trennen sind. Und zum Zweiten, dass Angeklagte in derselben Sache bis zum Ende der Gerichtsverhandlung nicht in derselben Anstalt untergebracht werden – damit sie keinen Kontakt zueinander haben und sich nicht absprechen können.

Für die in Stammheim einmalige Situation hatten sich Ministerialdirektor Rebmann und seine Kollegen im Stuttgarter Justizministerium entschlossen, weil sie sich nicht vorwerfen lassen wollten, wie in französischen Zeitungen und anderswo geschehen, in Deutschland würden Häftlinge wieder gefoltert und in »Isolationshaft« gehalten. Als diese Entscheidung am Schillerplatz in Stuttgart fiel, war das Dritte Reich vor dreißig Jahren untergegangen. Der Vergleich schmerzte die Menschen, die die NS-Diktatur erlebt hatten und nun Verantwortung in der Justizverwaltung trugen.

Von den RAF-Häftlingen und ihrem Umfeld draußen wurde immer und immer wieder verbreitet, in Stuttgart würden Baader & Co. in »Isolationshaft« gehalten und »gefoltert«. Die Wirklichkeit in Stammheim ist eine andere – die Haftbedingungen von Baader, Ensslin, Meinhof und Raspe sind im Vergleich zu anderen Untersuchungshäftlingen einzigartig: Jeder hat eine neun- oder zweiundzwanzig Quadratmeter große Zelle für sich. Eine Etage tiefer liegen sechs Mann in einer Zweiundzwanzig-Quadratmeter-Zelle, die für drei Mann gedacht war. Jeder RAF-Häftling hat Fernsehen, Radio, Plattenspieler, Schreibmaschine und jede Menge Bücher in seiner Zelle. Andere U-Häftlinge in Stammheim dürfen einmal pro Woche vor den Fernseher. Außerdem gibt es für Baader & Co. in der siebten Etage eine »Fresszelle« mit Obst, Joghurt, Quark, Fleisch und rohen Eiern, eine »Sportzelle« mit Rudergerät, Heimtrainer und anderem, eine »Bücherzelle« mit über dreihundert Werken sowie eine »Prozesszelle«, in der dreihundert Aktenordner stehen. Dreimal die Woche knetet ein Masseur Baader durch – er »hat Rücken«.

Kontakt mit anderen Häftlingen lehnen die RAF-Gefangenen ab. Dass sie über diese Möglichkeit verfügen, hatte der Strafsenat ihnen mehrmals gegenüber betont. So hatte er in seinem Beschluss vom 12. Dezember 1975 erklärt, den Angeklagten sei eingeräumt, »auf Wunsch am Hofgang einer beschränkten Zahl von Mitgefangenen teilzunehmen« – aber: »Indes haben es die Angeklagten abgelehnt, solche erweiterten sozialen Kontaktmöglichkeiten wahrzunehmen. Der Senat kann sie nicht zwingen, das zu tun.«

Baader & Co. wollen keinen Kontakt mit anderen Häftlingen, weil sie »Spitzel« ebenso fürchten wie Fotos von sich zusammen mit anderen Häftlingen in den Medien. Dies hätte sie ihrer Mär von der »Isolationshaft« berauben können – und damit auch ihres Agitationsthemas.

Untergebracht auf der siebten Etage sind an diesem 3. Februar außer Baader, Ensslin und Raspe auch noch Irmgard Möller und Ingrid Schubert. Die beiden Frauen hatte die Justizverwaltung nach dem Selbstmord von Ulrike Meinhof im Mai 1976 auf die siebte Etage verlegt, um die »Kleingruppe« aufzustocken und dem »Isolationsfolter«-Vorwurf zu begegnen. Aus diesem Grund war auch Brigitte Mohnhaupt im Juni 1976 nach Stammheim gekommen. Aber seit einer Woche ist sie nicht mehr da, weil sie in fünf Tagen entlassen wird – und das möchte die Justizverwaltung nicht direkt vom siebten Stock aus machen.

Einzigartige Regeln bestehen bei Baader & Co. auch für ihre Teilnahme am eigenen Strafverfahren. Für sie gilt nicht der allgemeine Grundsatz des deutschen Strafprozesses, dass ein Angeklagter an seinem Verfahren teilzunehmen hat. Auch bei der »Anwesenheitspflicht« haben sie Rechtsgeschichte geschrieben: Über Monate war zu Prozessbeginn über die Verhandlungsfähigkeit der Angeklagten gestritten worden. Sie selbst erklärten sich für »verhandlungsunfähig«. Vier Gutachter kamen zu dem Ergebnis, dass die Häftlinge nur an drei bis vier Stunden pro Tag verhandlungsfähig sind – und das dreimal die Woche. Daraufhin beschließt der Prinzing-Senat, dass die Hauptverhandlung »in Abwesenheit der Angeklagten fortgesetzt« wird nach dem eigens für dieses Verfahren geschaffenen Paragrafen 231a der Strafprozessordnung: Nach ihm kann ohne den Angeklagten verhandelt werden, wenn er sich »vorsätzlich und schuldhaft in einen seine Verhandlungsunfähigkeit ausschließenden Zustand versetzt« hat.

Der Senat bejaht dies, weil »die Hungerstreiks wenigstens mitursächlich für den heutigen Gesundheitszustand der Angeklagten sind«. Und auch wenn die Angeklagten eingeschränkt verhandlungsfähig seien, läge »Verhandlungsunfähigkeit« im Sinne der neuen Vorschrift vor: »Wer nur zeitlich beschränkt verhandlungsfähig ist, dessen Verhandlungsfähigkeit ist im Übrigen (zu den sonstigen Zeiten) ausgeschlossen.«

Diesen Beschluss bestätigt der Bundesgerichtshof im Oktober 1975 – mit einer Modifikation: Wer »verhandlungsunfähig« in diesem Sinne sei, dürfe gleichwohl an seinem Strafverfahren auf der Anklagebank teilnehmen, wenn er es wolle.

Und so können Baader, Ensslin und Raspe jeden Morgen aufs Neue entscheiden, ob sie zur Verhandlung kommen oder auf der siebten Etage bleiben. Meistens bleiben sie oben.

Dienstag, 8. Februar

Die Schlüsselfigur der RAF betritt das Feld, ohne sie hätte es das deutsche Terrorjahr 1977 nicht gegeben, jedenfalls nicht so: Im badischen Bühl öffnet sich für Brigitte Mohnhaupt (28) das Gefängnistor – nach vier Jahren und acht Monaten ist sie wieder in der Freiheit. Als sie auf die Straße hinaustritt, erwartet sie ein kleines »Empfangskomitee«: Elisabeth von Dyck und Volker Speitel aus dem »Büro«, der Kanzlei von Klaus Croissant in Stuttgart.

Zwei Drittel ihres volljährigen Lebens hat Mohnhaupt hinter Gittern verbracht: Bei der ersten RAF-Generation – bei »Baader-Meinhof« – war sie die »Statthalterin« in Berlin. Zuvor, als Journalismus-Studentin in München, ist sie ein nicht unbekanntes Mitglied der linken Szene in Schwabing, verkehrt mit Fritz Teufel, Rolf Pohle, Irmgard Möller und Ulrich Enzensberger. Im Frühjahr 1971 schließt sie sich der ersten RAF-Generation an. Anderthalb Jahre später wird sie verhaftet. Das Landgericht Berlin verurteilt sie 1974 zu vier Jahren und sechs Monaten – wegen Beteiligung an einer kriminellen Vereinigung, Urkundenfälschung und unerlaubtem Waffenbesitz. Zwei Monate länger im Gefängnis bleiben muss sie, weil sie in der Berliner Frauenhaftanstalt Lehrter Straße einer »Schließerin« ins Gesicht schlug. Im Gefängnis gibt sie sich als absolute Hardlinerin. Deshalb muss sie ihre Strafe bis zum letzten Tag absitzen. Die letzten sieben Monate verbringt sie mit Baader und Ensslin auf der siebten Etage in Stammheim. Für die allerletzten zwölf Tage hat sie die Justizverwaltung nach Bühl gebracht. Fast so, als ob sie dort vom »Stammheimer Gedankengut« »desinfiziert« werden könnte.

Zwei Monate vor ihrer Entlassung erreicht Baader die Nachricht, dass Siegfried Haag verhaftet wurde. Baader hatte seinen »besten Burschen« in den Untergrund geschickt, um seine Befreiung zu organisieren. Als Baader hört, Haag habe sich widerstandslos festnehmen lassen und nicht die griffbereite Pistole gezogen, tobt er: »Das ist doch ein klarer Mangel an Loyalität uns gegenüber.« Er schimpft wie ein Rohrspatz und nennt seinen einstigen Vertrauensanwalt einen »Oberbullen«. »Überhaupt, die da draußen«, flucht er auf der siebten Etage, denen fehle »doch die erforderliche Härte für Aktionen, die uns hier herausholen«.

Damit hat Baader recht – im Dezember 1976. Mit Haags Verhaftung ist sein dritter Anlauf gescheitert, ihn und seine Komplizen aus dem Knast zu holen. Schon bald nach seiner Verhaftung, im Juni 1972, hatte er in der Justizvollzugsanstalt Schwalmstadt davon geträumt, gewaltsam befreit zu werden und Kassiber mit vier Befreiungsvarianten an Gesinnungsgenossen nach draußen geschickt wie: »die 4 lösung ist die beste. nachts auf das dach. paar ziegel abheben (wenn an der außenseite keine luke ist) reinkriechen, die ziegeln wieder einhängen, sich durch die decke in den raum neben dem klo sägen. ist keine tragende decke … das dauert höchstens ne halbe stunde, wenn du das richtig werk-hast (stemmeisen, stichsäge, kuhfuß, bohrer).«

Baaders Tagträume in seiner Zelle 1973. Er will noch einmal der Justiz mit Gewalt von Gesinnungsgenossen entrissen werden – wie im Mai 1970 durch Ulrike Meinhof, fünf RAF-Frauen und einen Mann in Berlin-Dahlem. Die »Baader-Befreiung« ist die »Geburtsstunde der RAF«.

Die beiden anderen Anläufe vor Haag waren chancenlos gescheitert: Am 4. Februar 1974 hatte die Polizei in Frankfurt und Hamburg acht Personen in der Nacht um vier im Schlaf überrascht und verhaftet – nach dem Datum ihrer Festnahme werden sie als »Gruppe 4.2.« bezeichnet. Sie waren dabei, eine neue RAF-Logistik aufzubauen, hatten schon Wohnungen, Waffen, Munition, Geld und Ausweise beschafft. Alles fiel der Polizei in die Hände. Sie scheiterten dilettantisch. Blutig scheiterte im April 1975 in Stockholm der Versuch von weiteren sechs RAF-Neueinsteigern als »Kommando Holger Meins«, durch eine Geiselnahme in der deutschen Botschaft die Freilassung von sechsundzwanzig Gesinnungsgenossen zu erpressen.

Und nun, wieder gescheitert – November 1976: Haag. Baader ist von Mohnhaupt begeistert, sie ist fünf Jahre jünger als er: voller Engagement für die gemeinsame Sache, voller Entschlusskraft und voller unnachgiebiger Härte. So erteilt er Mohnhaupt den Auftrag, gleich nach ihrer Haftentlassung seine Befreiung und die der anderen Häftlinge ebenso zügig wie rücksichtslos in Angriff zu nehmen. Über Wochen sitzen sie Tag für Tag in der siebten Etage in Stammheim zusammen, Baader instruiert Mohnhaupt, manchmal setzt sich Gudrun Ensslin dazu. Er macht Mohnhaupt zu seiner »Generalbevollmächtigten«, lässt durch Kassiber draußen mitteilen, dass sie in seinem Auftrag unterwegs sein wird. So ist Mohnhaupt Baaders letzte Hoffnung.

Als an diesem Mittwochmorgen Volker Speitel und Elisabeth von Dyck vor dem Gefängnistor stehen und auf Mohnhaupt warten, ist ihnen »nicht ganz wohl«, wie Speitel später berichtet. In Briefen hatten die Häftlinge von der siebten Etage mitgeteilt, »dass die Mohnhaupt jetzt ›ne Art Befehlsgewalt‹ ausübt und dass sie ›einiges‹ neu organisieren« würde. Speitel und von Dyck ist klar, dass einiges auf sie und die anderen im »Büro« zukommt, den Mitarbeitern in der Croissant-Kanzlei in der Langen Straße 3 in Stuttgart.

Noch am Tag ihrer Entlassung macht sich Mohnhaupt ans Werk, »räumt« im Büro auf und schafft eine »neue Ordnung«: »Wir hatten einzeln ›anzutreten‹, um dann nach entsprechender Durchleuchtung einem ›Job‹ zugewiesen zu werden«, blickt Volker Speitel auf die Tage im Februar 1977 zurück: »Die meisten Büromitglieder und vor allem Croissant waren sichtlich genervt und verstört von dieser Reorganisation, deren Ziele wir anfangs noch überhaupt nicht mitbekamen.« Mohnhaupt habe nicht mehr gesagt, als dass das Büro »weiterhin als legale Residenz bestehen« solle. »Unklare Typen« wirft Mohnhaupt sofort raus. Croissant wird »legaler Öffentlichkeitstyp«. Seine beiden Kollegen, die Rechtsanwälte Müller und Newerla, werden »Postanwälte«. Zuständig sind sie vor allem für den Transport von Kassibern und anderem von und nach Stammheim. »Die Rechtsanwälte wurden damals nicht nur als ›nützliche Idioten‹ benutzt«, sagt Peter-Jürgen Boock, »sondern auch so bezeichnet.«

Ein halbes Dutzend Kuriere, Speitel und von Dyck gehören dazu, sorgt für den Nachrichtenfluss zwischen Büro, RAF-Sympathisanten (»Umfeld«) und den »Illegalen« – einem knappen Dutzend aus Haags Haufen, die mit falschen Papieren im Verborgenen leben.

In den Tagen nach der Haftentlassung ist Volker Speitel Mohnhaupts »persönlicher Betreuer«. Das Schlimmste an Mohnhaupt ist für ihn deren »riesige Paranoia«. Berichte an die Gefangenen habe sie grundsätzlich nur neben dem Reißwolf geschrieben, berichtet er, und es sei mehr als einmal vorgekommen, dass sie »im fahrenden Auto auf der Bodenmatte Feuer machte, um ihre Papiere, die sie bei sich hatte, zu verbrennen, weil sie glaubte, wir würden verfolgt. Das Ergebnis war dann, dass die Karre fast anfing zu brennen …«

Nach Mohnhaupts »Machtergreifung« steht die alte Hierarchie des »Büros« auf dem Kopf: Die Anwälte rangieren ganz unten und die Gefangenen ganz oben. »Ab Februar 1977 wurden alle zentralen Entscheidungen des Büros, die gesamte politische Linie bis hin zur Organisierung der Tätigkeit der Anwälte durch uns oder die Gefangenen bestimmt«, blickt Volker Speitel zurück. Zwei Wochen nach ihrer Haftentlassung hat Mohnhaupt ihr Ziel erreicht: Aus der Rechtsanwaltskanzlei ist ein effizient arbeitender Nachrichtenumschlagplatz der RAF geworden.

Wenige Tage danach taucht Brigitte Mohnhaupt in den Untergrund ab und stößt zu den »Illegalen«. Alle akzeptieren sie als »Chefin«: Sie versteht es, zu planen, zu steuern und zu koordinieren. Sie ist knallhart und hat den RAF-Stallgeruch. Schon bei »Baader-Meinhof« war sie dabei, ebenso in der siebten Etage in Stammheim. Sie ist Baaders Vertraute mit allen Vollmachten. Die »Generalbevollmächtigte«. Nach über viereinhalb Jahren im Gefängnis sprudelt sie nur so voller Tatendrang und Ideen.

Ihr Ziel ist die »Offensive 77«. Eine »Aktionseinheit«, so der Gedanke – mehr als eine bloße Abfolge einzelner Anschläge. Durch sie soll der Staat weichgeklopft werden, damit er am Ende Baader & Co. laufen lässt. Die Wirkung, so das Kalkül, potenziert sich durch die nicht abreißende Kette von Anschlägen. Die Befreiung selbst soll durch eine Geiselnahme erfolgen. Vorbild ist die Lorenz-Entführung 1975. Die »Bewegung 2. Juni« hatte den CDU-Landesvorsitzenden Peter Lorenz, Spitzenkandidat seiner Partei, drei Tage vor der Wahl zum Abgeordnetenhaus in Berlin gekidnappt und die Freilassung von fünf Gesinnungsgenossen erpresst. Zwei von ihnen sind nun bei den »Illegalen« der RAF: Verena Becker und Rolf Heißler.

Mohnhaupt hat Baaders »Schlachtruf« übernommen: »Der Schlüssel ist Krieg«.

Dienstag, 15. März

Stuttgart-Stammheim, der Gerichtssaal – 184. Verhandlungstag: Der Anrufaffäre folgt die Abhöraffäre. Es beginnt wieder mit einem Antrag von Otto Schily. Er verlangt, die Hauptverhandlung zu unterbrechen und Bundesinnenminister Maihofer zu vernehmen, und zwar »zur Klärung der Frage, ob Gespräche zwischen den Angeklagten dieses Verfahrens einerseits und Gespräche zwischen den Angeklagten und ihren Verteidigern andererseits unzulässigerweise heimlich abgehört, auf Tonband aufgezeichnet und Staatsschutzbehörden oder anderen Dienststellen zur Auswertung überlassen worden sind«. Über Schilys Worte schüttelt Oberstaatsanwalt Peter Zeis den Kopf und spricht von einem »haltlosen Antrag«. Foth und seine Richterkollegen lehnen den Antrag ab, weil sie keine »konkreten Anhaltspunkte« sehen, die sie »veranlassen könnten, die vom Antragsteller gewünschten Ermittlungen anzustellen«.

Donnerstag, 17. März

Zwei Tage nachdem Schilys Antrag vom Strafsenat zurückgewiesen wurde, erfolgt das völlig überraschende Geständnis von zwei Ministern – auf einer Pressekonferenz in Stuttgart. Justizminister Traugott Bender und Innenminister Karl Schiess teilen in einer gemeinsamen Erklärung mit, »dass in zwei Fällen rechtfertigenden Notstandes im Sinne des Paragrafen 34 Strafgesetzbuch[2] in der Vollzugsanstalt Stuttgart-

2 § 34 Strafgesetzbuch – »Rechtfertigender Notstand«: »Wer in einer gegenwärtigen, nicht anders abwendbaren Gefahr für Leben, Leib, Freiheit, Ehre, Eigentum oder ein anderes Rechtsgut eine Tat begeht, um die Gefahr von sich oder einem anderen abzuwenden, handelt nicht rechtswidrig, wenn bei Abwägung

Stammheim Gespräche zwischen Verteidigern und Mitgliedern der Baader-Meinhof-Bande abgehört« wurden: »Anlass für die Entscheidung, Gespräche zwischen den führenden Köpfen der Baader-Meinhof-Bande und ihren Verteidigern abzuhören, war die auf konkreten Tatsachen beruhende und letztlich auf andere Weise nicht abzuwendende Gefahr, dass zur Befreiung der Baader-Meinhof-Häftlinge zum Beispiel durch Geiselnahme oder Terroranschläge das Leben unschuldiger Bürger der Bundesrepublik Deutschland konkret gefährdet war.«

Um welche »konkrete Tatsachen« es sich handelt, verraten die beiden Minister nicht. Auch bei Durchsicht der Akten fast vierzig Jahre später ist nicht ersichtlich, welche »Tatsachen« gemeint sein könnten – es sei denn, man versteht den RAF-Überfall auf die Stockholmer Botschaft und die Verhaftung von Siegfried Haag mit den rätselhaften Papieren als »Tatsachen«, die es rechtfertigten, Verteidigergespräche in Stammheim abzuhören.

Zwei Jahre zuvor, erklären die beiden Minister den Journalisten an diesem Donnerstagvormittag in Stuttgart, und zwar am 11. März 1975, hätten sie gemeinsam festgelegt, dass nur mit ihrer beider »vorherigen persönlichen Zustimmung Gespräche abgehört werden dürfen«. Dem Ganzen sei eine Prüfung im Justizministerium vorausgegangen. Vereinbart hätten sie seinerzeit auch, »dass Erkenntnisse aus einer solchen Abhörung den Instanzen, die mit dem Baader-Meinhof-Prozess befasst sind, nicht zugänglich gemacht werden dür-

der widerstreitenden Interessen, namentlich der betroffenen Rechtsgüter und des Grades der ihnen drohenden Gefahren, das geschützte Interesse das beeinträchtigte wesentlich überwiegt. Dies gilt jedoch nur, soweit die Tat ein angemessenes Mittel ist, die Gefahr abzuwenden.«

fen«. Deshalb seien die Aufzeichnungen auch »soweit sich aus ihnen keine Erkenntnisse über bevorstehende schwerste Verbrechen (Mord, Geiselnahme) ergaben, sofort vernichtet« worden.

Zweimal sei in Stammheim abgehört worden: das erste Mal vom 24. bis 29. April 1975, vom Tage des Überfalls auf die deutsche Botschaft in Stockholm an; das zweite Mal nach der Festnahme von Siegfried Haag und Roland Mayer am 30. November 1976. »Nach einem bei Haag sichergestellten Gesamtplan war eine größere Aktion vorgesehen. Es musste damit gerechnet werden, dass die sich noch in Freiheit befindenden mindestens acht Gruppenmitglieder auch nach der Festnahme Haags die bisherige Planung spontan in die Tat umsetzen würden. Bei der am gleichen Tag erfolgten Festnahme der Elisabeth von Dyck waren Fotografien gefunden worden, die in der 7. Etage der Vollzugsanstalt Stuttgart-Stammheim, also im Unterbringungsbereich der Baader-Meinhof-Häftlinge, aufgenommen waren. Daraus ergab sich, dass die Gruppe Haag mit den inhaftierten Terroristen in Stuttgart-Stammheim über deren Vertrauensanwälte in Verbindung stand. Ähnlich wie bei dem Stockholmer Anschlag musste davon ausgegangen werden, dass eine Aktion nur in Absprache mit den in Stuttgart-Stammheim inhaftierten Baader-Meinhof-Gefangenen in Betracht kam.«

Die getroffenen Maßnahmen seien nach Paragraf 34 Strafgesetzbuch gerechtfertigt gewesen, beteuern die beiden Minister: »Nach den vorliegenden Informationen musste mit Aktionen der Baader-Meinhof-Bande in allernächster Zeit unter Gefährdung des Lebens unschuldiger Dritter gerechnet werden. Der bevorstehenden Gefahr konnte – wenn überhaupt – nur dadurch begegnet werden, dass man sich zum

Mittel der Abhörung entschloss. Es war bei der gegenwärtigen Situation das einzige Mittel, das zur Gefahrenabwehr zur Verfügung stand.« Am Ende der gemeinsamen Erklärung verkünden die beiden Minister: Sie stünden zu diesen Entscheidungen und würden sie »in vergleichbaren Situationen in gleicher Weise treffen«.

Freitag, 18. März

»E i l t s e h r«, steht oben auf dem Brief, den am Nachmittag der Senatsvorsitzende Foth an Justizminister Bender schickt:

»Sehr geehrter Herr Minister! Wie der Senat aus Rundfunk und Presse erfahren hat, sind in der Vollzugsanstalt Stuttgart Gespräche zwischen Häftlingen und Verteidigern abgehört worden, es soll sich hierbei um Häftlinge der ›Baader-Meinhof-Gruppe‹ gehandelt haben.« Der Senat sei gehalten, »darauf zu achten, dass in der oben genannten Strafsache die gesetzlichen Vorschriften eingehalten werden«. Hierzu zähle insbesondere Paragraf 148 Strafprozessordnung, der den unüberwachten mündlichen Verkehr zwischen Angeklagten und Verteidiger gewährleistet. Der Senat müsse darauf bestehen, dass diese Bestimmung befolgt werde. »Um sich ein Bild über die Vorgänge verschaffen« zu können, bittet der Senat um Mitteilung, warum, wie, zwischen wem und »zu welchen konkreten Zwecken Gespräche abgehört wurden«. »Mit vorzüglicher Hochachtung« grüßt »Dr. Foth, Richter am Oberlandesgericht«.

Mittwoch, 23. März

Stuttgart, Schillerplatz, Justizministerium: Justizminister Traugott Bender erhält einen an ihn »persönlich« adressierten Brief. Absender sind achtzehn Richter am Land- und Amtsgericht Mannheim. Richter-Groll erreicht ihn. Sie schreiben ihm, weil sie »durch Meldungen über die von Ihnen im Benehmen mit Herrn Minister Schiess veranlassten Abhöraktionen in Stammheim in hohem Maße beunruhigt sind«: »Wir sehen darin vor allem einen schweren Eingriff der durch Sie repräsentierten Verwaltung in richterliche Befugnisse in einem schwebenden Verfahren. Obliegt es doch allein dem Richter, im Rahmen der Untersuchungshaft die für den Verkehr des Häftlings mit der Außenwelt erforderlichen Anordnungen zu treffen (§ 119 Abs. 6 StPO). Nur er dürfte also – falls dies überhaupt im Einzelfall durch einen Notstand gerechtfertigt werden könnte – eine geheime Überwachung des Verkehrs des Untersuchungshäftlings mit seinem Verteidiger anordnen.«

Da diese »richterliche Entscheidungskompetenz« von den beiden Ministern unter Berufung auf einen Notstand übergangen worden sei, sei »das von über den Einzelfall weit hinausgehender Bedeutung« und berühre »das für unseren Rechtsstaat fundamentale Prinzip der Gewaltenteilung«. Angesichts dieser Situation dürften sie, so schreiben sie, »als Richter nicht schweigen«: »Wir müssen vielmehr fordern, dass unverzüglich alle Schritte unternommen werden, um das Ausmaß eines Übergriffes aufzuklären, die Verantwortlichkeit hierfür festzustellen und die Wiederholung eines solchen Vorganges auszuschalten.« Das Schreiben endet mit dem perspektivischen Satz: »Abschrift dieses Briefes wird den Vorsitzenden der Landtagsfraktionen zugesandt.«

Freitag, 25. März

Justizministerium Baden-Württemberg, Aktenzeichen 410 E – 120/73, Referat IV 3, Referent: Ministerialrat Jung.

»Betr.: Abhören von Gesprächen zwischen Angeklagten und Verteidigern in der Vollzugsanstalt Stuttgart

I. Aktenvermerk« – Auszug:

»Innerhalb der fraglichen beiden Abhör-Zeiträume sind nicht alle zwischen den Angeklagten und ihren Wahlverteidigern geführten Gespräche abgehört worden. Ein (mehr oder weniger großer) Teil dieser Gespräche blieb deshalb unüberwacht, weil sie – in der Anfangsphase – in einem technisch nicht vorbereiteten Raum stattgefunden haben, oder weil der überwachende Beamte des LKA nicht rechtzeitig in Stammheim erscheinen konnte«.

Montag, 28. März

Punkt 16 Uhr liefert ein »Sonderbote« des baden-württembergischen Justizministeriums einen Brief des Ministers beim Pförtner des Stuttgarter Oberlandesgerichts in der Urbanstraße ab. Adressiert ist er an den zweiten Strafsenat – am 22. März hatte dessen Vorsitzender Foth ein zweites Schreiben an Justizminister Bender geschickt, in dem er um ergänzende Aufklärung bat, nach Anträgen der Verteidigung.

»Vorweg« versichert der Minister, dass er »volles Verständnis für die Haltung des Senats und der Verteidigung habe«. Er betont, »dass die beiden Abhöraktionen in der Vollzugsanstalt Stuttgart als Mittel der vorbeugenden Verbrechensverhütung rein präventiver Natur waren und deshalb keinen Bezug zu dem beim 2. Strafsenat anhängigen Verfahren hatten«.

Stellung nimmt er »im Einvernehmen mit Herrn Innenminister« und erklärt:

»1. Im Mehrzweckgebäude sind keine Gespräche abgehört worden« – das bedeutet: nicht im Gerichtsgebäude, das offiziell »Mehrzweckgebäude« heißt, also nicht im Verhandlungssaal, Anwaltszimmern und Zellen, sondern nur im siebten Stock der Justizvollzugsanstalt.

»2. Es war angeordnet worden, dass die Gespräche zwischen den Angeklagten Baader, Ensslin, Meinhof und Raspe und den von ihnen gewählten Verteidigern befristet abgehört werden sollen. Nach dem Besucherbuch der Vollzugsanstalt Stuttgart sind die Angeklagten in den beiden fraglichen Zeiträumen von den Verteidigern Becker, Chotjewitz, Dr. Croissant, Düx, Haag, Köncke, Müller, v. Plottnitz, Riedel, Ripke, Ströbele, Temming, Tilgner, Schily und Weidenhammer besucht worden. Ob alle Genannten von den Abhörmaßnahmen auch tatsächlich betroffen worden sind, lässt sich heute nicht mehr feststellen. Die Bandaufzeichnungen sind – von der unter Ziff. 3 genannten Ausnahme abgesehen – weisungsgemäß unverzüglich nach dem Abhören gelöscht worden, da sie keine Hinweise auf möglicherweise geplante schwere Straftaten enthielten. Auch gibt es keine schriftlichen Vermerke darüber, wessen Gespräche abgehört worden sind. Eine Schlussfolgerung dahin, dass alle Gespräche der Angeklagten mit den oben genannten Verteidigern überwacht worden sind, kann also nicht gezogen werden.

Alsbaldige Löschung der Bänder und Unterlassen schriftlicher Aufzeichnungen waren geboten, um den präventiven Eingriff so gering wie möglich zu halten. Zugleich sollte verhindert werden, dass über den alleinigen Zweck der Gefahrenabwehr hinaus die Tatsache der Abhörung Verwendung finden könnte ...

3. Das Landeskriminalamt Baden-Württemberg ist lediglich noch in Besitz der Tonbandaufzeichnung eines Gesprächs vom 29. April 1975 zwischen Ulrike Meinhof und einem inzwischen aus anderen Gründen ... vom Verfahren ausgeschlossenen Verteidiger.[3] Dabei hat Ulrike Meinhof die Möglichkeit der Geiselnahme eines Kindes erwähnt. Das Innenministerium und das Landeskriminalamt beabsichtigen nicht, diese Aufzeichnung dem von ihr Betroffenen zur Verfügung zu stellen ...

4. Die Abhörmaßnahmen, die ausschließlich der Verhütung schwerer Straftaten dienten, haben den hinreichenden Verdacht einer konkret geplanten strafbaren Handlung nicht ergeben. Schon deshalb kamen strafprozessuale Maßnahmen nicht in Betracht.«

Der Justizminister grüßt den Senatsvorsitzenden ebenfalls »Mit vorzüglicher Hochachtung«.

Mittwoch, 30. März

Stuttgart-Stammheim: Der zweite Strafsenat ist entsetzt über all das, was an Abhörerei auf der siebten Etage in Stammheim herausgekommen ist: Für ihn ist nicht auszuschließen, dass dadurch seine Entscheidung vom Bundesgerichtshof oder vom Bundesverfassungsgericht aufgehoben werden könnte – und dann wären die zweiundzwanzig Monate anstrengendster Sitzungen für die Katz gewesen. So formuliert der Vorsitzende Eberhard Foth deutliche Zeilen an »Herrn Vorstand

3 Gemeint ist Klaus Croissant.

der Vollzugsanstalt Stuttgart, Herrn Leitenden Regierungsdirektor Nusser«, »Betr.: Strafsache gegen Andreas Baader, Gudrun Ensslin, Jan-Carl Raspe«:

> Sehr geehrter Herr Leitender Regierungsdirektor!
> Die in letzter Zeit bekannt gewordenen Vorkommnisse geben mir Anlass zu folgender haftrichterlicher Anordnung …: § 148 StPO[4] gewährleistet den unüberwachten mündlichen Verkehr zwischen den Angeklagten und ihren Verteidigern. Irgendwelche Überwachungen, durch welche Institutionen, welche Person und mit welchem Rechtsgrund auch immer (sei es auch dem des präventivpolizeilichen Eingriffs) lasse ich als Haftrichter nicht zu und untersage dergleichen ausdrücklich. Für Verteidigergespräche in anhängigem Verfahren sind ab sofort Besucherzellen zur Verfügung zu stellen, in denen keine Abhörvorrichtungen angebracht sind. Hinter dieser Anordnung treten alle anderen Befugnisse zurück.
> Ich bitte um sorgfältige und uneingeschränkte Beachtung. Gelegentliche Überprüfung, unter Umständen unter Beiziehung einschlägiger Fachleute, behalte ich mir vor.

Foth unterschreibt mit »vorzüglicher Hochachtung«. Über das, was herausgekommen ist, ärgert sich Foth »maßlos«, wie er in der Rückschau sagt: Er hält das Ganze nicht nur für eine »unglaubliche Schweinerei«, sondern auch für einen »Geset-

4 § 148 Strafprozessordnung in der 1977 geltenden Fassung – »Verkehr mit dem Verteidiger«: »(1) Dem Beschuldigten ist, auch wenn er sich nicht auf freiem Fuß befindet, schriftlicher und mündlicher Verkehr mit dem Verteidiger gestattet. (2) Befindet sich der Beschuldigte nicht auf freiem Fuß und ist Gegenstand der Untersuchung eine Straftat nach § 129a des Strafgesetzbuches, so sind Schriftstücke oder andere Gegenstände zurückzuweisen, sofern sich der Absender oder derjenige, der sie unmittelbar übergeben will, nicht damit einverstanden erklärt, daß sie zunächst einem Richter vorgelegt werden.«

zesbruch«. Nach diesem Schreiben wurden die Wanzen nicht mehr in Betrieb genommen, auch nicht während der Schleyer-Entführung im Deutschen Herbst – so jedenfalls die klare Aktenlage. Abgesehen von ihr bestehen auch keine tatsächlichen Anhaltspunkte dafür, dass später noch einmal die Abhöreinrichtungen in Stammheim in Betrieb genommen wurden.

Freitag, 1. April

Mönchengladbach, gegen 17 Uhr: Vor einem Motorradgeschäft in der Viersener Straße hält ein dunkelroter Renault 4, ganz in der Nähe des Wasserturms. Zwei junge Männer steigen aus und gehen in das Geschäft. Eine Person bleibt hinterm Lenkrad sitzen. Die beiden wollen eine Suzuki GS 750 mieten – 1977 die schnellste Serienmaschine der Welt: von null auf hundert in viereinhalb Sekunden! Aber daraus wird nichts, weil die beiden auf den Verkäufer »ungepflegt« und alles andere als »vertrauenserweckend« wirken. Deshalb will er ihnen kein Motorrad vermieten. Er empfiehlt ihnen, es bei der Konkurrenz zu versuchen: bei der Firma Hein Gericke in Düsseldorf. »Dann lass uns doch nach Düsseldorf fahren«, sagt der Mann, der bislang gar nichts gesagt hatte, zum »Verhandlungsführer«. Im roten Renault 4 fahren sie davon.

Später identifiziert der Verkäufer den Verhandlungsführer als Knut Folkerts und seinen Begleiter als Günter Sonnenberg.

Sonnabend, 2. April

Düsseldorf: Gegen elf Uhr erscheint in dem Motorradgeschäft Hein Gericke in der Corneliusstraße 18 ein schlaksiger junger Mann: Anfang zwanzig, noch nicht Mitte zwanzig, sagt später ein Zeuge. Lange betrachtet er eine rote Motorradjacke. Sie kostet 479 Mark. Eine der teuersten Jacken im Angebot. Nach zwanzig Minuten kommt er zur Kasse. Die Jacke hat er schon angezogen, er bezahlt und geht.

Eine halbe Stunde später kommt er zurück ins Geschäft in der roten Lederjacke, sagt, er interessiere sich für eine Suzuki GS 750 und würde gerne eine Probefahrt machen. Der Verkäufer füllt einen »Mietvertrag« aus: Dreihundert Mark Kaution sind zu zahlen. Rückgabe ist um 13 Uhr. Auf den Tresen legt der Schlaks einen Führerschein. In ihm steht, neben seinem Foto: »Hans Georg Schäfer«. Mit diesem Namen unterschreibt er. Keine drei Minuten später rollt er auf der Suzuki davon. Sie hat einen leuchtend blauen Tank.

Um 13 Uhr ist er nicht wieder zurück. Auch nach dem Wochenende ist das Motorrad nicht wieder da. Auch nicht am Montag. Auch nicht am Dienstag. Am Mittwoch erstattet der Geschäftsführer Anzeige, am 6. April 1977. Schnell stellt sich heraus: Unter der angegebenen Adresse in der Rather Straße 82 in Düsseldorf gibt es keinen »Hans Georg Schäfer«. Und von der Verkehrsabteilung der Stadtverwaltung Düsseldorf wurde auch nicht der Führerschein ausgestellt, den der Mann in dem Motorradgeschäft vorgelegt hatte. Auf Fotos bei »Wahllichtbildvorlagen« erkennen später zwei Verkäufer Günter Sonnenberg als den Mann, der die Lederjacke kaufte und das Motorrad »auslieh«.

In den Mittagsstunden dieses 2. Aprils meldet sich bei einem Betriebswirt in Germersheim ein Mann, der sich für dessen silbermetallicfarbenen Alfa Romeo Guilia Super interessiert. Den Wagen hatte der Betriebswirt in der Wochenendausgabe der *Rheinpfalz* annonciert. Besichtigung. Probefahrt. Dann sind sie sich einig. Kaufpreis: 4650 Mark. Der

Verkäufer trägt in das Kaufvertragsformular die Personalien ein, die ihm sein Besucher nennt: »Hans-Dieter Götz, Frankfurt, Berger Straße 50«. Der Käufer zahlt bar. Und verspricht, den Wagen innerhalb von acht Tagen umzumelden.

Später stellt sich heraus, dass er dies nicht tat; ebenso, dass es einen »Hans-Dieter Götz« nicht in Frankfurt gibt. Allerdings findet die Polizei heraus, dass Knut Folkerts sieben Jahre zuvor mit einem Mädchen befreundet war, dessen Bruder Hans-Dieter Goetz hieß, Bundeswehrsoldat war und 1969 in Karlsruhe an Herzversagen gestorben war. Bis heute ungeklärt ist, wer den silbermetallic Alfa Romeo an diesem Sonnabend in Germersheim kaufte.

Mittwoch, 6. April

Besorgt wendet sich der Präsident des Deutschen Anwaltvereins Helmut Wagner mit Briefen an »alle Herren Landesjustizminister und Justizsenatoren« – 1977 steht in der Bundesrepublik keine Frau dem Justizressort einer Landesregierung vor: »Die Tatsache, dass in Stammheim vertrauliche Gespräche zwischen Verteidigern und ihren Mandanten heimlich abgehört worden sind, hat die deutsche Öffentlichkeit und insbesondere die deutsche Anwaltschaft schockiert«, beginnt der Präsident seinen Brandbrief: »Diese Wirkung ist nicht auf die Bundesrepublik beschränkt geblieben.«

Da die für Stammheim zuständigen Minister erklärt hätten, »in gleichartigen Situationen künftig genauso handeln zu wollen und da auch außerhalb Baden-Württembergs einige für die justiz-politischen Angelegenheiten kompetente Politiker die in Stammheim getroffenen Maßnahmen zu rechtfertigen versuchen und Wiederholungen für zulässig und sogar notwendig halten, wird sich in der Bundesrepublik kaum noch ein Verteidiger finden, der zu Gesprächen mit einem inhaftierten Mandanten im Gefängnis bereit ist, wenn die Person des Mandanten auch nur andeutungsweise die Vermutung aufkommen lässt, staatliche Institutionen könnten am heimlichen Abhören interessiert sein.« Wagner appelliert an die Justiz-Ressortchefs, dafür zu sorgen, dass in den ihnen unterstehenden Haftanstalten keine Verteidigergespräche belauscht werden. Die Abhöraktionen in Stammheim habe »gezeigt, dass mit diesem Misserfolg denjenigen Personen gedient wurde, denen man am wenigsten dienen wollte, dass dem Gericht, der Anklagebehörde und allen Verteidigern die Arbeit erheblich erschwert und darüber hinaus das Ansehen unseres Staates geschädigt wurde. Wir möchten nicht, dass sich dies wiederholt.«

Viele der Strafverteidiger, die der baden-württembergische Justizminister Bender in seinem Schreiben am 28. März an den Gerichtsvorsitzenden als mögliche Abhöropfer nannte, haben mittlerweile Strafanzeige und Strafantrag gegen die Minister Bender und Schiess gestellt, wegen der »Verletzung der Vertraulichkeit des Wortes« (§ 201 Strafgesetzbuch). Danach wird bestraft, wer unbefugt »das nicht zu seiner Kenntnis bestimmte nichtöffentlich gesprochene Wort eines anderen mit einem Abhörgerät abhört«.

Montiert worden waren die Wanzen auf Stammheims siebter Etage in »unbelegten Zellen« – als »Amtshilfe« für das Land Baden-Württemberg – von Technikern des Bundesamts für Verfassungsschutz in den ersten drei Märztagen 1975 und von Technikern des Bundesnachrichtendienstes am 1. Mai 1975. Für die BND-Leute hatte Kanzleramtschef Manfred Schüler (SPD) die »technische Hilfe« genehmigt.

Schon seit mehr als zwei Wochen diskutiert die Republik lebhaft über die Frage, ob der Staat mit Wanzen in Stammheim Verteidigergespräche abhören durfte. Kanzleramtschef Manfred Schüler rechtfertigt seine Entscheidung: »In Stockholm hatten sie die Leute abgeknallt wie die Hasen«: »Soll man da als Rechtsbedenkenträger auftreten wie ein Oberamtsrat?«

Der Spiegel hält dagegen: Der Paragraf 34 des Strafgesetzbuches[5] über den rechtfertigenden Notstand biete keine »gesetzliche Eingriffsgrundlage für die Exekutive«: »Er kann vielmehr nur im Rahmen eines Ermittlungs- oder Gerichtsverfahrens die Strafbarkeit als gerechtfertigt ausräumen. Bis dahin muss die Lauschoperation in der Strafanstalt Stuttgart-Stammheim als strafbare Verletzung der Vertraulichkeit des Wortes gelten. Durch die Anordnung der Abhörmaßnahmen haben die Minister Bender und Schiess den Tatbestand des Paragrafen 201[6] erfüllt, der Amtspersonen für sol-

5 Siehe oben, Donnerstag, 17. März.

6 § 201 Strafgesetzbuch in der Fassung des Jahres 1977 – »Verletzung der Vertraulichkeit des Wortes«: »(1) Mit Freiheitsstrafe bis zu drei Jahren oder mit Geldstrafe wird bestraft, wer unbefugt

1. das nichtöffentlich gesprochene Wort eines anderen auf einen Tonträger aufnimmt oder

2. eine so hergestellte Aufnahme gebraucht oder einem Dritten zugänglich macht.

(2) Ebenso wird bestraft, wer unbefugt das nicht zu seiner Kenntnis bestimmte nichtöffentlich gesprochene Wort eines anderen mit einem Abhörgerät abhört.

(3) Mit Freiheitsstrafe bis zu fünf Jahren oder mit Geldstrafe wird bestraft, wer als Amtsträger oder als für den öffentlichen Dienst besonders Verpflichteter die Vertraulichkeit des Wortes verletzt (Absätze 1, 2).

(4) Der Versuch ist strafbar.

(5) Die Tonträger und Abhörgeräte, die der Täter oder Teilnehmer verwendet hat, können eingezogen werden. § 74 a ist anzuwenden.«

che Aktionen bis zu fünf Jahren Freiheitsentzug androht.« Die *Süddeutsche Zeitung* titelt »Auf Stammheim lastet der Schatten der Abhöraffäre« und *Spiegel*-Gründer Rudolf Augstein kommentiert: »Auf der Mauer, auf der Lauer, sitzt ein kleiner Wanzen. Sieh einmal den Wanzen an, wie der Wanzen tanzen kann.«

Der Kern der Diskussion dreht sich um die Frage: Ist es dem Staat auch dann verboten, ein Verteidigergespräch abzuhören, wenn die Voraussetzungen des rechtfertigenden Notstandes vorliegen (Paragraf 34 Strafgesetzbuch)? Es geht um die Reichweite der »Garantie« des unüberwachten mündlichen Verkehrs zwischen Angeklagten und Verteidiger (Paragraf 148 Abs. 1 Strafprozessordnung) und das Verbot, das »nichtöffentlich gesprochene Wort eines anderen mit einem Abhörgerät« aufzunehmen (Paragraf 201 Abs. 2 Strafgesetzbuch). Die Frage beantwortet die Staatsanwaltschaft noch vor Jahresende. Am 7. November.

Gründonnerstag, 7. April

Gründonnerstag – Karlsruhe, kurz nach neun Uhr: Generalbundesanwalt Siegfried Buback ist auf dem Weg ins Büro. Sein dunkelblauer Mercedes stoppt vor einer roten Ampel auf der Linkenheimer Landstraße, Einmündung Moltkestraße. Wie immer sitzt der Generalbundesanwalt auf dem Beifahrersitz, neben ihm, hinterm Steuer ist an diesem Morgen Wolfgang Göbel (30), Bubacks Chauffeur Bernd Jakobi hat frei. Rechts hinten sitzt der Leiter der Fahrbereitschaft der Bundesanwaltschaft, Erster Justizhauptwachtmeister Georg Wurster (43). Er ist heute mit in dem Wagen, weil es Startprobleme gab.

Hinter dem Dienstwagen stoppt eine Suzuki GS 750 mit einem leuchtend blauen Tank. Auf ihr sitzen zwei Personen in dunklen Overalls und mit olivgrünen Integralhelmen. Als die Ampel auf Grün springt, zieht der Sozius aus einer braunen Reisetasche ein Selbstladegewehr und feuert, feuert, feuert in den Innenraum des Fahrzeugs – mindestens sechsundzwanzig Mal. Der Wagen rollt an, führerlos weiter. Zum Stehen kommt er an einem Metallpfosten auf dem rechten Fußgängerweg, hinter der Moltkestraße. Auf dem Weg dorthin riss Fahrer Göbel seine Tür auf und stürzte auf die Straße. Dort blieb er liegen.

Nachdem die Schüsse verhallt sind, warten die Attentäter noch einen Augenblick. Dann fahren sie langsam an der Fahrerseite des Dienstwagens vorbei und schauen ins Wageninnere, um sich zu vergewissern, dass ihr Anschlag gelungen ist. Triumphierend reißen beide eine Hand hoch. Der Fahrer gibt Gas Richtung Karlsruher Innenstadt. Der Sozius schiebt das Gewehr zurück in die Reisetasche.

Passanten hieven den blutüberströmten Generalbundesanwalt aus dem Wagen, legen ihn auf einen Grünstreifen. Aber für ihn kommt jede Hilfe zu spät. Auch Göbel stirbt noch am Tatort. Georg Wurster hatte versucht, sich auf der Rückbank nach links abzuducken – aber ohne Erfolg: Mindestens zwei Geschosse trafen ihn, die – so stellt später das Oberlandesgericht Stuttgart fest – »sein Zwerchfell durchtrennten und in die Milz, die Bauchspeicheldrüse, die linke Niere und die Bögen des ersten und zweiten Lendenwirbels eindrangen«. Ein Rettungshubschrauber bringt ihn ins Städtische Krankenhaus.

Generalbundesanwalt Siegfried Buback haben die Attentäter regelrecht durchsiebt. Mindestens sechzehn Schüsse feuerten sie auf ihn ab. Die Projektile »zertrümmerten bei ihm die mittlere Brustwirbelsäule, das rechte Schlüsselbein und den rechten Oberarm, führten zum Bruch des rechten Schulterblattes und zu mehreren Rippenbrüchen«, stellt später das Oberlandesgericht Stuttgart fest: »Sie zerrissen beide Lungenflügel, den rechten Herzvorhof sowie die Pulmonalarterie. Ferner durchschlugen die Schüsse unter anderem die große Körperschlagader, das Zwerchfell, den Magen und den Darm.«

Seinen Fahrer Göbel trafen mindestens sieben Geschosse. Unter anderem erlitt er einen Lungendurchschuss. Sechs Tage nach dem Attentat stirbt Fahrdienstleiter Wurster.

Gegen Mittag wird das Motorrad gefunden: Es steht versteckt in einer Brückenkammer unter der Bundesautobahn von Karlsruhe nach Stuttgart in der Nähe der Ortschaft Wolfartsweier. Das Kennzeichen LU – NL 8 ist eine Dublette: Mit diesem Kennzeichen ist eine Suzuki GS 750 auf einen Ludwigsburger Kunstschlosser zugelassen. Die Fahrgestellnummer – 02002 – führt die Ermittler zum Eigentümer, der Firma Hein Gericke in Düsseldorf. Auf Fotos erkennen zwei Mitarbeiter des Motorradgeschäfts Günter Sonnenberg als den »Testfahrer«, der die Maschine unterschlug. Und damit sind auch Christian Klar und Knut Folkerts in den Fokus der Ermittler gerückt: Die drei sind bei der Polizei als brutales Trio bekannt. Seit drei Monaten besteht gegen alle drei ein Haftbefehl – einer für drei.

Buback musste sterben, weil er der Todfeind für Andreas Baader war. Das Feindbild schlechthin. Der Tod Bubacks war sein »Herzenswunsch«. Baader sah in ihm den »General« der Gegenseite, des verhassten Staates: Siegfried Buback war es, der im September 1974 die Anklageschrift gegen Baader & Co. unterschrieben hatte, Siegfried Buback war es, der vor weiteren Anschlägen gewarnt hatte, und Siegfried Bubacks Leute waren es, die durch Anträge bei den Gerichten dafür gesorgt hatten, dass für die RAF-Häftlinge besondere Sicherheitsvorkehrungen in den Gefängnissen angeordnet worden waren. Und so lautete Baaders Parole: »Der General muss weg!« Sein Herzenswunsch war an diesem Gründonnerstag in Erfüllung gegangen.

Die Republik ist von der Todesnachricht geschockt. Das Problem »Terrorismus« hatten die meisten Bundesbürger für weitgehend überwunden gehalten, nachdem die »Baader-Meinhof«-Köpfe im Sommer 1972 gefasst worden waren. Dass bei der Lorenz-Entführung im Februar 1975 der Staat fünf Häftlinge laufen ließ, hielten viele für einen Fehler. Aber zwei Monate später hatte Bundeskanzler Schmidt bei dem RAF-Überfall in Stockholm demonstriert, dass es mit ihm nicht noch einmal eine Häftlingsfreipressung gibt.

Es folgten zwei Jahre RAF-Ruhe in der Republik. Buback, seit drei Jahren im Amt, hatte in Interviews mehrfach gewarnt, dass das Kapitel »Terrorismus in Deutschland« noch nicht abgeschlossen sei. So hatte er im Februar 1976 im *Spiegel* erklärt, die Republik müsse auf Attentate vorbereitet sein, weil man versuchen werde, »die Stammheimer herauszukriegen«. Viele glaubten ihm nicht, hielten seine Worte für Übertreibungen eines Staatsschützers.

Nach dem Mord an ihm ist das politische Bonn fassungslos. Wohl keiner hatte ernsthaft damit gerechnet, dass es die RAF wagt, den obersten Strafverfolger der Republik zu liquidieren. Bundesinnenminister Werner Maihofer und Bundesjustizminister Hans-Jochen Vogel brechen ihren Osterurlaub ab und kommen zurück in die Bundeshauptstadt.

Schlagartig ist an diesem Donnerstag den BKA-Strategen klar, wofür das Codewort »Margarine« steht. »SB«, die Initialen von Siegfried Buback, ist der Name einer bekannten Margarinemarke von Unilever.

Karfreitag, 8. April

Überall in Deutschland, 20 Uhr – ARD: »Hier ist das Deutsche Fernsehen mit der *Tagesschau.*« Die *Tagesschau*-Fanfare verklingt. »Guten Abend, meine Damen und Herren«, begrüßt Werner Veigel (48, † 1995) die Fernsehnation. »Bei der Fahndung nach den Mördern von Generalbundesanwalt Buback und seines Fahrers Göbel gibt es möglicherweise eine erste heiße Spur. Das Bundeskriminalamt in Wiesbaden sucht aufgrund von Zeugenaussagen den der Tat dringend verdächtigen terroristischen Gewalttäter Günter Sonnenberg. Sonnenberg ist zweiundzwanzig Jahre alt. Außer ihm wird nach dem vierundzwanzigjährigen Christian Klar und dem fünfundzwanzigjährigen Knut Folkerts gefahndet.«

Nebeneinander auf der Mattscheibe sind die Fotos der drei zu sehen: »Sonnenberg und Klar stehen außerdem im Verdacht, am 5. Januar an der deutsch-schweizerischen Grenze einen Zollbeamten niedergeschossen zu haben.« Anschließend zeigt die *Tagesschau* mehrere Berichte zu dem Buback-Mord, dann einen Polizeihubschrauber am Himmel kreisend über der Grenze zu Österreich und lange Staus auf der Autobahn an der Grenzkontrolle nach Salzburg – Konsequenz für die Bundesbürger nach dem Buback-Attentat: »Verstärkte Kontrollen auch heute überall an den Grenzübergängen zum benachbarten Ausland«, sagt der Sprecher aus dem Off: »Wie hier in Schwarzach bei Salzburg mussten die Osterreisenden zusätzlich zu den gewohnten Feiertagsstaus mit dem genauen Prüfen ihrer Papiere rechnen. Die Behörden lobten das Verhalten der Autofahrer. Sie hätten im Allgemeinen Verständnis für die längeren Wartezeiten gezeigt.«

Ostersonntag, 10. April

Nach einem Hinweis aus der Bevölkerung entdeckt die Polizei einen silbermetallic Alfa Romeo Giulia Super in der Wiesenstraße in Sachsenheim im Kreis Ludwigsburg – eine Fahrstunde südlich vom Tatort. In ihm liegen das Visier eines der Motorradhelme, die in der Brückenkammer sichergestellt wurden, und eine braune Kunstledertasche. Sie ist angeschmort. Abschmelzungen dieses Kunststoffes finden die Kriminaltechniker am rechten Schalldämpfer der Suzuki. Für sie ist klar, dass die Tasche an den heißen Auspuff der Maschine gekommen ist. Es ist der Wagen, den »Hans-Dieter Götz« acht Tage zuvor nach einer Gebrauchtwagenanzeige in Germersheim gekauft hatte.

Viele Bürger haben sich bei der Polizei mit Beobachtungen zum Anschlag gemeldet. So ist der Tatablauf des Mordes an Siegfried Buback und seinen Begleitern für die Beamten mittlerweile nachvollziehbar: Aufgelauert hatten die Attentäter dem Generalbundesanwalt etwa einhundert Meter vor der Einmündung Moltkestraße in die Linkenheimer Landstraße: auf dem Parkplatz der Versorgungsanstalt des Bundes und der Länder, gleich hinter einer Aral-Tankstelle.

Als der dunkelblaue Mercedes anrollt, setzen sie sich mit dem Motorrad hinter ihn. Nach der Tat fahren sie nach Wolfartsweier, verstecken das Motorrad und ihre Helme in der

Kammer des Brückenpfeilers, und steigen in den silbermetallic Alfa Romeo. Der Auslieferungsfahrer einer Bäckerei, der sechsmal am Tag an dieser Stelle vorbeifährt, berichtete den Ermittlern: Seit zwei Tagen habe dort der Wagen auf dem Parkstreifen gestanden; und als er dort am Donnerstagmorgen gegen 9.20 Uhr vorbeikam, habe er hinterm Lenkrad eine Person gesehen.

Zudem wissen die Ermittler durch die Ringalarmfahndung, die sofort nach Bekanntwerden der Tat ausgelöst worden war, dass um 9.51 Uhr der Alfa Romeo einen Polizeikontrollposten an einer Kreuzung bei Nussbaum passiert hatte, eine knappe halbe Autostunde von der Autobahnbrücke bei Wolfartsweier entfernt. Notiert hatte die Streifenwagenbesatzung, dass drei Personen in dem Fahrzeug saßen. Und eine Zeugin in Sachsenheim hatte den Ermittlern berichtet, sie habe beobachtet, wie drei junge Männer, Mitte, Ende zwanzig, in der Wiesenstraße am Tattag zwischen 10.00 und 10.30 Uhr aus dem Alfa Romeo ausstiegen und Richtung Bahnhof gingen.

Nicht klären konnten die Ermittler, ob das Trio seine Flucht mit der Bahn oder mit einem Pkw fortsetzte. Bei einer Gegenüberstellung, Monate später, erkennt eine Zeugin Günter Sonnenberg eindeutig als einen der Männer, die in Sachsenheim aus dem Alfa Romeo gestiegen waren.

Zudem hatten sich bei den Ermittlern nach den zahlreichen Medienberichten eine Reihe von Zeugen gemeldet und ausgesagt, sie hätten Sonnenberg, Folkerts und Klar in den Tagen vor dem Anschlag in Karlsruhe und Umgebung gesehen. So deutet für die Ermittler sehr viel darauf hin, einschließlich der Motorradanmietung und der gemeinsamen Vergangenheit der drei, dass die Tat von Günter Sonnenberg,

Christian Klar und Knut Folkerts begangen wurde. Wer aber welche Rolle spielte, können sie nicht herausfinden, weil die beiden Täter auf dem Motorrad ganzkörpervermummt waren und der Zeuge, der den Fahrer des Alfa Romeo kurz nach der Tat bei Wolfartsweier sah, die Person nicht zu beschreiben vermochte.

Jahre später urteilt die Justiz, dass es sich bei dem Buback-Trio um Sonnenberg, Klar und Folkerts handelt: Das Oberlandesgericht Stuttgart verurteilt Folkerts 1980 als Täter, Klar 1985. Bei Sonnenberg verzichtet die Bundesanwaltschaft 1982 auf eine Anklage wegen des Buback-Anschlags: Wegen eines Kopfschusses, den er bei einer Schießerei einen Monat später in Singen erlitten hatte, war er nur eingeschränkt verhandlungsfähig – aufgrund dieser Schießerei hatte ihn das Oberlandesgericht Stuttgart 1978 bereits zu lebenslänglicher Freiheitsstrafe verurteilt, wegen »zweier Verbrechen des versuchten gemeinschaftlichen Mordes«. Deshalb stellt die Bundesanwaltschaft das Ermittlungsverfahren gegen ihn wegen Buback fast fünf Jahre nach der Tat ein, weil durch »die Verhängung einer dritten lebenslangen Freiheitsstrafe«, so die Begründung in der Einstellungsverfügung, »eine zusätzliche Einwirkung auf Sonnenberg nicht zu erwarten« sei.

In dem Strafverfahren gegen Knut Folkerts ließ das Oberlandesgericht Stuttgart 1980 ausdrücklich offen, wer am Gründonnerstag 1977 was tat: »Die Tat wurde von mindestens drei Personen, unter denen sich der Angeklagte und Günter Sonnenberg befanden, nach vorgefasstem Plan gemeinsam als ›Aktion der RAF‹ ausgeführt ... Ob der Angeklagte auf dem Motorrad saß oder mit dem Pkw wartete, ließ sich nicht feststellen. Sicher ist, dass er das eine oder das andere tat.«

Fünf Jahre nach den Morden urteilte das Oberlandesgericht Stuttgart in dem Strafverfahren gegen Christian Klar und Brigitte Mohnhaupt: »Die unmittelbare Tatausführung übernahmen neben dem Angeklagten Klar die ihm seit langem verbundenen ›RAF‹-Mitglieder Sonnenberg und Folkerts, da diese drei in Karlsruhe gelebt hatten, Stadt und Umgebung demnach genau kannten ... Vom Angeklagten Klar steht fest, dass er entweder Lenker oder Soziusfahrer des Motorrades war oder mit dem Alfa Romeo wartete.« Außerdem verurteilte das Gericht wegen des Anschlages Brigitte Mohnhaupt – der Kern der Begründung: »Dass sich die Angeklagte Mohnhaupt am Tatort oder im Umfeld aufgehalten hätte, ließ sich nicht feststellen. An den Planungen und Vorbereitungen dieses Anschlags hatte sie aber wesentlichen Anteil.«

Diese Feststellungen der Gerichte zu dem Täter-Trio standen bis zum dreißigsten Jahrestag des Mordes an Siegfried Buback und seinen Begleitern außer Frage. Das änderte sich 2007: Medien erklärten, die »Zusammensetzung« des Täter-Trios durch die Gerichte könnte unzutreffend sein – als »Austauschkandidaten« wurden Stefan Wisniewski und Verena Becker genannt. Die Mutmaßungen bestätigten sich nicht.

Fünfunddreißig Jahre nach dem Buback-Attentat, 2012, verurteilte das Oberlandesgericht Stuttgart Verena Becker allerdings wegen »Beihilfe zum Mord in drei tateinheitlichen Fällen«. Ihre »psychische Beihilfe« begründet das Gericht damit, dass sie sich stets, »zuletzt bei einem Gruppentreffen« Anfang 1977, »in den Niederlanden, auch den späteren Tätern gegenüber vehement für die alsbaldige Durchführung des Anschlages auf Generalbundesanwalt Buback eingesetzt und dadurch die unmittelbaren Täter wissentlich und willentlich in ihrem Tatentschluss bestärkt« habe.

Nicht anders als die Täter habe sie aus niederen Beweggründen gehandelt: »Auch sie bezweckte in dem intensiven Eintreten für die Forderung der Stammheimer die Tötung des Generalbundesanwaltes als Repräsentant des verhassten Systems aus Rache«, würdigte das Gericht das Geschehen rechtlich: »Gleiches gilt auch für die von der Angeklagten gewollte Tötung der beiden Begleiter des Generalbundesanwalts, damit das Tatkommando nach der Tat unerkannt und unbehelligt flüchten konnte, also nur, um diese ›Aktion‹ sicher und leichter durchführen zu können.«

Eine Absage erteilte das Gericht den Spekulationen von Bubacks Sohn Michael und Medien, dass Verena Becker auch die Todesschützin auf dem Motorrad gewesen sein könnte: Ausdrücklich stellte der Strafsenat fest, dass sich in dem Verfahren – mit 97 Sitzungstagen und 165 Zeugenvernehmungen – »keine belastbaren Hinweise auf die unmittelbare Täterschaft« von ihr ergeben hätten.

2016 stellte die Bundesanwaltschaft das Ermittlungsverfahren gegen Stefan Wisniewski wegen des Buback-Mordes ein. Eingeleitet hatte sie es 2007, nachdem Peter-Jürgen Boock den Verdacht auf Wisniewski gelenkt hatte, unter anderem durch seine Erklärung, Wisniewski habe eine »militärische Ausbildung an den entsprechenden Waffen« absolviert. In den neun Jahre andauernden Ermittlungen der Bundesanwaltschaft erhärtete sich nicht der Verdacht einer Mittäterschaft Wisniewskis. So liegt auch für die Ermittler, knapp vierzig Jahre nach dem Dreifachmord, noch immer im Dunkeln, wer die tödlichen Schüsse auf den Generalbundesanwalt und seine beiden Begleiter am Gründonnerstag 1977 abgefeuert hat.

Mittwoch, 13. April

Karlsruhe, Evangelische Stadtkirche – die Trauerfeier für die drei Opfer des Attentats. Draußen: ein Riesenaufgebot an Polizisten. Über eintausend Beamte sind im Einsatz. Die Sicherheitsstrategen fürchten, die RAF könnte den Anlass für einen weiteren Anschlag nutzen. Drinnen stehen vor dem Altar drei Särge. In der ersten Reihe der von Buback, in der zweiten die seiner Begleiter Wolfgang Göbel und Georg Wurster; Wurster war erst in den frühen Morgenstunden gestorben. Auf jedem Sarg liegt eine Bundesflagge. Auf den Bänken sitzen viele der Repräsentanten des Staates: Bundespräsident Walter Scheel, Bundeskanzler Helmut Schmidt, Bundesminister, Bundestagsabgeordnete, der baden-württembergische Ministerpräsident Hans Filbinger und seine Kabinettskollegen.

Für alle in der Kirche besteht ein neues furchteinflößendes Bedrohungsszenario: Die RAF hat eine weitere Dimension im »bewaffneten Kampf« eröffnet. Sie schreckte nicht davor zurück, direkt einen Spitzenrepräsentanten des Staates anzugreifen. Viele von denen, die an diesem Vormittag in Karlsruhe sitzen, wissen, dass sie oder jemand aus ihrem Umfeld der Nächste sein könnte. Die neue Situation ist bedrückend. Angst macht sich breit.

»Er war ein harter Kämpfer für das Recht, für die demokratische Grundordnung, für die Sicherheit der Bundesrepublik Deutschland«, würdigt Bundeskanzler Helmut Schmidt Bubacks Wirken: »Die Schüsse hier in Karlsruhe zielten aber nicht nur gegen den Generalbundesanwalt, der die zusammengeschmolzene Truppe der Terroristen nicht zur Ruhe kommen ließ, sondern sie sollten dem Rechtsstaat überhaupt gelten.«

Von einer »zusammengeschmolzenen Truppe« hätte Schmidt wohl kaum gesprochen, wenn er gewusst hätte, wie sich die neu formierte RAF unter der Führung von Mohnhaupt auf neue Anschläge vorbereitete. Das Gegenteil von »zusammengeschmolzen« war der Fall. Und in den nächsten Wochen und Monaten expandiert die Gruppe weiter, kommt im Spätsommer auf insgesamt zwanzig Mitglieder, während sie beim Buback-Anschlag weniger als zehn hatte.

Nucleus dieser neuen Gruppe waren ein Jahr zuvor Verena Becker und der ehemalige Rechtsanwalt Siegfried Haag. Zusammengeführt hatte sie die Flucht vor der deutschen Polizei in einem militärischen Ausbildungslager im Südjemen, zwei Autostunden von Aden entfernt. Das Camp am Wüstenrand, ein ehemaliger britischer Militärposten, betreibt die PFLP/SC, die »Volksfront zur Befreiung Palästinas/Spezialkommando« (»Popular Front for the Liberation of Palestine/Special Command«): Zur PFLP hatten sich 1967 mehrere palästinensische Widerstandsorganisationen zusammengeschlossen, unter Führung des Kinderarztes Georg Habash. Ihr Ziel ist es, den Staat Israel zu zerstören. Als Untergruppe dieser PFLP gründet 1974 Wadi Haddad das »Special Command«, und zwar für spektakuläre Terroraktionen. Die PFLP/SC baut mehrere Stützpunkte auf, unter anderem in Bagdad und im Südjemen wie das Camp bei Aden.

Verena Becker gehört zu den fünf Häftlingen, die von den Lorenz-Entführern im Februar 1975 freigepresst worden waren. Zusammen mit dem ebenfalls freigepressten Rolf Heißler war sie in das Camp am Wüstenrand gekommen. Geleitet wird es von Wadi Haddad: ein Arzt, der Medizin an der Amerikanischen Universität in Beirut studiert hatte.

Siegfried Haag hatte sich im Mai 1975 auf die Flucht begeben, weil er im Verdacht stand, Waffen für die RAF beschafft und seine Finger bei dem Anschlag in Stockholm mit im Spiel gehabt zu haben. Der einstige Vertrauensanwalt von Andreas Baader hatte sich vorgenommen, seinen Ex-Mandanten und dessen Gesinnungsgenossen aus den Gefängnissen zu holen.

So waren der frühere Rechtsanwalt und die frühere ungelernte Arbeiterin in dem Wüstencamp im Sommer 1976 auf die Idee gekommen, die »versprengten Kräfte« in der Bundesrepublik zusammenzuführen, die vom »bewaffneten Kampf« im großen Stil träumten. Es waren ganze drei Kleingruppen: in Frankfurt Peter-Jürgen Boock, seine Frau Waltraud und Rolf Clemens Wagner, in Heidelberg Sieglinde Hofmann und Stefan Wisniewski und in Karlsruhe Sonnenberg, Klar und Folkerts, Adelheid Schulz sowie eine weitere Frau. Später werden die drei Karlsruher Männer in der Gruppe die »Förster« genannt, weil sie sich als rustikale »Naturburschen-Fraktion« gaben und aus der Nähe des Schwarzwaldes kamen.

Die meisten der Eingeladenen reisen im Spätsommer 1976 in das Wüstencamp: Rolf Heißler, Peter-Jürgen Boock, seine Frau Waltraud, Rolf Clemens Wagner, Stefan Wisniewski, Sieglinde Hofmann, Friederike Krabbe und als Einziger aus Karlsruhe Günter Sonnenberg, so die Feststellungen des Oberlandesgerichts Stuttgart 2012. Sie verstehen sich prächtig und verabreden, zusammen eine neue RAF zu bilden. Erstes Ziel: Die RAF-Häftlinge freipressen. Andere Ziele stehen in Aden nicht zur Debatte. Erstes Opfer soll Generalbundesanwalt Siegfried Buback werden – der Generalbundesanwalt ist der größte gemeinsame Nenner unter den Anwesenden.

Im Herbst 1976 kehren sie zurück in die Bundesrepublik.

Ihr erster Schritt ist der Aufbau der Logistik. Die Gruppe mietet konspirative Wohnungen, beschafft sich durch Banküberfälle Geld – ein RAF-Raubkommando erbeutet im September 1976 in einer Commerzbank-Filiale in Köln 107 000 Mark, ein anderes im November 1976 in Hamburg bei der Vereins- und Westbank 118 000 Mark – und Waffen und Munition, durch Einkäufe in Italien und der Schweiz.

Zum ersten »Gesamttreffen« auf deutschem Boden kommt die neue Formation im November 1976 in einer Ferienanlage bei Goslar zusammen. Mindestens elf Personen – nach den Erkenntnissen des Oberlandesgerichts Stuttgart 2012: Siegfried Haag, Roland Mayer, Verena Becker, Rolf Heißler, Peter-Jürgen Boock, Waltraud Boock, Günter Sonnenberg, Christian Klar, Rolf Clemens Wagner, Stefan Wisniewski und Sieglinde Hofmann. Zwei Themen stehen an den beiden Tagen im Mittelpunkt. Planungsstand in Sachen »Margarine« und die Frage, wie die Operation »Big Raushole« weiter vorzubereiten ist. Alle eint das Bedürfnis, Andreas Baader und die anderen RAF-Häftlinge in Stammheim so schnell wie möglich zu befreien. Nach weiteren »Checks« der »Förster« in Karlsruhe scheint der Anschlag auf Generalbundesanwalt Buback machbar.

Ergebnis der Diskussion im Harz ist, dass die Gefangenen möglichst rasch befreit werden sollen und deshalb auch die Buback-Operation so schnell wie möglich erfolgen soll – noch vor Jahresende 1976. Lange diskutiert die Gruppe darüber, was noch alles für die Anschläge auf Buback und die folgenden vorzubereiten ist, um möglichst schnell zum Ziel der »Offensive 77« zu kommen: der »Big Raushole«. Siegfried Haag und sein Adlatus Roland Mayer schreiben viel mit auf ihren Notizblöcken. Haag erstellt einen »Arbeitsplan«

für die Zeit vom 20. November bis zum 2. Dezember 1976, Mayer einen detaillierten »Ablauf-/Beschaffungsplan«.

Rund zwei Wochen nach dem Treffen im Harz fallen diese Notizen und andere Papiere der Polizei in die Hände, als sie Haag und Mayer auf der Autobahn stoppt. Weil sich aus den Aufzeichnungen ablesen lässt, dass ein Anschlag unmittelbar bevorsteht, beschließt die RAF, den Anschlag auf Buback zu verschieben. Ohne Haags Festnahme wäre der Anschlag auf den Generalbundesanwalt noch vor Jahresende erfolgt.

Durch seine Verhaftung ist die Gruppe »geköpft«. Um zu beratschlagen, wie es ohne den »Leader« Haag weitergehen soll, treffen sich Anfang des Jahres 1977 elf junge Leute, fast alle Mitte zwanzig, in einem kleinen Ort an der niederländischen Küste – in Katwijk aan Zee, erklärt Peter-Jürgen Boock später. In einer Ferienanlage haben sie sich Häuschen gemietet. Dort sind, stellt fünfunddreißig Jahre später das Oberlandesgericht Stuttgart fest, Peter-Jürgen Boock, Rolf Heißler, Christian Klar, Günter Sonnenberg, Verena Becker, Rolf Clemens Wagner, Stefan Wisniewski und Sieglinde Hofmann, zum ersten Mal mit dabei sind Knut Folkerts, Adelheid Schulz und Angelika Speitel. Seit dem ersten Gruppentreffen im Harz zwei Monate zuvor wurden Waltraud Boock, Siegfried Haag und Roland Mayer verhaftet.

Die Diskussion ergibt, dass es künftig keinen neuen »Leader« geben soll, sondern das »RAF-Kollektiv« entscheidet. Diskutiert wird, wann der Anschlag auf Buback erfolgt: Viele meinen, die Vorbereitungen liefen zu langsam. Die »Förster« sehen es nicht so. Die Mehrheit setzt sich durch. Die »Förster« müssen bei ihren Vorbereitungen Gas geben und im Februar stößt Brigitte Mohnhaupt zu den Illegalen – das sind die beiden entscheidenden Gründe dafür, dass an diesem Mittwoch die Särge von Siegfried Buback und seinen beiden Begleitern in der Evangelischen Stadtkirche in Karlsruhe stehen.

Am Nachmittag findet die private Trauerfeier für Siegfried Buback statt. Eingeladen ist auch Horst Herold, der Präsident des Bundeskriminalamts: das Pendant an der Behördenspitze zu Buback bei der Bundesanwaltschaft – früher Polizeipräsident und Staatsanwalt in Nürnberg, ein »linker Sozialdemokrat«, wie er selbst über sich sagt. »Wir werden jeden Stein aufheben und umdrehen, um deine Mörder zu finden«, sagt Horst Herold. Und tatsächlich werden seine Mörder gefasst: Sonnenberg bereits drei Wochen später in Singen, Folkerts fünf Monate später in den Niederlanden und Klar sowie Mohnhaupt fünfeinhalb Jahre später an Depots der RAF, in der Nähe von Frankfurt und Hamburg. Als Mohnhaupt und Klar gefasst werden, ist Herold schon im Ruhestand, seit anderthalb Jahren. Bundesinnenminister Gerhart Baum (FDP) hatte ihn im Alter von siebenundfünfzig Jahren am 31. März 1981 in den vorzeitigen Ruhestand geschickt.

Donnerstag, 14. April

In Bonn erklärt BKA-Chef Horst Herold im Bundeshaus in einer gemeinsamen Sitzung des Innen- und des Rechtsausschusses: »Es wird noch weitere Opfer geben.« Welche Etage angegriffen werde, ergebe sich mit hinreichender Deutlichkeit aus Papieren von Andreas Baader. Dort hieße es: »Die politischen, ökonomischen und exekutiven Funktionäre dieses Staates gezielt anzugreifen. Was darunter zu verstehen ist,

ist spätestens seit dem Tod des Generalbundesanwalts offenkundig geworden.«

In Hamburg bekommt *Der Spiegel* Post von der RAF: Beim Pförtner des »Glasturms« an der Brandstwiete liefert ein Briefträger das Selbstbezichtigungsschreiben zum Mord an Generalbundesanwalt und seinen Begleitern ab. Die erste Erklärung der RAF im Jahr 1977. Der Umschlag enthält fünf DIN-A4-Seiten. Auf dem Titelblatt ist das RAF-Logo, elf Zentimeter groß: ein fünfzackiger Stern mit Maschinenpistole und den Buchstaben »RAF«. Es folgen drei Seiten Selbstbezichtigung. Fünfte Seite ist eine Fotokopie des Mietvertrages für die Suzuki, unterschrieben mit »Hans-Dieter Götz«. Im Kleingedruckten steht: »Der Mieter haftet für alle Polizeistrafen während seiner Mietzeit«. Die Kopie ist der Authentizitätsnachweis der Mörder.

Unterzeichnet ist die Erklärung mit *KOMMANDO ULRIKE MEINHOF ROTE ARMEE FRAKTION*. Nach palästinensischem Vorbild wählte die RAF für ihre Mordkommandos Namen toter Kampfgenossen: Ulrike Meinhof hatte sich elf Monate zuvor in ihrer Zelle erhängt – Baader & Co. sowie das RAF-Umfeld stellten den Suizid gegenüber der Öffentlichkeit als Staatsmord dar.

Die RAF schickt die fünf Seiten an insgesamt zehn Redaktionen, unter anderem ans ZDF, an die Deutsche Presse-Agentur, die *Frankfurter Rundschau* und an den Norddeutschen Rundfunk. In den Briefkasten geworfen wurden die Umschläge in Düsseldorf und in Duisburg. In Düsseldorf hatte ein RAF-Bote den Umschlag bei der Deutschen Presse-Agentur in den Hausbriefkasten gesteckt.

Verfasst ist die Erklärung in radikaler Kleinschreibung. Sie beginnt mit dem Satz: »für ›akteure des systems selbst‹ wie buback findet die geschichte immer einen weg.« Dieser erste Satz soll eine Retourkutsche zu einer Äußerung Bubacks in einem *Spiegel*-Interview sein, ein Jahr zuvor. Auf die Frage, ob es neuer gesetzlicher Regelungen zur Vereinfachung der Arbeit seiner Behörde bedürfe, auch bei der Zusammenarbeit mit dem Bundeskriminalamt, hatte Buback geantwortet: »In der Praxis finden wir da immer einen Weg. Zwischen Herrn Herold, dem BKA-Chef, und mir funktioniert die Zusammenarbeit reibungslos. Da brauchen wir keine Zuständigkeitsregelung. Der Staatsschutz lebt davon, dass er von Leuten wahrgenommen wird, die sich dafür engagieren. Und Leute, die sich dafür engagieren, wie Herold und ich, die finden immer einen Weg. Wenn Sie eine gesetzliche Regelung haben und sie mal strapazieren müssen, funktioniert sie ja meistens doch nicht.«

Bubacks Botschaft war klar: Wir brauchen keine neuen Rechtsvorschriften. Im linken Spektrum war der Satz von vielen bewusst missinterpretiert worden: Die engagierten »Staatsschutzzwillinge« Buback und Herold machen sowieso, was sie wollen, auch ohne gesetzliche Regelung.

Zweiter Satz der RAF-Erklärung ist das Mordgeständnis: »am 7.4.77 hat das KOMMANDO ULRIKE MEINHOF generalbundesanwalt siegfried buback hingerichtet.« Georg Wurster und Wolfgang Göbel erwähnt die RAF nicht.

Dritter Satz ist die Begründung für die Morde: »buback war direkt verantwortlich für die ermordung von holger meins, hausner und ulrike meinhof.« Er habe »in seiner funktion als generalbundesanwalt – als zentrale schalt- und koordinationsstelle zwischen justiz und den westdeutschen nachrichtendiensten in enger kooperation mit der cia und dem nato-security-comitee – ihre ermordung inszeniert und geleitet«.

Die Ermordung Bubacks »begründet« die RAF mit dem Tod von drei RAF-Häftlingen: Holger Meins, Siegfried Hausner und Ulrike Meinhof.

Über Holger Meins behauptet die RAF, »unter bubacks regie« sei er am 9. November 1974 unter anderem »durch systematische unterernährung … gezielt ermordet worden.« Das stimmt nicht, weil sich Meins beim dritten RAF-Hungerstreik zu Tode gehungert hatte: Seit dem 13. September 1974 weigerte er sich zu essen. Nach fast zwei Monaten wog der 1,83-Meter-Mann noch ganze vierzig Kilo.

Über Siegfried Hausner behauptet die RAF, »unter bubacks regie« sei er »am 4.5.75 ermordet« worden: »während er unter der ausschließlichen verfügungsgewalt der bundesanwaltschaft und des bka stand, wurde seine auslieferung in die brd und der lebensgefährliche transport in das gefängnis von stuttgart-stammheim durchgeführt, was seinen sicheren tod bedeutete.«

Hausner war Leiter und zugleich »Sprengmeister« des sechsköpfigen RAF-»Kommandos Holger Meins«: Im April 1975 hatte es die bundesdeutsche Botschaft in Stockholm überfallen, dreizehn Botschaftsmitarbeiter als Geiseln genommen und verlangt, sechsundzwanzig Gesinnungsgenossen aus deutschen Gefängnissen freizulassen. Um seine Forderung zu unterstreichen, erschoss das Kommando zwei Geiseln: die Attachés Andreas von Mirbach und Heinz Hillegaart.

In der Botschaft der dritten – obersten – Etage hatte Hausner Sprengladungen angebracht und verdrahtet. Alles explodiert eine Viertelstunde vor Mitternacht. Die Botschaft steht in Flammen. Hausner wird schwer verletzt: Vierzig Prozent seiner Haut sind verbrannt. Keine vierundzwanzig Stunden später schiebt ihn die schwedische Regierung ab, im Flugzeug nach Köln-Wahn. Die Schweden wollen die RAF-Neueinsteiger keine Sekunde länger im Land haben als unvermeidlich.

Hausner kommt in die intensiv-medizinische Abteilung nach Stuttgart-Stammheim; eingerichtet worden war sie, um Baader & Co. bei Hungerstreiks künstlich ernähren zu können. Hausners Verbrennungen sind so schwer, dass er nicht gerettet werden kann. Zehn Tage nach der Explosion stirbt er in Stammheim. Buback hatte – entgegen der Behauptung seiner Mörder – mit Hausners Tod nichts zu tun: Hausner starb einzig und allein deshalb, weil er Sprengladungen in der deutschen Botschaft angebracht hatte, die explodierten und bei ihm schwerste Verbrennungen verursachten.

Und schließlich sei »unter bubacks regie« Ulrike Meinhof »am 9.5.76 in einer aktion des staatsschutzes exekutiert« worden, schreibt die RAF, »ihr tod wurde als selbstmord inszeniert, um die sinnlosigkeit der politik, für die ulrike meinhof gekämpft hat, zu demonstrieren«. Die Wahrheit: Ulrike Meinhof, Mutter von Zwillingsmädchen, mittlerweile waren sie dreizehn und Meinhof saß seit vier Jahren in Haft, hatte sich am Muttertag 1976 in ihrer Zelle in Stammheim erhängt, weil sie von Baader und vor allem von dessen Freundin Gudrun Ensslin drangsaliert – vulgo heute: »gemobbt« – worden war: Mit großer Hingabe und perfider Häme zerpflückte Ensslin, ihr Berufswunsch war »Journalistin« gewesen, die Texte der einst republikweit bekannten *konkret*-Chefredakteurin.

Aus Kassibern wisse er, berichtet Peter-Jürgen Boock, dass bei den Auseinandersetzungen zwischen Meinhof und Ensslin »Andreas Baader den ›Schiedsrichter‹ gespielt« habe: »Da er meistens zugunsten von Ensslin entschied, hatte diese eine dominante Stellung.«

So saß im Frühjahr 1976 Ulrike Meinhof isoliert auf der siebten Etage in Stammheim – Baader und Ensslin beschimpften und schnitten sie. Mitunter machte Raspe mit. Auch Meinhofs Tod hatte mit Bubacks Wirken nicht das Geringste zu tun.

Für die Stammheimer Häftlinge stand außer Frage, dass Ulrike Meinhof Selbstmord verübt hatte. Aber nach außen, gegenüber den »Legalen«, also Unterstützern, und dem Umfeld, wurde aus Stammheim die Mordthese befeuert, beispielsweise durch Erklärungen im laufenden Gerichtsverfahren. »Es war eine kalt konzipierte Hinrichtung«, verkündete zwei Tage nach dem Freitod Jan-Carl Raspe in Stammheim, weil »Ulrike eine wesentliche ideologische Funktion hatte«. Mit dieser Behauptung zieht das RAF-Umfeld durch die Städte und liefert sich mit der Polizei blutige Straßenschlachten. Am schlimmsten tobt der Kampf in Frankfurt. »Ulrike Meinhof: In Stammheim hingerichtet« steht auf einem Transparent. In der Nähe des Goetheplatzes versucht die Polizei, eine verbotene Demonstration aufzulösen. Wasserwerfer spritzen, Schlagstöcke knüppeln, Steine fliegen, Tränengasschwaden hängen in der Luft. Ein Molotowcocktail landet in einem weißen Polizei-Opel-Rekord. Ein Polizist steht in Flammen. Hemd und Hose brennen. Er schreit wie am Spieß. Siebzig Prozent seiner Haut verbrennen. Bei der Suche nach den Brandstiftern kommt Fernsehfahnder Eduard Zimmermann zu Hilfe. Einer der Gesuchten – mit großer Brille, langem Haar und kurzem Bart – ist »der 28-jährige Joseph Martin Fischer«. Gleich nach der Sendung wird er verhaftet. Aber ihm ist nichts nachzuweisen. Nach drei Tagen kommt er wieder auf freien Fuß. Später wird er als »Joschka« bekannt, Außenminister und Vizekanzler der Republik.

Der Mythos vom »Staatsmord an Ulrike« in Stammheim wurde von Baader & Co. gehegt und gepflegt. Für sie war Meinhofs Tod ein wichtiger Mobilisierungsfaktor. Nach Meinhofs Tod las Peter-Jürgen Boock in einem Kassiber aus der siebten Etage, sinngemäß: »Es war das Beste, was sie mit ihrem verkorksten Leben noch machen konnte.«

In Begründung und Diktion erfolgt dieses erste Schreiben der neuen RAF-Generation im Jahr 1977 dem Selbstbezichtigungsschreiben der ersten RAF-Generation nach dem Anschlag auf Bundesrichter Buddenberg: Im Mai 1972 hatte eine Bombe den VW Käfer des Ermittlungsrichters am Bundesgerichtshof zerfetzt – zuständig war er für die Haftbedingungen der RAF-Häftlinge. Seine Frau, die mit dem Wagen losfahren wollte, überlebte schwer verletzt.

In ihrer Erklärung hatte die RAF geschrieben, dass »Buddenberg, das Schwein« für die von ihr angeprangerte Haftsituation von Mitgliedern der ersten RAF-Generation verantwortlich gewesen sei, unter anderem für die von Manfred Grashof und Carmen Roll. Konzipiert worden war der Buddenberg-Anschlag ebenso wie der nach seinem Vorbild durchgeführte Buback-Anschlag als individuelle Bestrafungsaktion – getreu dem südamerikanischen Guerilla-Grundsatz, die RAF hatte ihn in ihrer zweiten Kampfschrift »Über den bewaffneten Kampf in Westeuropa« im Mai 1971 aufgegriffen: »Bestraft einen und erzieht Hunderte.«

Federführend verfasst worden war das Buback-Selbstbezichtigungsschreiben von Brigitte Mohnhaupt und Sieglinde Hofmann »nach teilweisen Vorgaben der Stammheimer Gefangenen«, urteilte später das Oberlandesgericht Stuttgart, und zwar »in der konspirativen Wohnung in Amsterdam im Baden Powellweg«. In dieser Wohnung hielten sich im April die beiden Frauen, Peter-Jürgen Boock und einige andere RAF-Mitglieder auf. Eine Zwei-Etagen-Maisonette unterm Dach. Angemietet hatte sie am 16. Dezember 1976 Rolf Clemens Wagner als »Otmar Fehr«: Am Gründonnerstag erhält Mohnhaupt dort einen Anruf aus Deutschland, dass der Anschlag auf den Generalbundesanwalt geklappt habe. Alle jubeln.

Donnerstag, 21. April

Stuttgart-Stammheim, der Gerichtssaal, 191. Verhandlungstag: Tag der Plädoyers auf der Angeklagtenseite. Nicht erschienen sind die Vertrauensanwälte – wegen der Abhörerei sind sie schon seit mehreren Sitzungen der Verhandlung ferngeblieben. Auch nicht erschienen sind die Angeklagten; sie befinden sich in ihren Zellen im Hungerstreik. Nur die Nicht-Vertrauensanwälte sind da.

Um neun Uhr beginnen die Plädoyers. Schon um 11.50 Uhr sind sie fertig. Alle Anwälte fordern die Einstellung des Verfahrens. Unter anderem wegen des Lauschangriffs und des angeblich befangenen Bundesrichters Albrecht Mayer. Keiner der Anwälte hatte jemals mit einem der Angeklagten gesprochen. Eberhard Schwarz, einer der beiden vom Vorsitzenden für Baader bestellten Anwälte, plädiert eine Dreiviertelstunde. Der zweite Baader-Anwalt Dieter Schnabel macht es kurz: Er erklärt, er schließe sich den Ausführungen seines Kollegen an, und fordert vom Gericht »eine gerechte Entscheidung«.

Auch nicht erschienen ist Manfred Künzel, einer der beiden für Gudrun Ensslin bestellten Verteidiger. Nach der Abhöraffäre hatte der Anwalt beim Senatsvorsitzenden Foth beantragt, seine »Bestellung zum Verteidiger der Frau Gudrun Ensslin« aufzuheben. Foth tat es nicht. Trotzdem kam Künzel nicht zur Verhandlung. Pflichtverteidigerungehorsam. »Für jemanden, der von Verteidigung auch nur eine leise Ahnung hat, ist es selbstverständlich, dass man nach einem Lauschangriff nicht mehr tätig sein kann«, erläutert er seine Position – »wie ich eigentlich auch zuversichtlich hoffe, dass ein Richter nicht mehr richten wird, wenn in seinem Beratungszimmer eine Wanze klebt.« Auch Ernst Eggler, der andere Ensslin-Verteidiger, ist nicht erschienen. Er hat einen Vertreter geschickt. »Ich schließe mich den Ausführungen meiner Herren Vorredner an«, lautet der Schlüsselsatz von Oswald Augst am Ende des 190-Tage-Verfahrens. Nach drei Minuten ist er fertig und setzt sich wieder.

So »retten« Nicht-Vertrauensanwälte den Stammheim-Prozess. Denn ohne mindestens einen Verteidiger im Saal für jeden Angeklagten hätte nicht weiter verhandelt werden dürfen.

Prinzings Vorstellung wurde Wirklichkeit. Drei Monate nachdem er aus dem Verfahren ausschied.

Montag, 25. April

In den *Göttinger Nachrichten,* der Zeitung des AStA, des Allgemeinen Studentenausschusses, der Universität Göttingen, erscheint der Artikel »Buback – Ein Nachruf«. Unterzeichnet ist er mit »Ein Göttinger Mescalero« – ein »Stadtindianer« von der Sponti-Anarcho-*Bewegung Undogmatischer Frühling (BUF).* Die BUF spielte damals an der Georgia Augusta eine Rolle, weil sie zusammen mit der »Sozialistischen Bündnisliste« den AStA stellte.

Es mag makaber klingen. Aber es ist die Wahrheit: In den deutschen Medien erscheinen im Jahr 1977 mindestens dreimal so viele Berichte über diesen »Nachruf« und die Debatte darüber als über Bubacks gesamtes Wirken und seine Ermordung. 226 Zeilen, die zu lebhaften Debatten über die Frage führen, wo in dieser Republik die Meinungsfreiheit endet und wo Straftatbestände beginnen wie die »Billigung von Straftaten« und die »Verunglimpfung des Andenkens Verstorbener«.

»Ausgewogenheit, stringente Argumentation, Dialektik und Widerspruch«: das alles sei ihm »piep-egal«, stellt der Anonymus gleich am Anfang seines »Nachrufs« auf den Generalbundesanwalt klar, bevor er loslegt: Ihm sei »bei dieser Buback-Geschichte einiges aufgestoßen«, erklärt er zweieinhalb Wochen nach dem Mord – und »diese Rülpser sollen zu Papier gebracht werden, vielleicht« trügen sie »ein bißchen zu einer öffentlichen Kontroverse bei«. Das tun sie – mehr als von ihm erwartet:

»Meine unmittelbare Reaktion, meine ›Betroffenheit‹ nach dem Abschuss von Buback ist schnell geschildert: ich konnte und wollte (und will) eine klammheimliche Freude nicht verhehlen. Ich habe diesen Typ oft hetzen hören, ich weiß, daß er bei der Verfolgung, Kriminalisierung, Folterung von Linken eine herausragende Rolle spielte. Wer sich in den letzten Tagen nur einmal genau sein Konterfei angesehen hat, der kann erkennen, welche Züge dieser Rechtsstaat trägt, den er in so hervorragender Weise verkörperte. Und der kennt dann auch schon ein paar Züge von Gesichtern jener aufrechten Demokraten, die jetzt wie ein Mann empört und betroffen aufschreien. Ehrlich, ich bedaure es ein wenig, daß wir dieses

Gesicht nun nicht mehr in das kleine rot-schwarze Verbrecheralbum aufnehmen können, das wir nach der Revolution herausgeben werden, um der meistgesuchten und meistgehaßten Vertreter der alten Welt habhaft zu werden und sie zur öffentlichen Vernehmung vorzuführen. Ihn nun nicht mehr – enfant perdu.«

»Abschuss von Buback«, der bei der »Folterung von Linken eine herausragende Rolle« gespielt habe, und das Bedauern, sein »Gesicht nun nicht mehr in das kleine rot-schwarze Verbrecheralbum aufnehmen (zu) können, das wir nach der Revolution herausgeben werden«: Das sind Formulierungen, die die konservative Bundesrepublik, und nicht nur sie, zum Kochen bringen – die »klammheimliche Freude« ist seither ein feststehender Begriff in der deutschen Sprache.

Gegen den Buback-Nachruf des Anonymus braust ein Sturm der Entrüstung von Politikern und Medien auf: »Einen Abgrund an Menschenverachtung« attestiert ihm die *Frankfurter Allgemeine Zeitung*. »Blanken Faschismus« diagnostiziert die *Frankfurter Rundschau*. *Die Welt* kommentiert über die »unheimliche Freude am Mord«: »Wer Terroristen unterstützt, gehört an keine deutsche Hochschule.« Sie fragt: »Warum noch ›Sympathisanten‹? Schade um das lauwarme Wort, es geht um Blutiges. Nennt die kleinen Nagetiere hinter der Szene doch künftig die Klammheimlichen! Das hören sie lieber, passt auch besser ins Wörterbuch des Neuen Unmenschen, nicht weit hinter Kader. Macht ihnen doch diese klammheimliche Freude, es ist die einzige Form der Freude, die sie sich vorstellen können.«

Josef Augstein, bekannter Rechtsanwalt in Hannover und älterer Bruder von *Spiegel*-Herausgeber Rudolf Augstein, kommentiert: »Wer solche Nachrufe veröffentlicht oder dabei mitwirkt, muss das Recht verwirkt haben, weiter auf Kosten der Allgemeinheit zu studieren. Er müsste vom weiteren Studium ausgeschlossen werden. Jegliche Zahlungen zur Finanzierung des Studiums müssen gestrichen werden.«

Im »Streiflicht« der *Süddeutschen Zeitung* ist zu lesen: »Wer nach Beispielen sucht, wie der Nährboden des Terrors beschaffen ist, braucht nicht weit zu gehen. Die Zeiten sind vorbei, da man die Sympathisantenszene vorwiegend im Halbdunkel oder in den Schlupfwinkeln des Untergrundes vermutete. In diesen Tagen offenbart sie sich mit einer Schamlosigkeit, die kaum noch zu überbieten ist. Da schildert einer schnell und zynisch einmal in den Göttinger Nachrichten, dem ›Amtsblatt‹ der studentischen Mitsprache, seine Betroffenheit nach dem Abschuss (andere sagen: der Hinrichtung) von Siegfried Buback, eine unverhohlene ›klammheimliche‹ und nun in gedruckten Lettern publikgemachte ›Freude‹ über diesen Tod: ›Ehrlich, ich bedaure es ein wenig, dass wir dieses Gesicht nun nicht mehr in das kleine rotschwarze Verbrecheralbum aufnehmen können, das wir nach der Revolution herausgeben werden …‹ Wir – wer ist denn das? Darf so der AStA im Namen der verfassten Studentenschaft sprechen? In einem womöglich mit studentischen Pflichtbeiträgen und öffentlichen Mitteln finanzierten Blättchen?«

Der Spiegel schreibt unter der Überschrift »Gefährliche Sekten«: »Linksextreme Studentenzirkel feiern die Buback-Mörder und predigen Gewalt – keimt an den Hochschulen Faschismus auf?«

»Diese Sympathisanten«, kommentiert Friedrich Karl Fromme in der *Frankfurter Allgemeinen Zeitung*, »die nie einem Terroristen Nachtlager und Reisegeld gegeben haben, sind die wirklich gefährlichsten. Sie haben zwar ›nichts getan‹, sie haben nur ihre Meinung gesagt, sie haben nur nachgedacht. Dass das Denken eine bestimmte Richtung begünstigt: was kann der Denker, was kann der Schreiber dafür? Er kann dafür.«

In Göttingen brodelt das Audimax. Zweitausend Studenten sind gekommen. Auf allen Gängen drängen sich die Kommilitonen. Viele sitzen und hocken auf dem Fußboden vor der großen Wandtafel hinter dem Rednerpult. Auf der studentischen Vollversammlung kündigt der Rektor der Universität Hans-Jürgen Beug einen Strafantrag wegen der Veröffentlichung des Nachrufs an. »Der Text ist eindeutig rechtswidrig«, erklärt er den Studenten. Bundesjustizminister Vogel und andere sähen die Dinge ebenso. »Das sind deine Freunde, nicht unsere«, brüllt ihm ein Student entgegen. Rektor Beug fragt, wo denn der geistige Standort dieses Zwischenrufers liege. »Dein geistiger Standort ist das Klo«, schreit ihm ein anderer Student zu. Die Masse tobt, applaudiert dem Zwischenrufer – minutenlang, kann sich gar nicht mehr einkriegen über die »Originalität« des Einwurfs. Der Saal johlt.

In allen deutschen Universitätsstädten wird der »Nachruf« nachgedruckt; oftmals unter den großen Lettern »Dokumentation« – das Internet war lange noch nicht erfunden. Polizisten beschlagnahmen Berge von Flugblättern mit dem nachgedruckten »Nachruf«. Staatsanwälte leiten Dutzende Ermittlungsverfahren ein, wegen »Billigung von Straftaten« und »Verunglimpfung des Andenkens Verstorbener«. Professoren hingegen meinen, das Verbreiten des Textes sei keine Straftat, sondern vom Grundrecht der Meinungsfreiheit gedeckt. Jeder müsse sich doch selbst eine Meinung über den

Text bilden können. Und so veröffentlichen sie den »Nachruf« – eben ausdrücklich als »Dokumentation«.

»Wir sind der Ansicht, daß auch über Auffassungen, wie sie in dem umstrittenen Artikel vertreten werden, eine öffentliche Diskussion in der BRD möglich sein muß«, erläutern achtundvierzig Herausgeber ihre Position in der *Frankfurter Rundschau* unter der Überschrift »Diskussion muss möglich sein«: »Die Reaktionen verschiedener Minister und großer Teile der Presse zeigen, dass eine freie und kritische Diskussion über Ursachen und Erscheinungsformen der Gewalt in unserer Gesellschaft zunehmend eingeschränkt wird. Anstatt die gesellschaftlichen Ursachen des politischen Terrorismus zu untersuchen, wird der Autor des Mescalero-Artikels, werden die Herausgeber des ›Buback-Nachrufs‹, werden die Universitäten insgesamt zu Sündenböcken gestempelt. Es ist dies der immer wieder erneut gemachte Versuch, uns als kritische Intellektuelle zu Urhebern dessen zu machen, was wir zu analysieren versuchen.«

Die Herausgeber der Dokumentation seien, erklären sie der Republik über die *Frankfurter Rundschau,* »zur öffentlichen Diskussion« bereit: »Im Interesse einer solchen Diskussion fordern wir die zuständigen Stellen auf, die Straf- und Disziplinarverfahren, soweit sie gegen uns angestrengt worden sind, einzustellen.«

Aber gerade die »Dokumentationen« bringen einige Politiker noch mehr in Rage. Niedersachsens CDU-Vorsitzender Wilfried Hasselmann geißelt die Professoren als »Lobredner des Terrors und Beschöniger terroristischer Ergüsse«. Und sein Parteifreund Hans Beckmann verlangt die »unverzügliche Einleitung von Disziplinarmaßnahmen und die vorläufige Dienstenthebung der Hochschullehrer, die den Mord an

Generalbundesanwalt Buback immer noch als ›diskutable Sache‹ ansehen«. Staatsanwälte leiten gegen weitere Professoren Verfahren ein. Am Ende gibt es weit über hundert »Nachruf«-Ermittlungsverfahren. Die geistige Republik brodelt. Der Göttinger »Mescalero« avanciert zum Staatsfeind Nummer zwei. Sein Name ist unbekannt.

Die meisten Verfahren enden mit der Einstellung durch die Staatsanwaltschaft oder dem Freispruch durch ein Gericht. Aber nicht alle. In Augsburg beispielsweise verurteilt das Schöffengericht einen Neunundzwanzigjährigen, der den »Nachruf« verteilt hatte, zu sechs Monaten Gefängnis ohne Bewährung. Die Staatskasse kosten die Verfahren mehr als drei Millionen Mark. Das Resultat der »Nachruf«-Strafverfolgung ist »vertaner Aufwand und eine Blamage«, kritisiert Rudolf Wassermann (SPD), Präsident des Oberlandesgerichts Braunschweig. Er legt großen Wert darauf, zwischen »moralischer Entrüstung und rechtsstaatlicher Äußerungsfreiheit« zu trennen.

Vermutlich haben viele, die sich seinerzeit über den »Nachruf« ereiferten, den Text nicht zu Ende gelesen. In der damals in der linken Szene gängigen dialektisch-rabaukenhaften Art erteilt der Anarcho-Intellektuelle in seiner Conclusio RAF-Morden eine klare Absage.

Er thematisiert die »Legitimität« der Morde der RAF und ob es richtig sein kann, dass die RAF im Fall Buback Ankläger, Richter und Vollstrecker in einem war – er fragt:

»Wer und wieviele Leute haben Buback (tödlich) gehaßt? Woher könnte ich, gehörte ich den bewaffneten Kämpfern an, meine Kompetenz beziehen, über Leben und Tod zu entscheiden?

Wir alle müssen davon runterkommen, die Unterdrücker

des Volkes stellvertretend für das Volk zu hassen, so wie wir allmählich schon davon runter sind, stellvertretend für andere zu handeln oder eine Partei aufzubauen. Wenn Buback kein Opfer des Volkszornes wird (oder wegen mir auch des Klassenhasses, damit kein falscher Verdacht aufkommt), dann geht die Gewalt, die so ausgeübt wird, ebenso wenig vom Volk aus, wie Bubacks Gewalt vom Volke ausging.

Wir brauchen nur die Zeitungen aufzuschlagen und die Tagesmeldungen zu verfolgen: die Strategie der Liquidierung, das ist eine der Strategien der Herrschenden. Warum müssen wir sie kopieren? Die Leute (das Volk!) haben Angst davor, sie haben ihre Erfahrungen damit gemacht, genauso wie mit Einkerkerung und Arbeitslager. Was wir auch tun: es wirft immer ein Licht auf das, was wir anstreben. Wir werden unsere Feinde nicht liquidieren. Nicht in Gefängnisse und nicht in Arbeitslager sperren und deswegen gehen wir doch nicht sanft mit ihnen um.

Unser Zweck, eine Gesellschaft ohne Terror und Gewalt (wenn auch nicht ohne Aggression und Militanz), eine Gesellschaft ohne Zwangsarbeit (wenn auch nicht ohne Plackerei), eine Gesellschaft ohne Justiz, Knast und Anstalten (wenn auch nicht ohne Regeln und Vorschriften oder besser: Empfehlungen), dieser Zweck heiligt eben nicht jedes Mittel, sondern nur manches. Unser Weg zum Sozialismus (wegen mir: Anarchie) kann nicht mit Leichen gepflastert werden.

Warum liquidieren? Lächerlichkeit kann auch töten, zum Beispiel, auf lange Sicht und Dauer. Unsere Waffen sind nicht lediglich Nachahmungen der militärischen, sondern solche, die sie uns nicht aus der Hand schießen können. Unsere Stärke braucht deswegen nicht in einer Phrase zu liegen (wie in der ›Solidarität‹). Unsere Gewalt endlich kann nicht die Al

Capones sein, eine Kopie des offenen Straßenterrors und des täglichen Terrors; nicht autoritär, sondern antiautoritär und deswegen umso wirksamer. Um der Machtfrage willen (O Gott!) dürfen Linke keine Killer sein, keine Brutalos, keine Vergewaltiger, aber sicher auch keine Heiligen, keine Unschuldslämmer. Einen Begriff und eine Praxis zu entfalten von Gewalt/Militanz, die fröhlich sind und den Segen der beteiligten Massen haben, das ist (zum praktischen Ende gewendet) unsere Tagesaufgabe. Damit die Linken, die so handeln, nicht die gleichen Killervisagen wie die Bubacks kriegen.

Ein bißchen klobig, wie? Aber ehrlich gemeint«, endet der »Mescalero«.

Fast ein Vierteljahrhundert lang ist unbekannt, wer der »Mescalero« war. Erst 2001 outet er sich in einem *taz*-Interview: Klaus Hülbrock, Jahrgang 1947, seinerzeit in Göttingen Student der Literaturwissenschaften. Als er das Pamphlet in einer Nacht »heruntersudelte«, war er dreißig. Ein ewiger Student: Der Zottelbart mit Brille am BUF-Büchertisch im Aufgang zur Mensa – stets agitierend, in Wortgefechten mit politischem Freund und Feind – verbrachte dort mutmaßlich mehr Zeit als in den Hörsälen.

Als er mit vierundfünfzig seine Autorenschaft öffentlich erklärt, unterrichtet er seit über zwanzig Jahren Deutsch für Ausländer. Er ist an der Uni Wittenberg. Viele Jahre lehrte er Deutsch in China, in Kanton. Der Medienscheue beantwortet in einem *taz*-Interview Annette Rogalla die Fragen, die sich fast eine ganze Generation zu seinem »Buback-Nachruf« gestellt hatte. Zum Beispiel, warum er sich ausgerechnet nach einem Apachenstamm benannt hatte. »Weil er der Schäbigste war«, erläutert Hülbrock: »Ich habe als Junge Wildwest-Heftchen verschlungen, zu siebzig Pfennig das Stück. Und diese Mescaleros waren von allen die Grausamsten, die Schrecklichsten, die am wenigsten Domestizierten. Da war es einfach nahe liegend, diesen Namen zu nehmen.«

Den epochalen Begriff der »klammheimlichen Freude« relativiert er – jedenfalls gegenüber dem, wie ihn viele verstanden hatten: Der Ausdruck »klammheimliche Freude« über den Tod von Generalbundesanwalt Buback tue »überhaupt nicht weh«, erklärt er: »Wenn man aus dem Sauerland kommt, weiß man, was ›klamm‹ bedeutet. Man ist klamm mit Geld, hat klamme Wäsche am Leib. Klamm steht für Unbehagen. Klammheimliche Freude – eine unbehagliche, eine bedenkliche Freude; im Gegensatz zur unverhohlenen, offenen Freude, die man damals ja auch gehabt hat.« Das sei »keine nachgeschobene Interpretation«.

Der Artikel sei ihm »zu Teilen sehr schmerzhaft geworden«, sagt er fast ein Vierteljahrhundert nachdem er ihn geschrieben hat: »Es sind die Passagen, wo ich sage, Buback hat eine Verbrechervisage. Dieser Jargon, der damals in der Szene so gang und gäbe war«, tue ihm »leid«. Ihm tue die Sprache heute noch weh »in dem Sinne, dass sie auch nach langer Zeit noch so giftig wirkt, auch gegen mich selbst«. Gefragt habe er sich, schon ein Jahrzehnt nachdem er den Artikel verfasst hatte: »Hätte Mescalero seine politische Aussage nicht auch erzielen können, wenn er auf solche Worte wie ›Visage‹ und ›Verbrecheralbum‹ und all dieses sprachliche Trara verzichtet hätte? Hätte man das nicht anders ausdrücken können? Aber um solche Gedanken formulieren zu können, musste ich älter werden.«

In der Rückschau schmerzt ihn die »rohe, schäbige Sprache nachhaltig«, sagt er. Sein Resümee: »Wir waren Arschlöcher, wir waren schäbig, und wir sind bis an die Grenzen des Zumutbaren gegangen.«

Mittwoch 27. April

Stuttgart, Parkhotel, ein Tag vor der Urteilsverkündung in Stammheim: Pressekonferenz der Vertrauensanwälte.

In seinem »Plädoyer zum Stammheimer Prozess« im Tagungsraum fordert Baader-Vertrauensverteidiger Hans Heinz Heldmann die Einstellung des Strafverfahrens. Er berichtet von zwei Einstellungsanträgen, die er am 12. April beim Senat in Stammheim gestellt habe: Einzustellen sei das Verfahren zum einen, weil die Entscheidung, die Hauptverhandlung ohne die Angeklagten fortzusetzen, auf einer Verkennung der medizinischen Gutachten beruhe; und zum anderen, weil durch das Abhören von Verteidigergesprächen »die verfassungsrechtlich wie gesetzlich garantierten Grundlagen der Strafverteidigung zerstört worden« seien, »und zwar irreparabel«. Er spricht – »außerhalb des Kriegsschauplatzes Stammheim«, wie er sagt – von etlichen weiteren Rechtsbrüchen.

Ensslins Vertrauensanwalt Otto Schily nennt den Prozess Teil einer »politisch-militärischen Auseinandersetzung zwischen Staatsapparat und RAF«. Heldmanns Fazit: »Längst hat Stammheim den Anschein verloren, Justiz finde hier statt.«

Donnerstag, 28. April

Stuttgart-Stammheim, das Mehrzweckgebäude: Urteilsverkündung in Deutschlands nicht nur spektakulärstem, sondern auch aufwendigstem Strafverfahren – 191 Verhandlungstage in dreiundzwanzig Monaten. Bis dahin galt als »größter

Strafprozess der deutschen Nachkriegsgeschichte« der »erste« Auschwitz-Prozess (»Strafsache gegen Mulka und andere«) vor dem Oberlandesgericht Frankfurt: Er begann im Dezember 1963 gegen zweiundzwanzig Angeklagte – aus Platzmangel nicht im Landgerichtsgebäude, sondern im Frankfurter Römer, im Saal der Stadtverordnetenversammlung – und endete nach zwanzig Monaten und 183 Verhandlungstagen im August 1965. Ergebnis waren sechs lebenslange Zuchthausstrafen, viele Freiheitsstrafen über mehrere Jahre und drei Freisprüche.

In Stammheim sind an diesem Donnerstagmorgen die Plätze der Angeklagten leer. Baader, Ensslin und Raspe haben es vorgezogen, nicht zu erscheinen. Der Vorsitzende Foth verkündet, dass jeder von ihnen wegen vier Morden, fünfunddreißig Mordversuchen und sechs Sprengstoffverbrechen »zu einer lebenslangen Freiheitsstrafe verurteilt« wird.

Schuldig seien sie, erklärt Foth, weil ihnen die sechs Sprengstoffanschläge vom 11. bis zum 24. Mai 1972 im Rahmen der RAF-»Offensive 72« zuzurechnen seien: auf das Hauptquartier des fünften US-Corps in Frankfurt, auf die Polizeidirektion in Augsburg, auf das Bayerische Landeskriminalamt in München, auf den VW von Bundesrichter Buddenberg in Karlsruhe, auf das Gebäude des Axel Springer Verlages in Hamburg und auf das Hauptquartier der US-Landstreitkräfte in Europa in Heidelberg. Vier Menschen verloren durch die »Mai-Offensive« ihr Leben, einundsiebzig wurden verletzt.

Das Gericht betont in seinem Urteil, dass das strafbare Verhalten von Baader & Co. nicht durch ihre Verhaftung im Juni 1972 ein Ende fand, sondern die Angeklagten »ihre Umtriebe aus der Haft heraus« fortgesetzt hätten: »Dem diente insbesondere das vom Angeklagten Baader ins Leben gerufene ›info‹-System, das den organisatorischen Zusammenhalt der in Haftanstalten voneinander getrennten Gruppenmitglieder, die gemeinsame Schulung dieser Person und die weitere Verfolgung der gemeinsamen Ziele der Vereinigung fördern sollte.«

Die Ansicht von Angeklagten und Verteidigern, das Vorgehen der Amerikaner in Vietnam habe den Angeklagten ein Widerstandsrecht gegeben, teilt der Senat nicht. Im Urteil schreibt er, aus den Geschehnissen folgten nach deutschem Recht keine »Rechtfertigungs- oder Schuldausschließungsgründe«:

»Die Angeklagten konnten im Vietnamkrieg Partei ergreifen und sich für eine Veränderung der Verhältnisse in der Bundesrepublik einsetzen. Sie hatten kein Recht, deshalb andere Menschen in der Bundesrepublik umzubringen. Dafür gibt es auch keine rechtlich gebilligte Entschuldigung.« Auch seien die Angeklagten »keinem Verbotsirrtum unterlegen«: »Wenn sie die bestehende Rechtsordnung ablehnen und für sich nicht gelten lassen wollen, so waren sie sich gleichwohl im Klaren darüber, dass sie mit ihren Taten gegen diese Rechtsordnung verstoßen und dafür selbstverständlich auch zur Verantwortung gezogen werden. Worauf sie sich berufen, ist nicht ein möglicherweise irrendes Bewusstsein im Rahmen der bestehenden Rechtsordnung, sondern eine von ihnen in Anspruch genommene ›revolutionäre Moral‹, die sich über diese Rechtsordnung hinwegsetzt.«

Auch die Abhöraffäre stehe der Verurteilung von Baader, Ensslin und Raspe nicht entgegen, entscheidet das Gericht: Nicht einzustellen sei das Verfahren, erwidert das Gericht auf Anträge der Verteidigung, »weil zu bestimmten Zeiten Gespräche zwischen Angeklagten und Verteidigern in der Vollzugsanstalt abgehört wurden«. Denn eine »Beschränkung der Verteidigung im Sinne der Strafprozessordnung (vgl. § 338 Nr. 8 StPO[7]) könnte nur vorliegen, wenn die Abhörungen auf einer gerichtlichen Entscheidung beruht hätten oder wenigstens mit Wissen oder Duldung des Gerichts geschehen wären. Beides ist nicht der Fall. Sobald der Senat von den Abhörungen erfuhr, stellte er durch die erforderlichen Maßnahmen sicher, dass fortan dergleichen nicht mehr geschah.

Die in der Vergangenheit geschehenen Abhörungen könnten nur unter dem Gesichtspunkt des § 136 a StPO[8] eine Rolle spielen, das heißt Angaben der Angeklagten, die auf diese Weise bekannt geworden seien, dürften vom Gericht nicht verwertet werden. Es fehlt aber jeder Anhalt, dass solche Angaben irgendwie in das Verfahren eingeführt worden wären.«

Die Reaktionen auf das Urteil sind unterschiedlich. Der CDU-Vorsitzende Helmut Kohl erklärt, die »Terroristen«

7 § 338 Strafprozessordnung – »Absolute Revisionsgründe«: »Ein Urteil ist stets auf einer Verletzung des Gesetzes beruhend anzusehen … 8. wenn die Verteidigung in einem für die Entscheidung wesentlichen Beschluss des Gerichts unzulässig beschränkt worden ist.«

8 § 136 a Strafprozessordnung – »Verbotene Vernehmungsmethoden; Beweisverwertungsverbote«: »(1) Die Freiheit der Willensentschließung und der Willensbetätigung des Beschuldigten darf nicht beeinträchtigt werden durch Misshandlung, durch Ermüdung, durch körperlichen Eingriff, durch Verabreichung von Mitteln, durch Quälerei, durch Täuschung oder durch Hypnose. Zwang darf nur angewandt werden, soweit das Strafverfahrensrecht dies zuläßt. Die Drohung mit einer nach seinen Vorschriften unzulässigen Maßnahme und das Versprechen eines gesetzlich nicht vorgesehenen Vorteils sind verboten …
(3) Das Verbot der Absätze 1 und 2 gilt ohne Rücksicht auf die Einwilligung des Beschuldigten. Aussagen, die unter Verletzung dieses Verbots zustande gekommen sind, dürfen auch dann nicht verwertet werden, wenn der Beschuldigte der Verwertung zustimmt.«

seien »ihrer gerechten Strafe zugeführt worden«. Das Verfahren habe gezeigt, dass unbeirrte Rechtsstaatlichkeit einen fairen Prozess garantiere und zu Ende geführt habe, obwohl die Angeklagten alles versucht hätten, diesen Prozess zu sabotieren und den Rechtsstaat lächerlich zu machen. Nach Ansicht der FDP-Bundestagsfraktion ist das Urteil »Beweis« dafür, dass »der Staat auf die Herausforderung des Terrorismus entschieden zu reagieren weiß«. Kritik kommt von der Humanistischen Union: »Sollten die Verurteilten eine Diskreditierung der bundesdeutschen Strafjustiz vor der Öffentlichkeit des Landes und der Welt bezweckt haben, so ist ihnen das mit unfreiwilliger Hilfe durch Richter und Staatsanwälte sowie einen beflissenen Gesetzgeber gelungen.«

Bei den Reaktionen auf das Urteil von Politikern und Publizisten hört Hans Schueler »einen merkwürdig gequälten Unterton« heraus. Schueler, der linksliberale rechtspolitische Kommentator der *Zeit,* ist in diesen Jahren einer der renommiertesten Justizkritiker in der Republik und einer der wenigen Volljuristen unter den Journalisten – *Der Spiegel* nennt ihn einen »Kompass in den Umbruchjahren nach 1968«.

»Der Versuch der Wahlverteidiger«, kommentiert Schueler in der *Zeit,* »den Mord als quasi-militärische Nothilfeaktion gegen amerikanische Kriegsverbrechen in Vietnam zu rechtfertigen, verschließt sich jedem Bemühen um Verständnis. Seit dem Zweiten Weltkrieg hat es kein Jahr gegeben, in dem nicht in irgendeinem Winkel der Welt ungerechte Kriege geführt wurden. Also hätten sich, nach der Logik der Rechtsanwälte Heldmann und Schily, ebenso oft wegen der Vorgänge in anderen Regionen der Erde Terrorbanden zusammentun und im Namen der Menschlichkeit rauben und morden dürfen? Welch ein Wahnsinn.«

In dem Verfahren habe es eine »allgemeine Verwirrung« gegeben, konstatiert Schueler, »angesichts einer neuen Art von schwerer Kriminalität, deren Motivation niemand verstand. So hat das Gericht in Stammheim immer gewußt, über welche Taten, aber zu keiner Zeit, über welche Menschen es verhandelte.« Trotz aller Schwächen sei »der Stammheim-Prozeß kein Hexenprozeß« gewesen: »Er wurde gegen Angeklagte geführt, die des Mordes schuldig sind.«

Es lässt sich nicht leugnen, dass das Urteil einen unguten Beigeschmack hat: Zwar behauptet niemand, abgesehen vom RAF-Freundeskreis, dass die Falschen verurteilt wurden – Sachbeweise, Zeugenaussagen in der Gesamtschau mit den Prozesserklärungen der Angeklagten und Indizien lassen keinen Zweifel daran, dass die Morde und Mordversuche auf das Konto von Baader, Ensslin und Raspe gehen. Aber die drei A-Affären lasten schwer auf dem Verfahren – Akten-, Anruf- und Abhöraffäre. Bei keiner ging es mit rechten Dingen zu. Diese Affären liegen wie eine Schmutzschicht über dem Urteil des »großen Baader-Meinhof-Prozesses«.

Dienstag, 3. Mai

Singen, am Hohentwiel, an der deutsch-schweizerischen Grenze. Zwanzig Kilometer nordöstlich von Schaffhausen. Kurz vor neun: »Terroristenalarm« im Polizeirevier der 45 000-Einwohner-Stadt – ausgelöst von einer Rentnerin: Sie berichtet dem Schichtführer, achtzig Meter entfernt habe sie zwei Terroristen beim Frühstück gesehen – im »Conditorei-Café Hanser«. Der Schichtführer nimmt's gelassen: Seit dem Buback-Mord vor knapp vier Wochen und den Fahndungsplakaten überall, auf Bahnhöfen, in den Ämtern und an

Tankstellen, ist »Terroristenalarm« in Singen keine Seltenheit – vor fünfundzwanzig Jahren wurde Knut Folkerts hier geboren.

Um die »Hinweisqualität« der Rentnerin auszuloten, zeigt ihr der Schichtführer erst einmal Fahndungsfotos von Männern, die im Verdacht stehen, zur RAF zu gehören. Die Frau deutet auf ein Foto von Knut Folkerts und gibt sich steckbriefsicher: »Das ist er!« Dann zeigt sie auf ein Foto von Juliane Plambeck und sagt: »Möglicherweise ist sie das!« So schickt der Schichtführer zwei junge Kollegen los, die Personalien des Pärchens zu überprüfen: die beiden Polizeihauptwachtmeister Wolfgang Seliger (20) und Uwe Jakobs (21).

Gegen neun Uhr betreten sie das Café, Seliger trägt Dienstkleidung, Jakobs Zivil. Ein Pärchen sitzt, wie von der Rentnerin angegeben, am Marmortisch neben dem Fenster – die beiden sehen aus wie Durchreisende oder Tageswanderer, die sich vor Marschantritt noch stärken. Echt 08/15: Sie trägt eine dunkelblaue Nappalederjacke, Levis-Bluejeans, Adidas-Sportschuhe und eine Brille; er einen »Rundbart«, eine braune Nappalederjacke, grüne Cordhose und Puma-Turnschuhe. »Guten Tag«, wünscht Seliger und bittet um die Papiere. Die beiden kramen in ihren Taschen – die Beamten werfen sich Blicke zu, die »Entwarnung« besagen: Jeder für sich ist sich sicher, dass es sich um Durchreisende oder Wandersleut' handelt, jedenfalls nicht um Terroristen, und erst recht nicht um Singens Sohn Knut Folkerts. Das Kramen bleibt ohne Erfolg.

Der Mann erklärt, die Ausweise lägen »im Auto«. »Dann gehen wir halt zum Auto«, antwortet Hauptwachtmeister Seliger. Alles ist völlig entspannt. Der Mann schultert einen olivgrünen Wanderrucksack, zahlt und so verlassen die vier das Café. Draußen, auf der Straße, zeigt er Richtung Norden, die August-Ruf-Straße hinunter: »Der Wagen steht da vorn in einer Querstraße.« So marschieren sie los. Nach einigen Momenten wundert sich Seliger, dass der Mann leicht orientierungslos wirkt, nicht zielstrebig zu seinem Auto marschiert. Der Mann erklärt das mit seiner Ortsunkenntnis – er käme aus Stuttgart, sagt er, wie auch seine Begleiterin. Nach zehn Minuten hat Seliger die Faxen dicke, fragt sich, ob die beiden zu blöd sind, sich zu merken, wo ihr Auto steht. So sagt er zu dem Mann: »Wo steht denn jetzt die Kiste?« – »Da vorne, das rote Fahrzeug ist es«, erwidert der Mann mit dem Kinnbart und läuft auf einen roten Audi 50 zu. Vor der Beifahrertür stoppt er und wühlt mit der rechten Hand in seiner Kleidung – so, als suche er nach dem Autoschlüssel.

In diesem Augenblick durchzuckt es den Polizeihauptwachtmeister, weil er das Kennzeichen erblickt hat: »KN«! Die Anfangsbuchstaben! Konstanz! Und die beiden folgenden Buchstaben sagen ihm, dass der Wagen auf jemanden zugelassen ist, der in Singen wohnt. Das passt nicht. Wer aus Stuttgart kommt, fährt kein Auto mit Singener Kennzeichen. Zu spät! Seliger hört Schüsse fallen. Er sieht, dass die Frau eine Pistole in der Hand hält und auf seinen Kollegen feuert. Der stürzt zu Boden und bleibt bewegungslos liegen. Erschrocken blickt Seliger hoch. Er schaut in die Mündung einer Pistole, die der Mann in der Hand hält. Was dann passierte, beschreibt das Oberlandesgericht Stuttgart ein Jahr später so:

»Der erste Schuss traf Seliger an der rechten Hand. Er schrie auf. Der Beamte stürzte rückwärts – laufend oder stolpernd – zu Boden.« Währenddessen habe der Mann aus wenigen Metern Entfernung weiter gezielt auf Seliger geschossen – und ihn auch getroffen: »Seliger konnte seine Dienstpistole nicht mehr greifen, weil an seiner rechten Hand ein Teil des Mittelfingers abgeschossen war. Er versuchte, am Boden kriechend, auf der Beifahrerseite des VW Passat Deckung zu finden.« Hinter ihm hergegangen sei der Mann, der »mit ausgestrecktem Arm aus etwa zwei Metern Entfernung noch zwei gezielte Schüsse auf Seliger« abgegeben habe, »die ebenfalls trafen«. Insgesamt habe der Mann »9mal gezielt auf Seliger« geschossen, »bis sein Magazin leer war«. Mindestens sechs Schüsse hätten Seligers Körper getroffen. Das Pärchen sei davon ausgegangen, dass die beiden Beamten »alsbald sterben« würden. Dann seien sie geflüchtet.

Polizeihauptwachtmeister Seliger erlitt durch die Schüsse eine Vielzahl von Verletzungen, die später das Oberlandesgericht Stuttgart auflistet: »Einen Durchschuss unterhalb des rechten Schlüsselbeins und des rechten Oberarms, eine weitklaffende Verletzung der Weichteile der rechten vorderen Brustwand von unterhalb der Brustwarze bis etwa zum rechten Rippenbogen, eine ähnliche Verletzung an der linken Brustwand vorne und seitlich, einen Durchschuss des linken Oberschenkels, ein Steckschuss im Bereich des linken Hodensackes mit einer Verletzung des linken Hodens und des Schwellkörpers, eine Zertrümmerung des Mittel- und Endgliedes des rechten Mittelfingers. Beide Fingerglieder mussten amputiert werden.«

Auf der Flucht durch Singen raubt das Pärchen einem Kraftfahrer seinen Ascona. Zwei Streifenwagen nehmen die Verfolgung auf, jagen dem Ascona durch die Stadt hinterher. Teilweise mit über Tempo 100. Eine wilde Verfolgungsjagd. Vier Polizeikugeln treffen den Ascona. Der rechte Hinterreifen verliert Luft. Auf einem Feldweg springt das Pärchen aus dem Ascona und rennt los: über eine Wiese, die zur Aach abfällt. Polizisten rufen ihnen nach: »Stehen bleiben!«, »Hände hoch!«, »Ergeben Sie sich!« Sie reagieren nicht. Doch auf einmal bleiben sie stehen, drehen sich um, jeder hält einen Revolver in der Hand. Schüsse fallen. Sie laufen weiter. Am Ende liegen beide verletzt auf dem Boden: Den Mann traf eine Polizeikugel hinterm rechten Ohr. Die Frau erwischte ein Schuss im linken Unterschenkel – abgefeuert von einem Polizisten aus achtzig Metern Entfernung aus einem Selbstladegewehr von Heckler & Koch. Der Beamte hatte die Waffe im Flucht-Ascona entdeckt. Beide werden verhaftet.

Der weitere Tagesverlauf ist für die Polizei voller Überraschungen: Über Stunden gehen die Ermittler davon aus, dass es sich bei den Festgenommenen um Knut Folkerts und Juliane Plambeck handelt. Erst nach acht Stunden stellen sie fest, dass sie falschlagen, tatsächlich Günter Sonnenberg und Verena Becker gefasst wurden. Das Heckler-&-Koch-Gewehr, mit dem ein Polizeibeamter die Flucht der Frau gestoppt hatte, entpuppt sich als die Mordwaffe, mit der Generalbundesanwalt Buback und seine beiden Begleiter keine vier Wochen zuvor in Karlsruhe ermordet worden waren. Eine Spezialanfertigung der RAF: Der Schaft war um vierundzwanzig und der Lauf um zehn Zentimeter gekürzt worden, damit das Gewehr in eine Reisetasche oder einen Rucksack passt. Die Änderungen beeinträchtigten die Funktionstüchtigkeit nicht. So hatte der Mann die Waffe in seinem Rucksack mit im Café.

Bei Verena Becker finden die Beamten eine komplette Falschidentität – als »Telse Pohlmann, geboren am 22. November 1954« aus Hamburg – mit Personalausweis, Führerschein, zwei Mitgliedsausweisen des Deutschen Jugendherbergswerks, einem Studentenausweis der Universität

Hamburg, einem Leseausweis der Staats- und Universitätsbibliothek Hamburg sowie einer »Wuermeling«-Ermäßigungskarte der Bundesbahn für kinderreiche Familien. Alle Fotos in den Papieren zeigen Verena Becker. Die Stempel auf ihnen sehen täuschend echt aus. Der Hamburger Studentin Telse Pohlmann waren ihre Ausweise ein halbes Jahr zuvor aus dem Umkleideraum beim Volleyball gestohlen worden.

Günter Sonnenberg hatte vier falsche Identitäten bei sich. In allen Ausweisen kleben Fotos von ihm. In der Außentasche seines Rucksacks steckt eine weitere falsche Identität: Reisepass, Führerschein und Studentenausweis von »Hans Thill«. Alle Fotos in den Papieren zeigen Knut Folkerts. Daneben steckt in dem Rucksack noch ein Führerschein von »Ralph Messner«, geboren 1951 in Freudenstadt – auf dem Foto ist ebenfalls Knut Folkerts zu sehen.

Das, was die Beamten im Gepäck der beiden finden, ist für sie ausgesprochen aufschlussreich: viel Geld – 7000 Mark und 2200 Schweizer Franken, ein kleines Vermögen 1977. Jede Menge Kfz-Diebeswerkzeug, allein sieben »Zylinderschlossauszieher«. Zwei Garnituren österreichischer Kfz-Kennzeichen mit Montageschrauben. Den »Gepäckschein Nr. 066« von der Reisegepäckabfertigung des Hauptbahnhofs Essen: ausgestellt für eine Tasche, die dort nach Zürich aufgegeben wurde. Und Eisenbahnfahrkarten von Essen nach Zürich.

So wird den Ermittlern schnell klar, warum Sonnenberg und Becker an diesem Morgen in dem Café in Singen frühstückten: Sie waren auf dem Weg von Essen nach Zürich und gerade dabei, sich für den Fußmarsch über die grüne Grenze zu stärken, nach Thayngen, zehn Kilometer entfernt, um die Buback-Mordwaffe und andere RAF-Utensilien in die Schweiz zu schaffen. In den Zug gestiegen waren die beiden am Abend zuvor in Essen, erklären Bundesbahn-Mitarbeiter den Ermittlern, und zwar in den D-Zug 209, Abfahrt 22.28 Uhr. Die Schaffner berichten, dass sich die beiden in Begleitung mehrerer Personen befanden, bevor sie sich zusammen in ein Schlafwagenabteil zurückzogen. In Köln habe ein Mann den Zug verlassen, in Bonn seien ein Mann und eine Frau ausgestiegen und ein weiterer Mann habe dem Schaffner eine Fahrkarte Essen–Karlsruhe vorgezeigt. Wer diese vier Personen waren, kann die Polizei nicht klären – bis heute ist es ungeklärt. Gegen acht Uhr steigt das Pärchen in Singen aus – unmittelbar bevor Bundesgrenzschutzbeamte mit der Ausweiskontrolle im Zug während der Fahrt in die Schweiz beginnen.

Beamte der Züricher Kantonspolizei holen den Koffer bei der Gepäckaufbewahrung im Hauptbahnhof ab. In ihm liegen eine Jacke, Pullover und andere Kleidungsstücke, Kosmetika sowie mehrere Landkarten und Stadtpläne aus der Schweiz. Nun ist den BKA-Ermittlern klar, warum die »verschärften Grenzkontrollen«, die seit dem Buback-Mord durchgeführt werden, allesamt erfolglos geblieben sind: Die RAF-Mitglieder »umgehen« im wahrsten Sinne des Wortes die Kontrollstellen – kein einziges Mitglied der 77er-RAF-Crew wird bei einer Straßenkontrolle gefasst. So sind die verschärften Grenzkontrollen für die Katz.

Für die Ermittler spricht alles dafür, dass die 77er-RAF-Crew aus den Fehlern ihrer Vorgänger gelernt hat: Zu Baaders Zeiten gehörten zum Leben im Untergrund PS-starke Autos. Doch zeigte sich, dass bei einer Polizeikontrolle die Chancen der RAF-Mitglieder zu entkommen gering sind. So wurden im Juni 1971 Petra Schelm und Werner Hoppe gefasst, nachdem sie mit einem BMW 2002 ti in eine »Kontrollstelle« der Polizei in Hamburg-Bahrenfeld geraten waren. Zwar entzogen sie sich der Kontrolle an dieser Stelle, weil Schelm Gas gab. Aber mehrere Streifenwagen jagten ihnen mit Blaulicht hinterher. Einer bremste sie aus. Die beiden RAF-Mitglieder rannten in einen Hinterhof. Bei einem Schusswechsel mit der Polizei kam Petra Schelm ums Leben. Verhaftet wurde Werner Hoppe, einstiger NDR-Praktikant.

So reisen die Mitglieder der 77er-Crew, wenn sie nicht gerade dabei sind, einen Anschlag auszubaldowern oder auszuführen, regelmäßig mit öffentlichen Verkehrsmitteln. Auf bürgerlich getrimmt. Maßstab sind die Fahndungsfotos: Die RAF-Mitglieder verändern ihr Aussehen so, dass nichts mehr an ihnen an das Bild auf dem Fahndungsplakat erinnert. Haare werden gefärbt, neue Frisuren entstehen, Brillen kommen hinzu oder werden gegen Kontaktlinsen gewechselt, Bärte wachsen oder werden abrasiert.

Nach den Festnahmen in Singen gleichen Polizisten die Namen aus den gefälschten Ausweisen mit Hotelmeldezetteln ab und stellen fest, dass Sonnenberg, Folkerts und Becker die Schweiz als Rückzugsgebiet nach dem Buback-Attentat nutzten: Sie übernachteten in Hotels in Zürich und in Baden bei Zürich – während in der Bundesrepublik die Fahndung nach ihnen auf Hochtouren lief.

Ebenso kommt durch die in Singen sichergestellten Papiere heraus, dass am 21. April, zwei Wochen nach dem Buback-Mord, Verena Becker unter ihrem Alias Pohlmann in Zürich bei einer Autovermietung einen Ford Taunus 1600 mietete. Als sie eine Woche später den Wagen zurückbrachte, hatte er 1481 Kilometer mehr auf dem Tacho. Der Innenraum war mit Walderde verschmutzt. Die Ermittler gingen seinerzeit, wie auch 2012 das Oberlandesgericht Stuttgart, davon aus, dass Sonnenberg und Folkerts zusammen mit Becker in der Schweiz »Depotarbeiten« erledigten, also RAF-Utensilien in »Erddepots« versteckten oder aus ihnen herausholten. Wo, was, wie – konnten die Ermittler nicht herausfinden. Jedenfalls ist angesichts der über 1400 gefahrenen Kilometer kein Ort in der Schweiz auszuschließen; ebenso wenig im benachbarten Ausland. Bis heute ist ungeklärt, wo die RAF ihr Mordwerkzeug in der Schweiz oder in ihrer Nähe versteckte.

Montag, 9. Mai

Der Spiegel (20/1977) meldet in der Rubrik »trends« unter der Überschrift »Werbung wider Willen«: »Die verbale Kraftmeierei eines Werbetexters hat die ganze Branche blamiert. Am 20. April erschien die Fachzeitschrift ›Motorrad‹ mit einer doppelseitigen Farbanzeige ›Suzuki – die Sportskanone für Scharfschützen!‹ Keine zwei Wochen zuvor – am 7. April – war Generalbundesanwalt Siegfried Buback mit zwei Begleitern von MP-Schützen auf einer Suzuki ermordet worden. Der Motor-Presse-Verlag in Stuttgart bestreitet jeden Zusammenhang. Die Anzeige sei bereits am 3. März zur Gravur geschickt worden; nach Darstellung des Verlages war die Scharfschützen-Annonce am 7. April längst gedruckt. Dass trotz aller Aufregung auch ein böser Vorfall seine werbewirksamen Seiten haben kann, beweist ein anderer Fall, bei dem es ebenfalls um die Suzuki geht: Hein Gericke, Besitzer des größten bundesdeutschen Zweirad-Ladens, der die Suzuki an die Buback-Mörder vermietet hatte, ist seit dem 7. April erstmals ›auf Wochen hinaus ausgebucht‹ (Gericke).«

Mittwoch, 11. Mai

Der Ermittlungsrichter des Bundesgerichtshofs Horst Kuhn legt die Haftbedingungen für Verena Becker fest, »z. Zt. in Untersuchungshaft in der Vollzugsanstalt Stuttgart-Stammheim« – einen Tag zuvor hatte er einen Haftbefehl (1 BJs 26/77, II BTs 482/77) gegen sie wegen des Verdachts der Beteiligung am Buback-Mord und des versuchten Mordes durch die Schüsse auf die Polizeibeamten Seliger und Jakobs erlassen. Juristisch gesehen verbüßt die Vierundzwanzigjährige in Stammheim seit über einer Woche ihre »Jugendstrafe«: Zu sechs Jahren hatte sie das Landgericht Berlin 1974 verurteilt – wegen eines Bombenanschlags auf den britischen Yachtclub an der Havel in Berlin-Gatow, ein Bootsbauer war dabei ums Leben gekommen, und wegen eines Bankraubs in Berlin-Britz. Nach zwei Jahren und acht Monaten im Gefängnis war sie von der »Bewegung 2. Juni« durch die Lorenz-Entführung in Berlin freigepresst worden. Dadurch, dass die Justiz sie laufen ließ, war ihre Strafe nicht aufgehoben, sondern lediglich die Vollstreckung unterbrochen worden. So sind aus dem Urteil noch drei Jahre und vier Monate offen.

Ermittlungsrichter Kuhn ordnet für Becker strenge Einzelhaft an – mit einundzwanzig Verschärfungen gegenüber den allgemeinen Regeln der Untersuchungshaft. »Bei Personen, die dringend der Mitgliedschaft in einer kriminellen Vereinigung verdächtigt sind und denen schwerste Straftaten vorgeworfen werden«, begründet der Richter seine Anordnungen, »muss angesichts der sich aus der Gruppenzugehörigkeit ergebenden erheblichen Rechtsfeindschaft stets mit Fluchtversuchen und ihrer Vorbereitung sowie mit Einwirkung auf noch auf freiem Fuß befindliche Mittäter, Unterstützer und Sympathisanten gerechnet werden.« In Stammheim käme ein »Zusammenschluss mit anderen Gefangenen« nicht in Betracht, insbesondere scheide »derzeit ein Zusammenschluss mit Gefangenen, die von der Gruppe um den ehemaligen Rechtsanwalt Haag unterstützt wurden oder unterstützt werden sollten, aus, ebenso mit anderen Mitgliedern dieser Gruppe«, um »den Zweck der Untersuchungshaft zu gewährleisten«.

Ebenso wenig geböten »gesundheitliche Gründe«, entgegen dem Vorbringen von Beckers Verteidiger Newerla, »die weiteren Ermittlungen durch Zusammenschluss pp. zu gefährden oder Fluchtvorbereitungen zu erleichtern«. Denn die »Gesundheitsbeeinträchtigung infolge der von der Beschuldigten selbstverschuldeten Schussverletzung« sei »sehr gering« – es handle »sich lediglich um eine Fleischwunde durch einen glatten Durchschuss«. Hinzu komme, »dass die Psyche der Beschuldigten nach dem bisherigen Stand der Ermittlungen recht robust sein muss«, schreibt Kuhn in seiner Begründung, denn sie habe es nach dem bisherigen Stand der Ermittlungen »beispielsweise fertiggebracht, auf einen bereits getroffenen und zu Boden gestürzten Menschen aus sehr kurzer Entfernung weitere, möglicherweise todbringende Schüsse abzufeuern«.

So verfügt der Ermittlungsrichter, die »Haftbedingungen der Beschuldigten werden wie folgt geregelt« – ein solcher »Katalog« war 1977 bei RAF-Häftlingen nicht ungewöhnlich:

1. Die Unterbringung der Beschuldigten gemeinsam mit anderen Untersuchungs- oder Strafgefangenen in demselben Raum ist nicht zulässig.
2. Die Tür des Haftraums der Beschuldigten ist mit einem zusätzlichen Schloss zu versehen.

3. Das Fenster des Haftraumes der Beschuldigten ist mit einer Schutzvorrichtung zur Vermeidung unkontrollierter Kontaktaufnahme zu versehen, wobei ausreichende Sicht, ausreichender Lichteinfall und ausreichende Belüftung nicht beeinträchtigt werden dürfen.
4. Der Haftraum der Beschuldigten darf nicht über die in der Justizvollzugsanstalt vorgeschriebene und für andere Gefangenen geltenden Zeiten hinaus beleuchtet werden.
Die Benutzung anderer Lichtquellen, wie Stehlampen, Taschenlampen, Kerzen o. ä. ist untersagt.
5. Die Teilnahme an Veranstaltungen der Vollzugsanstalt und am Gottesdienst ist ausgeschlossen. Die Beschuldigte ist auch im Übrigen von anderen Gefangenen getrennt zu halten. Dies gilt auch für Vorführungen innerhalb der Anstalt, z. B. Vorführung zur Verwaltung, zum Arzt, zum Baden u. ä.
6. Die Ausgabe von Mahlzeiten erfolgt einzeln durch zwei Bedienstete der Vollzugsanstalt ohne Gegenwart anderer Gefangener.
7. Die Bewegung im Freien ist als Einzelfreistunde durchzuführen. Die Einzelfreistunde ist sofort abzubrechen, wenn die Beschuldigte sie zu Störungen missbraucht, insbesondere Anweisungen nicht befolgt, Anstaltsbedienstete beleidigt, Körper- oder Sachschäden begeht oder Kontakt zu anderen Gefangenen aufnimmt.
8. Der Beschuldigten ist es untersagt, eigene Oberbekleidung zu benutzen. Soweit aus medizinischen Gründen das Tragen anderer als anstaltseigener Kleidung (z. B. Schuhwerk) erforderlich ist, entscheidet über die Zulassung im Einzelfall der Anstaltsleiter nach Absprache mit der Bundesanwaltschaft.
9. Die Beschuldigte, ihr Haftraum (einschließlich Fenster, Gitter, Türe und Schlösser) und die darin befindlichen Sachen sind täg-

lich zu durchsuchen und zu untersuchen. Kenntnisnahme vom Inhalt der Verteidigungsunterlagen ist nicht zulässig.

10. Die Beschuldigte ist wiederholt zu beobachten. Die Beobachtung ist in unregelmäßigen Abständen durchzuführen. Die Zellenbeleuchtung darf dabei nachts kurz eingeschaltet werden, wenn die überwachenden Vollzugsbediensteten sich nicht auf andere Weise von der Anwesenheit der Beschuldigten überzeugen können.

11. Über den Betrieb eines eigenen Rundfunkgeräts wird auf Antrag gesondert entschieden. Die Benutzung von Plattenspielern, Tonbandgeräten, Kassettenrekordern und Fernsehgeräten ist untersagt.

12. Die Beschuldigte darf nach Maßgabe der jeweiligen Einzelgenehmigung Besuch empfangen. Besuche außerhalb der normalen Dienstzeit sowie an Samstagen, Sonn- und Feiertagen sind nicht zugelassen. Dies gilt auch für Verteidigerbesuche. Mehrere Personen werden nur ausnahmsweise zum gemeinschaftlichen Besuch zugelassen. Die allgemein gültige Besuchszeit von 30 Minuten kann nur bei Gestattung in der jeweiligen Einzelgenehmigung überschritten werden. Der Besuch ist unverzüglich abzubrechen, wenn er vom Besucher oder der Beschuldigten missbraucht wird (z. B. Nichtbefolgung der Weisungen der überprüfenden und überwachenden Beamten, Übergabe von Sachen, Mitteilung verschlüsselter Nachrichten). Besuche sind zu überwachen. Die Überwachung ist im Benehmen mit der Bundesanwaltschaft zu regeln.

13. Den Besuchern ist es nicht gestattet, der Beschuldigten Nahrungs- und Genussmittel sowie andere Gegenstände auszuhändigen, mit Ausnahme der Nahrungs- und Genussmittel, die bei Besuchen üblicherweise übergeben und sofort verbraucht werden (z. B. Zigaretten). Soweit die Besucher der Beschuldigten

sonstige Nahrungs- und Genussmittel zukommen lassen wollen, können sie dies durch Einzahlung entsprechender Geldbeträge auf das Konto der Beschuldigten bei der Vollzugsanstalt tun.

14. Besucher der Beschuldigten sind vor jedem Besuch zu durchsuchen, und zwar durch Abtasten über der Kleidung und Durchsuchung der mitgeführten Behältnisse. Die Verwendung eines Metalldetektors ist zulässig. Männliche Besucher haben das Jackett abzulegen. Mäntel sind stets abzulegen. Bei weiblichen Besuchern wird die Durchsuchung von einer weiblichen Bediensteten vorgenommen.

15. Die Beschuldigte ist vor und nach jedem Besuch bei völliger Entkleidung und Umkleidung zu durchsuchen.

16. Verteidiger dürfen vor jedem Besuch durch Abtasten der Kleider und Durchsicht der Behältnisse auch unter Zuhilfenahme eines Metalldetektors auf nicht der Verteidigung dienende Gegenstände durchsucht werden. Nr. 14 gilt entsprechend. Es ist den Verteidigern nicht gestattet, Diktiergeräte, Tonbandgeräte, Leitzordner u. ä. einschließlich Zubehör in den Sprechraum mitzunehmen. Falls ein Verteidiger dies wünscht, sind ihm anstaltseigene Leitzordner zum Einlegen der mitgebrachten Schriftstücke für die Dauer des Besuchs zur Verfügung zu stellen.

17. Schriftstücke oder andere Gegenstände der Verteidiger sind dem zuständigen Richter vor Aushändigung an die Beschuldigte zur Prüfung vorzulegen. Sie sind zurückzuweisen, sofern sich der Absender oder derjenige, der sie unmittelbar übergeben will, sich nicht damit einverstanden erklärt, dass sie zunächst dem zuständigen Richter vorgelegt werden. Dies gilt auch für sogenannte Verteidigerpost von und an die Beschuldigte, auch wenn sie unmittelbar dem Verteidiger von der Beschuldigten ausgehändigt werden soll.

18. Bei akuter Gefahr für Leib oder Leben der Beschuldigten kann der Anstaltsleiter auch ohne richterliche Zustimmung über die Ausführung entscheiden. Die Anlegung von Handfesseln wird gestattet. Über die Anforderung von Begleitpersonen entscheidet der Anstaltsleiter.

19. Den Beamten des Bundeskriminalamtes – Abt. TE – ist es gestattet, die Beschuldigte jederzeit zu sprechen und zwecks Ermittlungshandlungen auszuführen. Bei Ausführungen ist die Beschuldigte den Ermittlungsbeamten auszuantworten.

20. Ein- und ausgehende Post ist – soweit sie einer Prüfung unterliegt – dem Ermittlungsrichter zur Mitprüfung zu übersenden.

21. Soweit durch die vorstehenden Einzelanordnungen Regelungen nicht getroffen sind, finden die Bestimmungen des Strafvollstreckungsgesetzes Anwendung. Bei der Gewährung von Vergünstigungen ist, um die Zwecke der Untersuchungshaft nicht zu beeinträchtigen, im Zweifel vorherige Abstimmung mit dem Ermittlungsrichter erforderlich.

Montag, 30. Mai

Der Auftakt zu der wohl dramatischsten Episode der an Dramen reichen RAF-Geschichte des Jahres 1977 – freilich ahnt das an diesem Tag noch niemand: Die Sozialpädagogikstudentin Susanne Albrecht (26) übernachtet auf der Rückreise aus der Schweiz, auf dem Weg von Basel nach Hamburg, bei der Familie Ponto in Oberursel in deren Villa, Oberhöchststädter Straße 69. Jürgen Ponto ist seit Studentagen, seit dreißig Jahren, mit Susannes Vater befreundet, einem mittlerweile bekannten Seerechtsanwalt. Im zerbombten Hamburg hatten sich die beiden Männer in den Nachkriegsjahren beim Jurastudium kennengelernt – Albrecht ist Jahrgang 1920, Ponto Jahrgang 1923. Sie »kreuzen« Patenschaften ihrer Kinder: Susannes Vater wird Pate von Pontos Tochter Corinna, Jürgen Ponto Pate von Susanne Albrechts jüngerer Schwester Julia.

Nach dem Studium macht Ponto schnell Karriere bei der Dresdner Bank – vom Justiziariat in Hamburg gleitet der brillante Redner rasch an die Unternehmensspitze: Sprecher des Vorstandes ist er nun schon seit acht Jahren, seit Juni 1969. Unter seiner Führung verdoppelte die Bank ihre Bilanzsumme. Von 25 Milliarden auf 54 Milliarden Mark. Ponto gilt als Deutschlands erfolgreichster Banker.

Im Hause Ponto ist bekannt, dass es im Leben von Susanne Albrecht einige Schwierigkeiten gab. Ihre Mutter hatte kürzlich Ignes Ponto am Telefon berichtet, dass Susanne nun wieder zu Hause sei und auch, dass sie gerade eine »gute Entwicklung« mache. Darüber seien sie und ihr Mann froh und erleichtert. Ignes Ponto fragte nicht weiter nach – die Musikerin ist eine diskrete Dame. So wissen die Pontos von Susannes politischer Orientierung und Vorgeschichte praktisch nichts. Sie haben ein offenes Haus.

Susanne Albrecht war über die Hamburger Hausbesetzerszene zur RAF-Sympathisanten-Szene vorgedrungen und von dort in die RAF-Unterstützerszene gerutscht. Als zu befürchten war, dass Hamburgs erstes besetztes Haus in der Ekhofstraße 39 geräumt wird, geht sie hin – und wird bei der Räumung von der Polizei am 23. Mai 1973 festgenommen. Empört ist sie über das »brutale Vorgehen der Polizei gegen friedliche Hausbesetzer«. Ein zentraler Meilenstein in ihrer politischen Sozialisation, sprich: Radikalisierung. Tage später engagiert sie sich in einem Komitee zur »Verteidigung und

Freilassung der Inhaftierten« aus der Ekhofstraße, wie viele in der alternativen Szene Hamburgs.

Ebenso engagiert sie sich im »Komitee gegen Folter an politischen Gefangenen in der BRD«. In dreiundzwanzig deutschen Städten waren ab Mai 1973 solche Komitees gegründet worden, initiiert von RAF-Anwälten, unter anderem auch in Frankfurt, München, Stuttgart, Berlin, Heidelberg, Tübingen und Kassel. Für Susanne Albrecht spielen – so sagt sie später – die Rechtsanwälte Kurt Groenewold und Klaus Croissant eine herausragende Rolle.

Kernaussage der Komitees ist: Der Staat betreibe an Baader und den anderen Mitgliedern aus der ersten RAF-Generation »Isolationsfolter«. Diese »Folter« müsse beendet werden und die »politischen Gefangenen« seien aus der Haft zu entlassen. Strategisches Ziel der Komitees ist die Mobilisierung einer liberalen Öffentlichkeit. Sie soll Partei ergreifen für Baader & Co.

»Wissenschaftliche« Grundlage bildet für Susanne Albrecht und die anderen Komitee-Mitglieder ein Aufsatz des niederländischen Psychiaters Sjef Teuns im »Kursbuch« im August 1973. Sein Schlüsselbegriff ist – mit Blick auf die RAF-Häftlinge – die »sensorische Deprivation«. Darunter versteht er eine »drastische Einschränkung – Deprivation – der sinnlichen Wahrnehmung – des Sensoriums –, durch die der Mensch sich in seiner Umgebung orientiert, also Isolation von der Umwelt durch Aushungerung der Seh-, Hör-, Riech-, Geschmacks- und Tast-Organe«. Quintessenz seiner Ausführungen ist, »dass sensorische Deprivation durch das Versetzen Einzelner in eine total künstliche, gleichbleibende Umgebung wohl das zur Zeit geeignetste Mittel zur Zerstörung spezifisch menschlicher Vitalsubstanz ist«.

Durch »Aushungerung im herkömmlichen Sinne« könne man ebenso »wie durch Erschießen oder Vergasen sowohl menschliches als auch tierisches Leben vernichten«. Über Monate und Jahre angewendet, sei sie »der sprichwörtliche ›perfekte Mord‹, für den keiner – oder alle, außer den Opfern – verantwortlich ist«. Susanne Albrecht glaubt's. Sie meint, Baader & Co. drohe der »perfekte Mord«. »Sie war geradezu besessen, gegen die angeblich unmenschliche ›Isolationsfolter‹ Öffentlichkeit herzustellen«, beschreibt 1991 das Oberlandesgericht Stuttgart die damalige Perspektive Albrechts. Sie geht zu Veranstaltungen des »Komitees«, verteilt Flugblätter, marschiert bei Demonstrationen und sprüht nachts Parolen auf Häuserwände und Brücken. Sie fordert nicht nur eine Verbesserung der Haftbedingungen »politischer Gefangener aus der RAF«, sondern auch deren Freilassung.

Ein »Fulltime-Job«. Ihr Studium betreibt sie nebenher. Gerade so, dass sie ihre Scheine schafft und Anfang 1976 die »Erste Staatsprüfung für das Lehramt an Volks- und Realschulen«. Anschließend schreibt sie sich für ein sozialpädagogisches Zusatzstudium ein, um Zeit und Luft für ihr Engagement im RAF-Freundeskreis zu haben. Ein weiterer Meilenstein ihrer politischen Radikalisierung ist der Tod von Holger Meins am 9. November 1974 – wie auch bei vielen anderen der 77er-RAF-Crew: Holger Meins war an den Folgen des dritten RAF-Hungerstreiks gestorben. Er hatte sich zu Tode gehungert. Susanne Albrecht spricht, entsprechend der von Otto Schily und anderen RAF-Anwälten vorgegebenen Linie, von seiner »Ermordung«. Sie ist überzeugt davon, empfindet eine »ohnmächtige Wut« und »Hass« und erwägt zum ersten Mal, einen Schritt weiterzugehen: von der Unterstützerszene in die Illegalität »abzutauchen«. Aber »mit einer Knarre im Untergrund zu leben«, das kann sie sich nicht vorstellen, sagt sie später. Noch nicht.

Als sie an diesem Montagabend im Mai 1977 bei den Pontos in Oberursel zu Gast ist, erbringt sie schon seit über dreieinhalb Jahren Handlangerdienste für die »Illegalen« der RAF: Im November 1973 wurde sie an der Grenze zu den Niederlanden erwischt, als sie versuchte, fünf Sprengzünder nach Deutschland einzuschmuggeln. Einen Monat später finden Polizisten bei dem RAF-Mitglied Ilse Stachowiak Albrechts Reisepass – in ihm klebt das Foto Stachowiaks. Albrecht hatte ihren Pass einem »Genossen« vom »Folter-Komitee« gegeben, ihn anschließend als gestohlen gemeldet und einen neuen beantragt. Während des Hungerstreiks 1974/75 unterstützt sie die Forderung der RAF-Gefangenen nach »Zusammenlegung in interaktionsfähige Gruppen«.

Mit ihrem Freund Karl-Heinz Dellwo lebt sie in einer Wohngemeinschaft am Steindamm in Hamburg-St. Georg. 1975 ist er einer der RAF-Neulinge, die die deutsche Botschaft in Stockholm stürmen und zwei Botschaftsangehörige erschießen, um sechsundzwanzig Gesinnungsgenossen aus deutschen Gefängnissen freizupressen.

Als Dellwo anschließend in Essen in Untersuchungshaft sitzt, besucht Susanne Albrecht ihn und gibt sich dabei wahrheitswidrig als dessen Verlobte aus. In dem Strafverfahren gegen Dellwo und die drei anderen überlebenden Botschaftsstürmer vor dem Oberlandesgericht Düsseldorf nimmt sie im Mai 1976 als »Sekretärin« von Rechtsanwalt Klaus Croissant teil. Die »Illegalen« stattet Susanne Albrecht mit falschen Papieren aus: Für sie stiehlt die Lehramtsstudentin Ausweise und Kfz-Papiere. Am liebsten »ganze Kollektionen«. Außerdem späht sie für die »Illegalen« Wege an der grünen Grenze zu den Niederlanden und Dänemark aus.

Von alledem wissen die Pontos nichts. Susanne übernachtet im Gästezimmer. Das Licht brennt lange. Corinna Ponto (20), Patentochter von Susanne Albrechts Vater – sechs Jahre jünger als sie –, sieht sie erst am nächsten Morgen am Frühstückstisch, in der Nacht war Corinna gegen 2.30 Uhr nach Hause gekommen. »Sie hatte ein Lächeln, ein hier und da fast leicht schnaubendes Lachen, das einherging mit einer tatsächlichen und vielleicht auch bewusst gepflegten Scheu«, beschreibt Corinna Ponto sie später: »Es war beinah ein Kokettieren mit Zurückhaltung, und dennoch wirkte sie stark und gefestigt auf mich.« Leise habe sie gesprochen, erinnert sich Pontos Tochter, »aber schnell, huschte oder stolperte manchmal durch die Sätze«.

Nach dem Frühstück bringt Corinna Susanne Albrecht noch zu ihrem Auto. »Es war voller Sand«, blickt sie zurück, »und mit übereinandergestapelten Gepäckstücken, Zeitungen und Reisekartons beladen.« Susanne Albrecht steigt ein und fährt los, Richtung Hamburg. Eine Stippvisite, ein erster Besuch von ihr bei den Pontos nach fünf Jahren. Den letzten hatte sie 1972 gemacht. Der nächste steht in den Sternen.

Mittwoch, 15. Juni

Das Bundeskabinett stimmt dem Vorschlag von Bundesjustizminister Vogel zu, Kurt Rebmann (53) zum Generalbundesanwalt zu ernennen. Der Heilbronner war erster Verwaltungsdirektor des ZDF, seit zwölf Jahren ist er Ministerialdirektor und Amtschef des baden-württembergischen Justizministeriums, zuständig für die Justizvollzugsanstalt

Stammheim. Nach seinem Amtsantritt am 1. Juli wird seine persönliche Sicherheit ganz großgeschrieben: Sein gepanzerter Mercedes fährt in einer Kolonne von fünf Begleitfahrzeugen, alle mit Blaulicht. Bei Veranstaltungen, Rebmann besucht viele, wird der trotz seiner hohen Absätze kleine Schwabe oft von über einem Dutzend Leibwächter begleitet. Die »Rebmann-Traube« wird zum Begriff. Auch viele Politiker bekommen in dieser Zeit »wegen der RAF-Gefahr« Personenschutz; nicht wenige protestieren, wenn er eines Tages heruntergefahren werden soll. Personenschutz wird zum Statussymbol in der Politszene. Allein geht Rebmann – es ist wahr, keine billige Pointe – nur noch mit seinem Dackel im Wald spazieren.

Freitag, 1. Juli

Frankfurt-Westend, Zimmerweg 8, kurz nach 16 Uhr. Im Souterrain liegt das Waffengeschäft von Rolf Bernd Fischlein. Besucher empfängt er in der Regel nur nach Voranmeldung. An diesem Nachmittag hat sich ein Herr »Hormler« oder »Horneff« angemeldet, so genau verstand das nicht Fischleins Mitarbeiter am Telefon. Jedenfalls war er schon einmal da.

In Wahrheit allerdings heißt der Mann Willy Peter Stoll und ist von der RAF. Weil Fischlein dies nicht weiß, öffnet er ihm arglos die Tür. Der Besucher trägt einen Aktenkoffer und erklärt, er wolle Ersatzteile für Faustfeuerwaffen kaufen. Nach einem kurzen Gespräch schaut er sich in einer Glasvitrine an der Wand Waffen an. Einige Minuten später kommt Knut Folkerts ins Geschäft, auch er will Teile für Faustfeuerwaffen kaufen. Weil Fischlein noch etwas am Fernschreiber zu erledigen hat, dreht er sich zu ihm an die Wand – und damit für einen Augenblick seinen Kunden den Rücken zu. In diesem Moment springt Stoll von hinten auf ihn zu und schlägt ihm mit einem 600 Gramm schweren Hartkunststoffhammer mit voller Wucht auf den Hinterkopf. Vier weitere Schläge auf den Hinterkopf folgen. Mindestens. Ohnmächtig bricht Fischlein zusammen. Stark blutend liegt er auf dem Fußboden seines Geschäfts.

Während Stoll auf Fischlein einhämmerte, kam ein Bekannter Fischleins aus einem Lagerraum in den Verkaufsraum. Folkerts richtet eine Pistole auf ihn, verlangt: »Hände hoch«, und dirigiert ihn in eine Ecke des Geschäfts. Ebenso hält Stoll jetzt eine Pistole auf ihn gerichtet. Auch Fischleins Bekannter bekommt von dem RAF-Überfallkommando mehrere Schläge mit dem Hartkunststoffhammer auf den Hinterkopf. Er lässt sich auf den Boden fallen und stellt sich ohnmächtig. So entgeht er weiteren Hammerschlägen.

Stoll und Folkerts reißen Kartons auf und packen neunzehn Faustfeuerwaffen ein, unter anderem Revolver vom Typ »Colt Detective Special, Kaliber 38 special« und Pistolen »Colt, Combat Commander, Kaliber 45«. In der nächsten Querstraße, Niedenau, erwartet sie in einem gelben Fiat 128 mit Falschkennzeichen ein Komplize – bis heute ist er unbekannt. Der Motor läuft. Die beiden springen hinein. Mit hoher Geschwindigkeit prescht der Wagen davon.

Fischlein überlebt schwer verletzt: »Der erste Hammerschlag führte auf der linken Seite des Hinterkopfes zu einer Einstanzung des Schädeldaches (Impressionsfraktur), verbunden mit einer Verletzung der harten Hirnhaut auf 1 cm Länge und mit dem Austritt von Gehirnmasse«, stellte später das Oberlandesgericht Stuttgart fest: »Äußerlich war eine

7 cm lange Platzwunde festzustellen. Durch die weiteren Hammerschläge erlitt der Zeuge auf der rechten Seite des Hinterkopfes vier Platzwunden ohne Knochenverletzung.«

Nach dem Überfall wurden Fischlein in der neurochirurgischen Abteilung der Universitätsklinik Frankfurt »die eingestanzten Trümmer des Schädelknochens aus dem Schädeldach entfernt«. Zwei Wochen später wird er aus der Klinik entlassen. »Bei einem weiteren operativen Eingriff im April 1978 wurde das in der Schädeldecke bestehende Loch mit einer Kunststoffplatte geschlossen«, fasst das Oberlandesgericht die Verletzungsgeschichte des Waffenhändlers zusammen. Als Folge der schweren Hammerschläge leidet Fischlein später an Depressionen.

So hat die RAF zu Beginn der zweiten Jahreshälfte ihr Waffenarsenal erheblich aufgestockt, um über anderthalb Dutzend Faustfeuerwaffen. Mit einem der Revolver – er trägt die Nummer 51552 M – erschießt Folkerts zwei Monate später in Utrecht einen Polizeibeamten.

In der Villa der Pontos in Oberursel erscheint an diesem Freitagnachmittag Susanne Albrecht unangemeldet. Sie schaue einfach mal vorbei, sagt sie zu Ignes Ponto, weil sie in Frankfurt eine Wohnung suche. Aber die Musikerin kann sich nicht um die Studentin kümmern: Gerade ist ein junger Cellist aus Freiburg in der Villa angekommen. Sie will mit ihm Bach-Sonaten üben, ein gemeinsames Konzert steht bevor. Drei Stunden Probe. Susanne Albrecht sitzt dabei, hört zu, ohne sich zu rühren, ohne sich zu bewegen. Später kommt Corinna hinzu. Die beiden jungen Frauen gehen in den Garten, setzen sich auf eine Bank. Fast beiläufig fragt Susanne mit besorgtem Unterton nach den »Sicherheitsvorkehrungen« in der Villa, nach Hunden, nach Alarmanlagen. Corinna kann wenig berichten: Es gibt keine Alarmanlage. Die Hunde sind verspielt, keine Wachhunde. Kurzum, die Villa in der Oberhöchststädter Straße ist das Gegenteil von einer Festung.

Susanne bleibt zum Abendessen. Anschließend gehen die Proben weiter. Sie bleibt, weil sie, so sagt sie, unbedingt noch »Onkel Jürgen« sehen will – er kommt aus Bonn zurück, irgendwann. Plötzlich, gegen Mitternacht, aber will Susanne Albrecht aufbrechen. Ohne Vorwarnung springt sie auf, will dringend zum Bahnhof. Corinna Ponto fährt sie zur S-Bahn. Als sie dort ankommen und Corinna Ponto den Wagen langsam anhält, reißt Susanne Albrecht noch während der Fahrt die Autotür auf, springt heraus und rast mit einem Affenzahn zu den Gleisen. Mit offen gelassener Beifahrertür und verwundert bleibt Corinna Ponto im Auto zurück, überrascht, wie sie »diesen Körper rasend flüchten« sieht: »Ein Gegenmoment«, so empfindet sie, »zu der über viele Stunden als ruhig, ausgeglichen und zurückhaltend erlebten Erscheinung der Person.«

Zwei Herzen schlagen in Susanne Albrechts Brust. Corinna Ponto weiß nicht, dass die Tochter ihres Patenonkels sie an diesem Tag im Auftrag der RAF besucht hat, um sie auszuspähen, um festzustellen, ob es in dem Haus Sicherheitsvorkehrungen gibt.

Nach ihrem ersten Besuch am 30. Mai war einiges passiert. Wenige Tage später hatte Susanne Albrecht in Stuttgart Volker Speitel getroffen, mit ihm verbindet sie ein freundschaftliches Verhältnis. Sie berichtet ihm, dass sie auf dem Rückweg aus der Schweiz bei den Pontos in Oberursel übernachtet habe. Speitel ist elektrisiert, will wissen, ob es »der Ponto« sei. Susanne Albrecht bejaht: Das sei »der Anfang vom Ende« gewesen, sagt sie später, und dass sie nicht gewusst habe, dass

Speitel »Kurier zwischen Gefangenen und Aktiven« der RAF war. Speitel, »Häftlingsbetreuer« im »Büro«, teilt das postwendend den »Illegalen« mit. Sie sind gerade dabei, nach der Ermordung von Buback und seinen Begleitern, an neuen Anschlägen zu tüfteln. Die Nachricht löst bei der Gruppe »sofort hektische Aktivitäten aus«, resümiert Peter-Jürgen Boock.

»Ponto« kommt für sie wie gerufen. Es folgt ein »Grob-Check bezüglich der Familie Ponto«, berichtet Boock. Knut Folkerts kopiert – was damals zunächst unbekannt bleibt – Pontos Akte im Hamburger Weltwirtschaftsarchiv. Ergebnis für die »Illegalen«: Angesichts der Bedeutung von Jürgen Ponto als Banker Nummer eins in der Republik bliebe der Bundesregierung nach seiner Entführung nichts anderes übrig, als die RAF-Häftlinge im Austausch gegen ihn laufen zu lassen.

Sieglinde Hofmann und Stefan Wisniewski übernehmen die »Bearbeitung« von Albrecht. Beim zweiten »Treff« sagen sie ihr, dass Ponto entführt werden soll, und fordern sie auf, mitzumachen. Aber Susanne Albrecht will nicht. Auch wenn sie schon seit fast vier Jahren »Illegale« unterstützt: Abtauchen ist für sie etwas anderes. Und ausgerechnet »Onkel Jürgen« – gegen ihn will sie nicht vorgehen. Beim dritten »Treff« sagt ihr das RAF-Pärchen, die »Illegalen« seien fest entschlossen, Ponto zu entführen. Und falls sie nicht mitmache, werde die Aktion brutal und blutig auf der Straße durchgeführt. Beim nächsten oder übernächsten Treffen erklärt sich Albrecht bereit, mitzumachen und vorher in den Untergrund zu gehen.

Die Gehirnwäsche hat funktioniert: Hofmann und Wisniewski hatten ihr vorgehalten, wenn sie nicht mitmache, »bist du ein Schwein«, weil dann noch mehr Gefangene stürben.

Außerdem hatten sie ihr einen eklatanten Widerspruch zwischen ihren Worten und ihren Taten vorgehalten: Seit Jahren setze sie sich für die Gefangenen ein, wenn es nun aber konkret um deren Befreiung gehe, wolle sie kneifen. Treffsicher haben sie bei Susanne Albrecht einen wunden Punkt erwischt. Sie glaubt, erklärt Albrecht ihre Entscheidung später, dass sie sich schuldig machen müsse, um ihrem »inneren Anspruch gerecht zu werden«. Ein Vierteljahrhundert später resümiert sie: »Ich bin eigentlich durch Stammheim überhaupt zur RAF gekommen, die Haftbedingungen und alles, was man sonst dazu weiß.«

So taucht sie Ende Juni 1977 ab und quartiert sich in der konspirativen Wohnung der RAF in der Birminghamstraße 93 in Frankfurt ein. Die Erdgeschosswohnung hatte ein Mitglied der RAF am 3. Mai unter dem Decknamen »Ingrid Schiller« angemietet. In der Wohnung sind auch Brigitte Mohnhaupt, Christian Klar, Peter-Jürgen Boock, Sieglinde Hofmann und eine weitere Frau. Susanne Albrecht bekommt, wie jeder, der zu den »Illegalen« stößt, als Erstes gefälschte Ausweise und eine Pistole. Christian Klar geht mit ihr in den Wald und zeigt ihr, wie man schießt.

Ihr erster Auftrag: die Sicherheitsvorkehrungen in der Ponto-Villa abzuchecken. Und so erscheint sie dort an diesem Freitag unangemeldet mit dem Märchen von der Wohnungssuche in Frankfurt.

Dienstag, 5. Juli

Bundeskriminalamt, Aktenzeichen TE 11-110031/77, »Bericht über den derzeitigen Sachstand des Ermittlungsverfahrens zum Mordanschlag auf den Generalbundesanwalt« von

BKA-Kriminalhauptkommissar Bellach, Seite 53: »Am 05.07.1977 erhielt SONNENBERG während seines Aufenthaltes im Psychiatrischen Krankenhaus in Weissenau/Ravensburg Besuch von seiner Mutter. Sie zeigte ihm einen Zeitungsartikel, der die seinerzeitigen Vorgänge in Lörrach zum Inhalt hatte.

Neben dem Artikel war auch das Lichtbild abgedruckt, welches sich im Pass HAEVEKER befunden hatte und SONNENBERG darstellt. SONNENBERG fragte seine Mutter: ›Woher haben die denn das?‹ Die Mutter antwortete ihm darauf: ›Das ist doch von damals, als auf den Schweizer Zollbeamten geschossen wurde.‹

Darauf SONNENBERG: ›Damals sind wir wenigstens noch durchgekommen.‹«

Freitag, 29. Juli

Gegen 18.30 Uhr klingelt das Telefon bei den Pontos in Oberursel. Ignes Ponto hebt ab. Susanne ist dran. Ignes Ponto erzählt voller Vorfreude von der bevorstehenden Südamerika-Reise mit ihrem Mann. Morgen Abend geht's los.

Susanne sagt, unbedingt müsse sie vor dem Abflug noch einmal »Onkel Jürgen« sprechen, und fragt, ob sie noch an diesem Abend vorbeikommen dürfe. Ignes Ponto antwortet, ihren Mann erwarte sie gegen halb neun zurück. Dann solle sie sich noch einmal melden.

Lange Gesichter zwölf Kilometer weiter südlich, in der Birminghamstraße 93, bei Brigitte Mohnhaupt, Christian Klar, Peter-Jürgen Boock, Willy Peter Stoll: Für ihr Projekt »Big Raushole« stand als Nächstes Ponto auf ihrem Plan – und nun stellte sich auf einmal die Frage, ob die Aktion nicht über viele Wochen verschoben werden muss. Zu blöd. Die Kommandomitglieder diskutieren, was zu tun ist. Ergebnis, gegen halb elf: Ponto wird noch in dieser Nacht verschleppt. So bekommt Susanne Albrecht den Auftrag, mit Jürgen Ponto zu verabreden, dass sie noch an diesem Abend zu ihm nach Oberursel fährt. Als sie anruft, ist er gleich am Apparat. Er sitzt an seinem Schreibtisch. Nachdem er gehört hat, was Susanne möchte, steht er auf und geht zu seiner Frau, die am Klavier sitzt. »Merkwürdig«, sagt er, die Abreise am nächsten Tag vor Augen, »jetzt um halb elf in der Nacht möchte Susanne noch hierherkommen.« Ignes Ponto nimmt den Hörer und sagt: »Susanne, mein Schätzchen, du wolltest um halb neun anrufen, jetzt gehen wir zu Bett.« Am nächsten Tag – direkt vor der Abreise – könne sie gerne auf eine Tasse Tee vorbeikommen: halb fünf. Susanne sagt zu.

Als die RAF-Mannschaft in der Birminghamstraße von diesem Ergebnis hört, ist sie enttäuscht. Ihr bleibt nichts anderes übrig, als die »Aktion« auf den nächsten Tag zu verschieben.

Sonnabend, 30. Juli

Frankfurt, Birminghamstraße 93: Hochstimmung in der Kommandozentrale der Ponto-Entführung. Sieben RAF-Mitglieder treffen die letzten Vorbereitungen: Brigitte Mohnhaupt, Christian Klar, Peter-Jürgen Boock, Sieglinde Hofmann, Elisabeth von Dyck, eine weitere Frau, vermutlich Adelheid Schulz, und natürlich Susanne Albrecht. Mit Ponto als Geisel will die RAF die inhaftierten RAF-Mitglieder freipressen und zudem Geld vom Staat erpressen.

Aus Stuttgart kommt RAF-Kurier Karl-Heinz Dellwo in

die Wohnung, er bringt Nachrichten von den Stammheimer Gefangenen. Überrascht ist er von der großen Zahl »Illegaler« in der Wohnung. Für ihn deutet das auf eine »Aktion« hin. Ansonsten halten sich nicht so viele RAF-Leute auf einem Fleck auf. Sie meiden das Risiko, dass die Polizei mit einem Schlag einen großen Teil der Truppe hopsnehmen kann. So ist Dellwo klar, dass an diesem Nachmittag etwas passieren wird – aber nicht, was. Ein Kurier stellt den »Illegalen« keine Fragen. Er tut, was sie ihm sagen.

Dellwo erlebt eine Art Modenschau: Brigitte Mohnhaupt wechselt ihre Kleider, zieht ein gelbes Kostüm an. Um den Kopf schwingt sie sich, so berichtet er später, »ein einer Schwesternhaube ähnliches Kopftuch«. Mohnhaupt guckt in den Spiegel, dann zu Susanne Albrecht und fragt: »Steht mir das?« Susanne Albrecht nickt, sagt Ja. Sie hat ihre Haare gekräuselt, trägt »Afro-Look«, eine Blümchenbluse, hellbraune Jacke und einen braunen Rock. Auch Peter-Jürgen Boock hat sich fein gemacht: Sein Anzug ist dezent grau, die Haare kurz geschnitten und sogar ordentlich gekämmt. Wie »ein seriöser Geschäftsmann« wirkt er auf Dellwo. Ebenso hat sich Christian Klar aus Anlass des bevorstehenden Ereignisses in Schale geworfen: Er trägt einen grauen Feincord-Anzug mit weißem Hemd und Krawatte. Nach ungefähr einer halben Stunde verlässt Dellwo die Wohnung und steigt im Frankfurter Hauptbahnhof in den Zug nach Stuttgart. Um sieben ist er wieder im »Büro«.

Kurz nach 17 Uhr schellt es bei den Pontos. Jürgen und Ignes sitzen auf der Terrasse. Weil Susanne nicht um halb fünf erschien ist, haben sie schon angefangen und trinken eine Tasse Tee – alle Koffer sind gepackt. Nachher wird sie *Klaus Naumann,* Pontos Fahrer, zum Flughafen bringen.

Nach dem Läuten geht *Naumann* zur Gegensprechanlage. »Hier ist Susanne«, hört er von der Gegenstelle am Gartentor. Er meldet den Besuch auf der Terrasse, Jürgen Ponto sagt ihm, er möge sie hereinlassen. *Naumann* drückt auf den elektrischen Türöffner. Aus dem Küchenfenster sieht er, wie Susanne Albrecht durch den Park in Begleitung von zwei Personen kommt. Auch das teilt er den Eheleuten mit. »Wie sehen die denn aus?«, fragt Ignes Ponto. »Sehr ordentlich.«

Naumann empfängt die drei an der Haustür und führt sie ins Herrenzimmer. Jürgen Ponto kommt hinzu, begrüßt sie mit Handschlag und den Worten: »Na ja, das ist ja ein großes Komitee!« Er bittet sie, ihm auf die Terrasse zu folgen. Dort telefoniert seine Frau mit ihrer Schwester. Deshalb begrüßt sie die Besucher nur kurz, legt das Gespräch ins Wohnzimmer und telefoniert von dort aus weiter. Pontos Blick fällt auf einen Rosenstrauß in der Hand von Susanne Albrecht – Heckenrosen. Schon leicht verwelkt. »Ach, da wollen wir mal eine Vase holen!«, sagt er und geht zurück ins Haus. Christian Klar folgt ihm ins Speisezimmer, zieht eine Pistole, richtet sie auf den bis dahin nichts Böses ahnenden Ponto und erklärt ihm, nun werde er entführt. Ganz ruhig antwortet Ponto: »Sie sind wohl wahnsinnig!« Er packt den Arm seines Möchtegern-Entführers und drückt ihn nach oben weg. Dabei gibt Klar einen Schuss ab. Von der Terrasse ins Speisezimmer hereingestürzt kommt Brigitte Mohnhaupt. In der Hand hält sie eine Pistole und feuert auf Ponto – fünf Mal.

»Von den fünf Geschossen traf eines Jürgen Ponto in die rechte Schläfe«, stellt das Oberlandesgericht Frankfurt fünf Jahre später fest: »Dabei handelte es sich um einen absoluten Nahschuss, das heißt um einen aufgesetzten Schuss. Dieser

Schuss war tödlich, ebenso wie ein weiterer Schuss, der von oben durch die Schädeldecke drang und den Kopf hinter dem rechten Ohr wieder verließ. Bei dem dritten Schuss auf den Kopf handelte es sich um einen Prell- oder Tangentialschuss an der Schädeldecke. Ein viertes Geschoß durchschlug die rechte Brustseite und das fünfte Geschoß die rechte Hand in unmittelbarer Nähe des zweiten Mittelhandknochens. Jürgen Ponto verstarb am selben Abend gegen 18.30 Uhr in der Neurochirurgischen Klinik in Frankfurt an den durch die Kopfschüsse verursachten schweren Hirnverletzungen.«

Ignes Ponto bekam alles mit. Sie saß im Wohnzimmer hinter einem Kaminvorsprung und telefonierte mit ihrer Schwester. Sie hörte, wie ihr Mann sagte: »Da wollen wir mal eine Vase holen«, und: »Sie sind wohl wahnsinnig geworden!« Dann fiel der Schuss, Mohnhaupt kam hinzugestürzt, Schüsse fielen. Das Zimmer ist voller Pulverdampf – Ignes Ponto kann nichts mehr sehen. Sie bekommt noch mit, wie die Besucher, so bekundet sie später, »geführt von Susanne, aus dem Zimmer rasen«.

Vor dem Haus erwartet die drei in einem Ford Granada Peter-Jürgen Boock. Sie rasen davon. Hinter ihnen fährt ein VW-Bus, Willy Peter Stoll sitzt am Steuer: Auf der Ladefläche sollte Ponto abtransportiert werden. Blümchenvorhänge verhindern, dass man ins Innere schauen kann.

Anschließend – Katzenjammer bei der RAF: Die Gruppenmitglieder treffen sich in einer Wohnanlage in Hattersheim, eine knappe halbe Autostunde von der Ponto-Villa entfernt, Südring 3 a: eine Dreizimmerwohnung in der achten Etage. In sie sollte nach Mitternacht Ponto aus der Tiefgarage gebracht werden, der Aufzug hält in der Nähe der Wohnungstür. Aber nun ist klar: Der zwei Meter hohe

Schrank, ausgepolstert mit Schaumstoffmatten, bleibt leer. Die Entführung ist misslungen. Gescheitert. Nun geht es um die »Schuldfrage«.

Christian Klar bekommt Mecker von allen Seiten: Alle meinen, der Schuss sei nicht nötig gewesen – er habe die ganze Aktion vermasselt. Susanne Albrecht heult ununterbrochen. Weinkrämpfe schütteln sie. Für die Gruppe ist sie unkalkulierbar, ein Sicherheitsrisiko. Boock fürchtet, dass sie irgendwann aufspringt und schreiend aus der Wohnung rennt.

Die Gruppe diskutiert, wie sie mit der gescheiterten Entführung publizistisch umgeht. Mohnhaupt ist angetreten, um sie nach vorne zu bringen, nicht um Niederlagen zu produzieren oder gar zu verkünden. So beschließen die RAF-Mitglieder in Hattersheim, dass der tatsächliche Verlauf der Aktion ihr Geheimnis bleibt. Das RAF-obligatorische Selbstbezichtigungsschreiben wird zurückgestellt.

Susanne Albrecht ist nicht nur wegen ihrer permanenten Flennerei eine große Belastung für die Gruppe. Sondern auch, weil ihr Fahndungsfoto mit den markant wulstigen Lippen nun im Fernsehen und in allen Zeitungen zu sehen ist. Zudem gilt sie von einem Tag auf den anderen republikweit als die übelste RAF-Frau: Sie besaß die Perfidie, dem Freund ihres Vaters, ihrem »Onkel Jürgen«, seine Mörder ins Haus zu führen.

Der Spiegel widmet seine nächste Titelgeschichte Susanne Albrecht im Speziellen und den »Terroristinnen« im Allgemeinen. Untertitel: »Frauen und Gewalt«. Über die Hälfte der zweiundzwanzig RAF-Aktivisten des Jahres 1977 sind weiblich: zwölf. Das ist ein Frauenanteil bei der RAF von 55 Prozent – und auch die »Führungskraft« ist weiblich: Brigitte Mohnhaupt. Kriminologen rätseln über den hohen Anteil dieser weiblichen Gewalt – als Gründe nennen Fachleute das Selbstverständnis als »weibliche Supermänner« ebenso wie einen »Exzess der Emanzipation«. Grund ist gewiss auch, dass damals, Mitte der Siebzigerjahre, viele Frauen, anders als noch in den Fünfziger- und Sechzigerjahren, studierten – und sie so in eine radikale Polit-Sozialisationslaufbahn wie Susanne Albrecht gelangten.

Nach der Tat färbt Albrecht ihre Haare blond. Am nächsten Morgen bringt sie Peter-Jürgen Boock nach Köln. Später fährt Rolf Clemens Wagner mit ihr nach Amsterdam. Die RAF fürchtet, dass die naive Albrecht von der Polizei gefasst wird und alles ausplaudert. So wird die »Türöffnerin« rasch zum größten Sicherheitsrisiko der RAF im Sommer 1977.

Für die Tat verurteilt das Oberlandesgericht Stuttgart wegen »Mordes in Tateinheit mit versuchter Geiselnahme und versuchtem erpresserischen Menschenraub« Peter-Jürgen Boock 1984, Brigitte Mohnhaupt und Christian Klar 1985 sowie Susanne Albrecht 1991. Sie erhalten alle lebenslange Freiheitsstrafe mit Ausnahme von Susanne Albrecht: Erst dreizehn Jahre nach der Tat war sie in der DDR verhaftet worden und kam sozusagen als »Gnade der späten Verhaftung« in den Genuss der mittlerweile eingeführten Kronzeugenregelung. Angesichts ihrer Auskunftsfreudigkeit sieht das Gericht von der lebenslangen Freiheitsstrafe ab und verhängt eine Freiheitsstrafe von zehn Jahren. Zusammen mit einem versuchten Mord wegen des Haig-Anschlags 1979 erkannte das Gericht auf eine Gesamtfreiheitsstrafe von zwölf Jahren. Aus der Haft entlassen wurde sie aufgrund der »Halbstrafen-Regelung« am 7. Juni 1996 – exakt sechs Jahre nach ihrer Verhaftung in Ost-Berlin. Schon zwei Jahre nach ihrer Verurteilung, 1993, arbeitet sie in Bremen im Freigang als Lehrerin für einen freien Träger – in der DDR hatte sie einen Abschluss als »Diplomlehrerin« gemacht.

Sieglinde Hofmann verurteilt das Oberlandesgericht Frankfurt am Main 1982 als Mittäterin bei dem Ponto-Überfall, allerdings nicht wegen Mordes. Dies war aufgrund der Vorgaben der französischen Regierung für ihre Auslieferung ausgeschlossen – im Mai 1980 war die »Stabschefin der Mohnhaupt«, wie BKA-Chef Horst Herold sie nannte, in Paris verhaftet worden. Das Oberlandesgericht verurteilte sie zu fünfzehn Jahren Freiheitsstrafe »wegen versuchten gemeinschaftlichen erpresserischen Menschenraubs und versuchter gemeinschaftlicher Geiselnahme«. Begründung des Gerichts für ihre »Mittäterschaft«: »Sie gehörte als einflußreiches Mitglied zum harten Kern der ›RAF‹ und zu dem ›RAF‹-Kommando, das die Entführung Pontos durchführen sollte. Aufgrund der Übung der ›RAF‹ erfolgte die Willensbildung zumindest innerhalb eines Kommandos einstimmig. Aufgrund ihrer Anwesenheit in der konspirativen Wohnung in der Birminghamstraße 93 in Frankfurt, der Kommandozentrale des Unternehmens, im Zusammenhang mit der angelaufenen Aktion war die Angeklagte auch in die Tatplanung eingeschaltet. Ihr Tatbeitrag bestand zumindest darin, den anderen Kommandomitgliedern im Rahmen der Gesamtaktion Unterstützung und Sicherheit zu garantieren. Nur im Zusammenwirken mindestens aller am Tattag in der Birminghamstraße 93 anwesenden ›RAF‹-Mitglieder konnte die Aktion erfolgversprechend begonnen und durchgeführt werden.«

Willy Peter Stoll, der den VW-Bus lenkte, in dem Ponto abtransportiert werden sollte, kommt dreizehn Monate nach der Tat ums Leben: In Düsseldorf erkannte ihn ein Kellner im China-Restaurant »Shanghai«, in der Nähe des Hauptbahnhofs. Er ruft die Polizei. Die Einsatzleitung schickt zunächst zwei Zivilbeamte ins Lokal in der Oststraße, um die Lage zu sondieren. Hinter einem Mauervorsprung sehen die beiden Beamten den Verdächtigen an einem Tisch sitzen. Einer von ihnen, *Wolfgang Meger,* fürchtet, dass, wenn seine Kollegen in Uniform reinkommen, es ein Blutbad gibt. Deshalb versucht er es mit einem Trick. Er tut so, als wolle er sich eine Zigarette anzünden. Aber – sein Feuerzeug will augenscheinlich nicht, gibt keine Flamme. So geht er zu dem Verdächtigen und bittet ihn um Feuer. Der zückt sein Feuerzeug – und der Polizist in diesem Augenblick seine Pistole. Stoll greift unter seine Jacke, zieht einen Revolver. »Wenn ich nicht schieße, bin ich tot«, sagt sich *Meger* – und feuert, »wie wir das im Schießtraining gelernt hatten«: »Zwei Dubletten.« Von vier Kugeln getroffen, bricht der Mann zusammen. Ein Krankenwagen bringt ihn in die Uniklinik. Als der Wagen dort eintrifft, ist Willy Peter Stoll tot.

Montag, 1. August

Bei der Polizei meldet sich *Anna Fahring*, eine Mitarbeiterin des Hamburger Weltwirtschaftsarchivs. Über den Ponto-Mord hatte sie im Fernsehen einen Bericht gesehen – und dabei das Foto des Verdächtigen Willy Peter Stoll. Und da hatte es sie durchzuckt: Den kennst du doch! Vor einigen Wochen war er bei ihr zu Besuch im Archiv und hatte sich die Ponto-Akte aushändigen lassen. Erschienen war er zusammen mit einem anderen jungen Mann.

Durch die Ausleihscheine stellt sich heraus: Die beiden jungen Männer waren am 6. und 7. Juli in dem Archiv am Neuen Jungfernstieg 21 an der Hamburger Binnenalster. Sie hatten sich die Akten über Jürgen Ponto und Hanns Martin Schleyer ausgeliehen, im Lesesaal durchgesehen und anschließend fotokopiert. Der eine hatte auf dem Ausleihschein »Müller, HH, Hamburger Allee 124« eingetragen, der andere »Fall, HH 23, Beisser Straße 61«. Beide Adressen sind falsch. Eine »Hamburger Allee« gibt es in Hamburg nicht. Und die Beisserstraße endet mit der Hausnummer 55. Aus den Aussagen von Augenzeugen und Schriftsachverständigen ergibt sich, dass es sich bei »Fall« um Willy Peter Stoll und bei »Müller« um Knut Folkerts handelt.

Die Fotokopien aus der Ponto-Akte des Weltwirtschaftsarchivs fallen der Polizei in die Hände: ein Jahr später, als sie am 1. Oktober 1978 eine von der RAF aufgegebene konspirative Wohnung im Eilbekerweg 14 in Hamburg durchsucht.

Donnerstag, 4. August

Überschrift auf der Titelseite von *Bild* – bundesweit: »Schleyer sollte der nächste sein«. In Deutschlands auflagenstärkster Tageszeitung steht alles auf der Titelseite: »Der Präsident der Deutschen Arbeitgeberverbände, Hanns Martin Schleyer, soll offenbar das nächste Opfer der BM-Terroristen[9] werden. Erst nach dem Mord an Ponto erfuhren die Sicherheitsbehörden: Anfang Juni kam ein etwa dreißigjähriger Mann in das Kieler Weltwirtschaftsinstitut und bat um Material für Ponto und Schleyer – angeblich für eine Doktorarbeit. Erst nach den tödlichen Schüssen auf Ponto wurde die Sicherheitsbehörde unterrichtet. Aus der Beschreibung des Unbekannten schließen sie, daß der angebliche Student

9 BM = Baader-Meinhof.

höchstwahrscheinlich zum Täterkreis gehört. Schleyer wurde sofort gewarnt.«

Freitag, 5. August

Frankfurt, Paulskirche: Trauerfeier für Jürgen Ponto. Neunhundert geladene Gäste sind erschienen – aus Politik, Wirtschaft und Verbänden aller Art. Ganz vorne im Kirchenschiff sitzen Bundespräsident Walter Scheel, Bundeskanzler Helmut Schmidt, Bundestagspräsident Karl Carstens, Bundesratspräsident Bernhard Vogel, Bundesinnenminister Werner Maihofer, Bundesaußenminister Hans-Dietrich Genscher, Bundestagsoppositionsführer Helmut Kohl, CSU-Vorsitzender Franz Josef Strauß und der hessische Ministerpräsident Holger Börner. Auch Arbeitgeberpräsident Hanns Martin Schleyer ist gekommen. Viele von ihnen sahen sich schon vier Monate zuvor bei der Trauerfeier für Buback in Karlsruhe.

Nun hat die RAF schon wieder zugeschlagen. Abermals hatte das Opfer keine Chance. Auf den Kirchenbänken hockt die Angst. Am Rande der Trauerfeier spricht Hans Tietmeyer, Leiter der Abteilung Wirtschaftspolitik im Finanzministerium, mit Arbeitgeberpräsident Schleyer über den traurigen Anlass des Treffens. »Also hoffentlich passiert uns so was nicht«, sagt Schleyer nachdenklich – elf Jahre später versucht die RAF Tietmeyer, mittlerweile Finanzstaatssekretär, mit einer »Vorderschaftrepetierflinte« zu erschießen. Er überlebt, weil die Maschinenpistole, mit der das RAF-Kommando seinen Fahrer erschießen wollte, eine Ladehemmung hat. Schleyer holt sich die RAF auf den Tag genau einen Monat nach der Trauerfeier für Ponto.

Nicht erschienen in der Paulskirche sind Susanne Albrechts Eltern. Am Tag nach dem Attentat waren sie zu Pontos Witwe nach Oberursel gereist. Sprachlosigkeit herrscht zwischen den beiden Familien. Zwischen ihnen steht vor allem, dass Ignes und Corinna Ponto nun erst – »unverzeihlich« spät, sagt die Tochter später – erfuhren, dass Hans-Christian und Christa Albrecht die Biografie ihrer Tochter sehr gut kannten. Und eben sie waren es, die wenige Wochen zuvor für Susanne um eine Übernachtungsmöglichkeit bei den Pontos in Oberursel gebeten hatten – ohne einen Pieps zu deren politischer Orientierung.

»Mit Jürgen Ponto sollte ein Mann getroffen werden, der – zusammen mit anderen Unternehmern und Gewerkschaftsführern – symbolhaft für unsere Wirtschaftsordnung stand«, sagt Bundeswirtschaftsminister Hans Friderichs (FDP) in seiner Trauerrede, »in der wir leben und der wir es mitverdanken, dass die ganz überwiegende Mehrheit unseres Volkes eben immun ist für jene Verwirrungen und jenen Wahnsinn, denen die Terroristen in krimineller Verstrickung anhängen.«

Ignes Ponto verbirgt ihr Gesicht unter einem Schleier – später sagt sie, sie sei »ein Stein in der Paulskirche« gewesen. Sie spürt nichts mehr. Ein Essen folgt. Eine Feier schließt sich an. Und bei dieser Feier erhält die Witwe die Nachricht, bei ihr zu Hause in Oberursel brenne es. Während der Trauerfeier in der Frankfurter Paulskirche ist in einer Holzhütte in ihrem Garten in Oberursel ein Sprengsatz explodiert – obwohl mehrere Polizisten zum Schutz des Anwesens abkommandiert worden waren. Das ist zu viel für Ignes Ponto. Sie bricht zusammen. Helfer tragen sie in ein Hotelzimmer. Ein Arzt gibt ihr Beruhigungsspritzen. Sie fällt in einen tiefen Schlaf.

Als sie erwacht, hat sie nur noch einen Gedanken: »Fort, fort, fort aus diesem kranken Land!« Sie fürchtet sich vor »weiteren Übergriffen«, will nicht mit »Leibwächtern leben, tagaus, tagein«. So beschließt sie zu fliehen, um sich und ihre Kinder davor zu bewahren. Schon am nächsten Abend sind sie in London: ihr Bruder, ein Arzt, und ihre Kinder Corinna und Stefan. Zusammen mit ihren Kindern geht Ignes Ponto in die Vereinigten Staaten. Sie zieht nach Long Island, Tochter Corinna geht nach New York, wird Opernsängerin und gründet eine Familie. Ihr Bruder Stefan studiert in Denver Geologie, begonnen hatte er dort damit schon einige Monate vor dem Tod seines Vaters.

Der Mord beendet die seit über dreißig Jahren bestehende Verbindung zwischen den Familien Ponto und Albrecht – zerrissen durch Susannes Verrat. Aber dreißig Jahre nach dieser Trauerfeier in der Paulskirche, nach dreißig Jahren Funkstille zwischen den Familien, gelingt es den beiden Patentöchtern der Freunde Hans-Christian und Jürgen, einen Draht zueinander zu finden – Susanne Albrechts kleine Schwester Julia, Patentochter von Jürgen Ponto, und Corinna, Hans-Christian Albrechts Patentochter. Sie korrespondieren, es entsteht ein Dialog und aus diesem das Buch *Patentöchter*. 2011 erscheint es.

Ein Dialog, der zeigt, wie sehr Opfer der RAF neben den Ermordeten auch deren Familien und die Familien der RAF-Täter sein können. Wie die Familie Albrecht. »Meine Eltern erstarrten innerlich und äußerlich«, berichtet Julia Albrecht, ihr Vater habe mit Herzrhythmusstörungen reagiert. Für Susannes Mutter Christa ist »alles von A bis Z nicht vorstellbar«. Als sie wenige Tage nach der Tat mit dem Hund Walja im Jenischpark an der Elbchaussee spazieren geht, hört sie ihren Familiennamen. Sie sieht Menschen beieinanderstehen, die erschüttert über ihre Tochter und deren Familie sprechen ... Und ihr Sohn Matthias empfindet sich »als Opfer zweiter Klasse«. Etwas »ganz, ganz Blödes« sei das, erläutert er: »Du bist zwar zum Opfer geworden, aber da kümmert sich keiner drum.«

Sonnabend, 6. August

Forsbach – zwanzig Kilometer östlich von Köln: Am Morgen klingelt das Telefon bei dem Redakteur *Heiner Gramm* – er hat in einer Annonce im *Kölner Stadtanzeiger* seinen grauen Mercedes 230/6 zum Verkauf angeboten. Ein Interessent meldet sich. Sie verabreden eine Besichtigung am Nachmittag. Ein schlanker Mann erscheint und stellt sich als »Martin Klas« vor. Beide machen eine Probefahrt, fünf Kilometer. *Gramm* möchte 3500 Mark für seine alte Kiste haben. Der Interessent versucht erst gar nicht zu handeln. Schnell sind auch die anderen Punkte geklärt. Der Mann nennt seine Personalien: »Martin Klas, Goltsteiner Straße 191, Köln 51«. Und genauso schreibt *Gramm* diese Angaben in das Kaufvertragsformular, ohne sich einen Ausweis zeigen zu lassen. Der Käufer blättert die Geldscheine auf den Tisch. Später erinnert sich *Gramm*, dass der Käufer den Kofferraum »sich genau« besah.

Der Käufer heißt in Wahrheit Willy Peter Stoll. Das Kennzeichen GL-CR 416 tauscht er aus gegen BM-A 812. Ein Kennzeichen, das er bei einem Kölner Schilderdienst in Auftrag gab. Natürlich eine Dublette. Einen Monat später bringt die RAF im Kofferraum dieses Wagens Hanns Martin Schleyer in sein erstes Versteck nach Erftstadt-Liblar.

In diesen Tagen, Ende Juli, Anfang August, baut die RAF ihren Kölner »Fuhrpark« für die Aktion »Spindy« auf – der Deckname der Schleyer-Entführung. Sie beschafft sich vier weitere Fahrzeuge: einen auberginenfarbenen Alfa Romeo Giulia 1600 Super, zwei VW-Busse und einen gelben Mercedes 300 D. An alle Fahrzeuge schrauben RAF-Mitglieder Dublettenkennzeichen.

Montag, 8. August

»Meuterei« in Stammheim – auf der siebten Etage: »Kratz- und Bisswunden, Prellungen an Arm, Hand und Gesicht, Hämatome« tragen mehrere Beamte davon, protokolliert am Nachmittag der Arzt in Stammheim.

Am Vormittag öffneten, wie jeden Tag, Justizbeamte die Zellentüren zum »Umschluss«. Die Häftlinge dürfen sich auf dem Flur vor den Zellen treffen. Er ist sechs mal achtzehn Meter groß. Neu ist, dass Justizbeamte Baaders und Ensslins Zellen abschließen sollen, sobald sie draußen auf dem Flur sind. Eine Anordnung der Anstaltsleitung, weil am Freitag, drei Tage zuvor, Baader in Ensslins Bett entdeckt worden war. Der Justizbeamte, der Ensslins einundzwanzig Quadratmeter große Zelle abschloss, hatte nicht mitbekommen, dass Baader bei ihr war – und außerdem auch noch Irmgard Möller.

Purer Zufall war es, dass die Sache aufflog: Gegen 17 Uhr hatte an jenem Freitag Hauptsekretär Heinz Münzing unangemeldet Ensslins Zelle betreten, um »die Gitter« zu überprüfen – eine Stunde nachdem die Zellen auf der siebten Etage für die »Nachtruhe« abgeschlossen worden waren. Und dabei sieht er im Bett von Gudrun Ensslin Baader neben ihr liegen, mit einer Decke zugedeckt – beide sind bekleidet.

Und dann entdeckt der Justizhauptsekretär in der Zelle auch noch Irmgard Möller …

So gehen die Justizbeamten davon aus, »Baader habe sich in die Zelle der Gefangenen Ensslin eingeschlichen, um mit dieser und der Gefangenen Möller dort die Nacht zu verbringen«, schreibt später Staatsanwalt König, der den Sachverhalt für die Staatsanwaltschaft Stuttgart zu untersuchen hat.

Über viele Stunden dürfen die Häftlinge auf der siebten Etage jeden Tag auf dem Flur vor ihren Zellen zusammenkommen. Dabei stehen sie durchgängig unter der optischen Überwachung von Wachtmeistern, teilweise auch von Kameras. Untersagt ist »ein unkontrolliertes Beieinander von Häftlingen verschiedenen Geschlechts«, insbesondere in den Zellen.

Um eine Wiederholung der Freitagnachmittag-Episode zu verhindern, verfügte die Anstaltsleitung, dass die Zellen von Baader und Ensslin, die Zellen 719 und 720, künftig während des Umschlusses stets abgeschlossen werden. Aber das wollen die RAF-Häftlinge nicht hinnehmen. An diesem Montagvormittag sind acht auf dem Flur der siebten Etage: Ingrid Schubert, Irmgard Möller, Helmut Pohl, Wolfgang Beer, Werner Hoppe, Jan-Carl Raspe, Gudrun Ensslin und Andreas Baader – gerade einen Monat zuvor war die Gruppe um Pohl, Beer und Hoppe verstärkt worden. Die Justiz wollte, einer Empfehlung von Gutachtern folgend, den Häftlingen eine »ausreichende soziale Interaktion ermöglichen«.

Wolfgang Beer stellt sich in den Türrahmen von Baaders Zelle, um zu verhindern, dass die Tür zugemacht und abgeschlossen werden kann.

Anstaltsdirektor Hans Nusser wird herbeigerufen – er

alarmiert Verstärkung. Schon bald stehen zwanzig Beamte auf dem Flur, er ist wenig mehr als einhundert Quadratmeter groß. Nusser fordert Baader auf, er möge dafür sorgen, dass die Tür geschlossen werden kann. Baader grinst ihn über das ganze Gesicht an und erwidert, darüber könne man »diskutieren«. Nusser wird streng: Falls es bei Baaders Weigerung bleibe, werde unmittelbarer Zwang angewendet. »Wenn Sie die Tür schließen«, warnt Baader den Gefängnisdirektor, »dann haben Sie den Krieg!« In diesem Augenblick schleudert er eine volle Kaffeetasse gegen ein Fenstergitter. Sie zerschellt neben einem Justizbeamten. Baader liebt »soziale Interaktion«.

Der Direktor gibt den Justizbeamten das Kommando, die Tür zu Baaders Zelle zu schließen. Sie versuchen, Wolfgang Beer wegzudrängen. Aber das gelingt ihnen nicht: Beer wehrt sich nach Leibeskräften. Die anderen sieben RAF-Häftlinge stürzen ihm zu Hilfe. Eine wüste Rangelei folgt. Dann eine Schlägerei. Die Beamten sind in der Überzahl, das Verhältnis beträgt 20:7 – darunter aufseiten der RAF drei Frauen. Aber der numerisch überlegenen Staatsmacht gelingt es nicht, die Häftlinge »in ihre Ursprungszellen zu befördern«, wie es später Staatsanwalt König formuliert: Der »von den Gefangenen entwickelte Widerstand« sei so heftig gewesen, »dass bis zu 5 Beamte notwendig waren, um einen Gefangenen in die Zelle zu bringen«. So wird jeder Häftling in irgendeine Zelle in seiner Nähe bugsiert. Erst zwei Stunden später schaffen es die Justizbeamten, die Häftlinge – einzeln, Häftling für Häftling, stellt der Staatsanwalt fest –, »in ihre Ursprungszellen zu befördern«.

Viele tragen Blessuren davon: Gudrun Ensslin eine »etwa 5-Pfennigstück-große« bläuliche Prellung, ermittelt der Staatsanwalt, Jan-Carl Raspe zwei »ca. 10-Pfennigstück-große« gelblich braun verfärbte Hämatome und Ingrid Schubert eine »oberflächliche Hautabschürfung an der rechten Ohrmuschel«. Die Beamten traf es nach dem Bericht des Staatsanwaltes nachhaltig: Vollzugsdienstleiter Hauck erlitt »eine blutende Verletzung am rechten Unterarm«, Obersekretär Großmann »eine Verstauchung mit Bluterguss des linken Daumens«, Assistent Jauernig »eine Prellung an der rechten Hüfte«, Assistent Heider »Biss- und Kratzwunden am linken Unterarm sowie am Hals« und Sekretär Hofer »einen Nervenzusammenbruch, der eine mehrtägige Dienstunfähigkeit bewirkte«.

Sechs Wochen später stellt die Staatsanwaltschaft Stuttgart das Ermittlungsverfahren gegen die zwanzig auf der siebten Etage im Einsatz gewesenen Justizbeamten ein, weil die Anordnung der Anstaltsleitung, die »Zellentüren der Gefangenen während des Umschlusses abgeschlossen zu halten … zur Aufrechterhaltung der Ordnung in der Vollzugsanstalt erforderlich« gewesen sei. Deshalb sei auch die »Ausführung dieser Anordnung« rechtmäßig gewesen. Aus diesem Grund seien, so das Ergebnis von Staatsanwalt König in seiner Einstellungsverfügung, »weder die Voraussetzungen der Körperverletzung im Amt noch der Nötigung erfüllt«.

Für die »Meuterei« – von »Meuterei« spricht das Justizministerium Baden-Württemberg offiziell gegenüber den Medien – erhalten Baader, Ensslin und Raspe eine »Hausstrafe«: vier Wochen Radio- und Fernsehverbot. »Für diese Zeit sind den Angeklagten die Empfangsgeräte wegzunehmen«, entscheidet der Senatsvorsitzende Eberhard Foth am 6. September 1977, »ebenso die Plattenspieler.«

Von einer strafrechtlichen Ahndung der »Meuterei« bei

Baader, Ensslin und Raspe sieht der Stuttgarter Oberstaatsanwalt Gert Mehl ab, »da die zu erwartenden Strafen neben den Strafen, die gegen die Beschuldigten bereits verhängt sind … nicht ins Gewicht fielen«.

Mittwoch, 10. August

Im Rahmen der Fahndung nach Susanne Albrecht durchsucht die Polizei im Hamburger Stadtteil St. Georg eine Wohngemeinschaft. Ohne Erfolg. Schon wieder. Es ist die 63. Durchsuchung in den vergangenen zehn Tagen – unter anderem wurden in Hamburg 17, in Stuttgart 9, in Berlin 4, in Freiburg 3 und in Heidelberg 2 Objekte durchsucht. Stets »ohne greifbares Ergebnis«, bilanziert Generalbundesanwalt Rebmann. Allein vom Bundeskriminalamt waren zweihundert Beamte im Einsatz. Kein Ermittler ahnt, dass sich Susanne Albrecht in der RAF-Wohnung in Amsterdam aufhält, im Baden Powellweg 217: die Haare blond gefärbt.

Sonntag, 14. August

Fünfzehn Tage nach dem Ponto-Mord geht bei der Deutschen Presse-Agentur in Hamburg die Selbstbezichtigung der RAF ein. Die Anschrift auf dem Umschlag wurde geändert. Die getippte »rothenbaumchaussee« – dort steht das Funkhaus des Norddeutschen Rundfunks – wurde durchgestrichen und handschriftlich ersetzt durch »Mittelweg 38«, der Adresse von dpa in Hamburg. Die 125-Wörter-Erklärung ist die kürzeste Selbstbezichtigung der gesamten RAF-Geschichte:

wir haben in der situation, in der bundesanwaltschaft und staatsschutz zum massaker an den gefangenen ausgeholt haben, nichts für lange erklärungen übrig.
zu ponto und den schüssen, die ihn jetzt in oberursel trafen, sagen wir, dass uns nicht klar genug war, dass diese typen, die in der dritten welt kriege auslösen und völker ausrotten, vor der gewalt wenn sie ihnen im eigenen haus gegenübertritt fassungslos stehen.
das staatsschutzgeschmier vom ›big money‹ ist dreck wie alles, was zu der aktion gesagt worden ist.
es geht natürlich immer zuerst darum, das neue gegen das alte zu stellen und das heisst hier: der kampf, für den es keine gefängnisse gibt gegen das universum der kohle, in dem alles gefängnis ist.

Susanne Albrecht
14.08.77 aus einem kommando der RAF

Die Erklärung hat Susanne Albrecht eigenhändig unterzeichnet – ein Unikum in der achtundzwanzig Jahre währenden RAF-Geschichte: ein schriftliches Mordgeständnis! Tatsächlich! Die Unterschrift ist echt! Der Traum eines jeden Ermittlers. So naiv wie Susanne Albrecht war keiner von den über einhundert RAF-Akteuren in drei Generationen, zwischen 1970 und 1998.

Später erklärt Susanne Albrecht, an der Abfassung des Bekennerschreibens habe sie nicht mitgewirkt und auch nicht auf Formulierungen Einfluss genommen. Brigitte Mohnhaupt habe »die Tatbekennung formuliert, ich musste sie unterschreiben. Vom Inhalt hatte ich nicht einmal Kenntnis genommen«.

Einen Tag später gehen Kopien des Schreibens beim Norddeutschen Rundfunk und bei der *Bild*-Redaktion in Hamburg, bei Agence France Press in Bonn und der *Frankfurter Rundschau* ein.

Mehr als zwei Wochen nach der Tat. So lange hatte kein anderes RAF-Selbstbezichtigungsschreiben auf sich warten lassen. Grund ist, dass sich die RAF in »Manöverkritik« verfangen hatte; unfähig, ein Bekennerschreiben zu verfassen. Mohnhaupt & Co. diskutierten lebhaft die Frage, wie man den Umstand »wegformulieren« kann, dass das Ziel der Aktion gescheitert ist, Ponto zu entführen. Deshalb beginnt die Erklärung – völlig anders als sonst die übliche Dramaturgie der RAF-Selbstbezichtigungen, nach der am Anfang ein klares Bekenntnis zur Tat steht – mit der Behauptung eines »Massakers«, zu dem Bundesanwaltschaft und Staatsschutz an den Gefangenen ausgeholt hätten. Gemeint sein dürfte damit die Schlägerei bei der Meuterei in Stammheim. Eine andere Erklärung ist nicht ersichtlich.

Zwei Tage später, am 16. August 1977, erklärt RAF-Anwalt Armin Newerla auf einer Pressekonferenz in Hamburg in diese Richtung gehend: Es habe »ein Massenmord an politischen Gefangenen hier in der Bundesrepublik begonnen und die Verantwortlichkeit ist klar«. Sie liege »in entscheidender Linie … bei dem seit einem Monat im Amt befindlichen Generalbundesanwalt Rebmann«. Damit ist nicht nur das nächste Anschlagsziel der RAF benannt. Mit »Massaker« (RAF) und »Massenmorde« (RAF-Anwalt Newerla) sind zwei Wörter in die Welt gesetzt, auf die sich der RAF-Freundeskreis zwei Monate später stürzt und stützt – nach der Todesnacht in Stammheim. Vom 17. auf den 18. Oktober 1977.

Im zweiten Absatz erklärt die RAF zu »ponto und den

schüssen«, dass sie Pontos Reaktion nicht einkalkuliert habe. In der Gesamtschau wirkt das naiv. So, als ob das RAF-Kommando ernsthaft damit hätte rechnen können, dass Ponto, ein Hüne, kräftig, selbstbewusst und resolut, Chef von 25 000 Menschen, nachdem der schmächtige Klar eine Pistole auf ihn richtet, die Hände hebt, widerspruchslos Villa und Ehefrau verlässt, durch den Park geht und in den RAF-VW-Bus steigt, um sich entführen zu lassen. Aber: Aus dem Thema, das die RAF in dem Schreiben im zweiten Absatz thematisiert (»zu ponto und den schüssen, die ihn jetzt in oberursel trafen«), lernt sie. Fünf Wochen später lässt sie ihrem nächsten Entführungsopfer keine Wahl.

Montag, 22. August

Bonn, Bundeshaus. Um 11.10 Uhr tritt der Rechtsausschuss zu einer Sondersitzung zusammen. Der neue Generalbundesanwalt Rebmann fasst die bisherigen Erkenntnisse zum Ponto-Mord zusammen. Ein Verdacht richtete sich auch gegen Willy Peter Stoll, berichtet er, weil er als Urheber von Eintragungen auf einem Lesezettel und in der Besucherliste »mit an Sicherheit grenzender Wahrscheinlichkeit« identifiziert worden sei. Dieser Besucher habe am 7. Juli 1977 im Hamburger Weltwirtschaftsinstitut »die Personalakten von Jürgen Ponto und Dr. Hanns Martin Schleyer eingesehen«. Die RAF ermordete Ponto vor drei Wochen. Allen im Ausschuss ist in diesem Augenblick klar, wer der Nächste auf der Todesliste ist.

Donnerstag, 25. August

Karlsruhe, Blumenstraße 9. Zehn Uhr: In der zweiten Etage klingelt es bei Kunstmaler Theodor Sand (68) und seiner Frau Paula (74). Die »Ellwangers«! Angekündigt hatten sie sich bei Paula Sand am Tag zuvor. Eine junge Frau hatte sie angerufen und gesagt, »sie« – also sie und ihr Mann – suchten »ein Wandbild für den neuen Bungalow in Bergzarbern«. So kommen die potenziellen Kunden in die Wohnung des Rentnerpaares: ein junger Mann mit dunkelblonden, kurzen Haaren in einem grauen Anzug. Frau »Ellwanger« trägt eine blaue Kostümjacke und einen rehbraunen Rock. Zwei Stunden plaudern sie angeregt über Kunst und Malerei. Dann geht's zur Sache: Die Sands führen die »Ellwangers« durch mehrere Räume ihrer Wohnung, in denen Bilder von Theodor hängen.

Kurz nach zwölf betreten sie sein Atelier. Durch die großen Fenster blicken sie auf das gegenüberliegende Gebäude der Bundesanwaltschaft – achtzehn Meter Luftlinie entfernt. Dort sehen sie Männer an Schreibtischen, die Akten studieren. Herr »Ellwanger« bittet Theodor Sand, die Toilette aufsuchen zu dürfen. In diesem Moment stürzen sich er und seine Begleiterin auf die beiden Rentner. Dann ziehen sie Pistolen und halten die Sands in Schach. Die Gäste erklären, ihnen geschehe nichts, wenn sie sich ruhig verhielten – es handle sich um eine »Aktion der Roten Armee Fraktion«. Sie sei nicht gegen sie, die Rentner Sand, gerichtet, sondern gegen die Bundesanwälte im gegenüberliegenden Gebäude. Die »Ellwangers« bringen die Eheleute Sand ins Wohnzimmer und fesseln sie an die Sessel.

Es schellt. An der Wohnungstür. Die Sands hören, wie Frau »Ellwanger« die Tür öffnet und jemand – wohl zwei

Personen – hereinkommt. Dann hören sie, wie im Atelier über Stunden montiert, geschraubt und gehämmert wird. Die ganze Zeit bewachen sie die »Ellwangers«, beide halten Schusswaffen in der Hand. Sie erklären den Rentnern, sie hätten eine »wichtige Aufgabe« zu erfüllen: Es gehe darum, ein »Signal für die gefangenen Genossen in Stammheim« zu setzen. Nach dreieinhalb Stunden, um halb vier Uhr, verkleben die »Ellwangers« den Sands die Münder mit Klebestreifen, stopfen ihnen Watte in die Ohren, schrauben aus dem Telefonhörer das Mikrofon und verabschieden sich. Die Wohnungstür wird von außen abgeschlossen. Das hören die Sands noch: mit einem Schlüssel, den ihre Besucher in der Wohnung entdeckt hatten. Theodor und Paula Sand leiden Todesängste. Sie schließen mit ihrem Leben ab. Nehmen voneinander Abschied. Dreieinhalb Stunden später, gegen sieben, gelingt es ihnen, die Fesseln abzustreifen. Mit einem Reserveschlüssel öffnen sie die Wohnungstür. Dann rufen sie die Polizei.

Was sie in ihrer Wohnung entdecken, erschreckt sie: Vor dem Fenster im Atelier des Künstlers steht eine »Stalinorgel«. Aufgebaut auf einem Eichentisch. Dorthin geschoben hatten ihn die Täter: zweiundvierzig Abschussrohre. Gerichtet auf das Gebäude der Bundesanwaltschaft. Das Flächenschussgerät ist achtzig Zentimeter breit, siebzig Zentimeter hoch und wiegt einhundertfünfzig Kilo.

Ein Teufelswerk. »Bei der Explosion eines Geschosses wären über 100 tödlich wirkende Splitter in einem Massenbereich bis zu 10 Gramm freigesetzt worden«, stellt acht Jahre später das Oberlandesgericht Stuttgart fest: »Die Mündungsgeschwindigkeit der Geschosse, die im Hinblick auf deren Einzelanfertigung nicht einheitlich war, hätte bei 68 bis

107 m/sec gelegen. Desgleichen wären die Reichweite der einzelnen Geschosse und die Splittergeschwindigkeit unterschiedlich gewesen. Beim Auftreten der Geschosse auf eine 18 m entfernte Wand – eine solche Entfernung schwebte den Tätern vor – hätten die Splitter Geschwindigkeiten von 175 bis 642 m/sec und eine Energie von 110 bis 206 J/g erreicht. Splitter mit einer Energie von mehr als 79 Joule wirken beim Auftreffen auf entsprechende Körperstellen des Menschen tödlich.«

Aber die Todesmaschine war nicht losgegangen – als Zeitpunkt für die Zündung der Treibladungen war 16 Uhr auf einem Alka-Wecker eingestellt worden. Zu dieser Zeit arbeiteten fünf Männer in den der Blumenstraße 9 gegenüberliegenden Büros der Bundesanwaltschaft: Bundesanwalt Manfred Bruns sowie die Oberstaatsanwälte Holland, Schulte, Lampe und Pieper.

Sprengstofftechniker stellen fest, dass die Maschine nicht losging, weil das Läutwerk nicht aufgezogen worden war. Später, nach seiner Verhaftung 1981, behauptet der Techniker der Gruppe Peter-Jürgen Boock, er habe den Wecker bewusst nicht aufgezogen, um den Anschlag zu vereiteln, nachdem er im gegenüberliegenden Gebäude »Sekretärinnen, Justizbeamte, vielleicht Angestellte« gesehen habe. Das nimmt ihm das Oberlandesgericht Stuttgart 1984 nicht ab, sondern stellt fest, »dass ihm in der Hektik der Tatvorbereitungen lediglich ein Fehler unterlaufen ist«.

Die Richter glauben Boock unter anderem deswegen nicht, weil auch er nach diesem Anschlag noch über Jahre bei der RAF geblieben ist und er gegenüber Volker Speitel erklärt hatte: »Es ist scheiße, dass die Kiste in Karlsruhe nicht geklappt hat.« Es habe – so Boock – an einem »winzigen Fehler« gelegen. So ist es wohl dieser »winzige Fehler«, der dem auch an diesem Tag gedopten Junkie Boock unterlief, dem die Mitarbeiter der Bundesanwaltschaft ihr Leben zu verdanken haben.

Im Hinterhof der Blumenstraße 9 entdecken Polizisten einen Renault 4. Mit ihm hatten die Täter die Stalinorgel angeliefert. Den Wagen hatte drei Tage zuvor ein Mann in Viernheim gebraucht gekauft – bis heute ist er unbekannt. Auf der Heckklappe prangt in Plastik-Großbuchstaben: »A. KRIEG SOFORT-KUNDENDIENST«. »Der Schlüssel ist Krieg«, lautet die Devise, die Andreas Baader für den Prozess in Stammheim ausgegeben hatte. Sein gruppeninternes Kürzel ist »a.«.

Nachdem die Täter für den Anschlag alles vorbereitet hatten, flüchteten sie mit einem grünen Passat TS zum Hauptbahnhof in Karlsruhe. Dort finden ihn die Ermittler. In ihm liegt zusammengeknüllt ein Papierfetzen. Auf ihm steht die Nummer »694417«. Die Telefonnummer eines Lokals: Ausgerissen worden war der Fetzen aus einem »Tagesumlegekalender«, der bei den Sands im Flur neben dem Telefon lag. Auf dem darunterliegenden Kalenderblatt – 26. August 1977 – sind die Ziffern durchgedrückt. Später stellt das Oberlandesgericht Stuttgart fest, unter anderem aufgrund eines grafologischen Gutachtens, dass als Schrifturheber »allein die Angeklagte Mohnhaupt in Betracht« komme. Deshalb nimmt das Gericht an, dass Mohnhaupt in der Wohnung war.

Von Christian Klar werden Fingerabdrücke auf einem Klebeband des Packpapiers gefunden, mit dem die Stalinorgel in die Wohnung transportiert worden war. Daraus ergebe sich nicht, urteilt das Oberlandesgericht Stuttgart 1985, dass »Klar in der Wohnung der Eheleute Sand war«. Aber bewiesen sei dadurch, »dass er in unmittelbarem Zusammenhang des Karlsruher Tatgeschehens mit dem Flächenschussgerät befasst war«.

Etliche Jahre nach der Tat gibt Peter-Jürgen Boock zu, dass er, nachdem die »Ellwangers« die Sands überfallen hatten, in die Wohnung eingelassen worden sei und das Flächenschussgerät aufgebaut habe. Zuvor hatte er in einer Karlsruher Kneipe gewartet. Konstruiert und montiert hatte Peter-Jürgen Boock die Stalinorgel in einer konspirativen Wohnung der RAF in Hannover, in der Ihmepassage 10. Eine Dreizimmerwohnung in der fünften Etage. Boocks Werkstatt ist das Kinderzimmer. An den Verpackungsmaterialien der Stalinorgel finden Ermittler jeweils einen Fingerabdruck von Susanne Albrecht und von Silke Maier-Witt.

Für den gescheiterten Anschlag verurteilt das Oberlandesgericht Stuttgart 1984 Peter-Jürgen Boock sowie 1985 Mohnhaupt und Klar wegen »des versuchten Mordes in fünf rechtlich zusammentreffenden Fällen und zugleich der versuchten Herbeiführung einer Sprengstoffexplosion sowie zweier tateinheitlicher Freiheitsberaubungen«. Wegen anderer Delikte erhalten alle als Gesamtstrafe »Lebenslänglich«.

Ungeklärt ist bis heute, wer die »Ellwangers« waren und für wen die Frau gegen Mittag – außer für Boock – die Wohnungstür öffnete. Das Oberlandesgericht Stuttgart ging 1985 davon aus, dass sie dies für »zwei weitere ›RAF‹-Mitglieder, darunter Boock« tat.

Drei Jahre nach der Tat an diesem Donnerstag im August 1977 wird das Gebäude Blumenstraße 9 aus Sicherheitsgründen abgerissen.

Freitag, 2. September

Köln, Waidmarkt, Polizeipräsidium – die Einsatzleitstelle: Um 17.32 Uhr geht der Anruf von *Ulrich Galler* ein, er fragt: »Wer ist für Terrorismusbekämpfung zuständig?« Er berichtet, dass er von seiner Wohnung am Raderthalgürtel aus zwei verdächtige Frauen gesehen habe – »möglicherweise Terroristen, auf dem Parkplatz vor den Hochhäusern Raderthalgürtel 5–9, in einem auberginefarbenen Alfa Romeo Giulia Super«. Den Verdacht des Kaufmannes hatten die Frauen erweckt, weil sie am Tag zuvor um dieselbe Zeit, am selben Ort und auch in demselben Wagen gehockt und den Verkehr beobachtet hatten.

Die Einsatzzentrale schickt den Streifenwagen »Arnold 12/20«. Die Besatzung bekommt per Funk die Nachricht: »Verdächtige Personen am Kfz, Raderthalgürtel, gegenüber Schwimmbad« – und das Kennzeichen: »K – XY 847«. Vom »Terroristenverdacht« ist keine Rede.

Schnell entdecken die Beamten das Auto und lassen sich von den Frauen die Ausweise zeigen. Einer gibt über Funk das Kennzeichen durch. »Negativ«, antwortet die Zentrale. Kein Wunder: Der Alfa Romeo ist ein »Dublettenfahrzeug«. In Köln gibt es einen Wagen gleichen Typs, gleicher Farbe mit demselben Kennzeichen, der einer Frau gehört.

Gekauft hatte den Wagen, der nun als Dublette am Straßenrand am Raderthalgürtel steht, sechs Wochen zuvor Rolf Heißler als »Konrad Binder« für 2900 Mark. Er meldete sich auf eine Annonce im *Kölner Stadtanzeiger*. Als er das Auto kaufte, hatte es das Kennzeichen GL-VA 48.

Nach der Fahrgestellnummer schauen die beiden Schupos nicht. Hätten sie das getan, wäre ihnen die »Dubletten-Nummer« aufgefallen. Nach der Kennzeichen-Nachfrage will der

Streifenbeamte die Angaben in den Personalausweisen von der Funkzentrale überprüfen lassen. Aber das geht nicht. Gerade ist der Polizeicomputer ausgefallen. So gibt der Beamte den Frauen die Papiere zurück – er merkt nicht, dass sie gefälscht sind. Auch merkt er nicht, dass Brigitte Mohnhaupt und Adelheid Schulz vor ihm stehen. Seit dem Ponto-Mord vor fünf Wochen hängen in allen Polizeidienststellen Fahndungsplakate mit Fotos der beiden.

Dann werden die beiden Beamten gegenüber den jungen Frauen gentlemanlike, weil unter dem Motor Wasser auf den Asphalt rinnt: Ein Wasserschlauch tropft massiv; die Frauen haben eine Panne vorgetäuscht. Die Polizisten lotsen die beiden zu einer freien Werkstatt in der Nähe – es ist Freitagabend, die Vertragswerkstätten von Alfa Romeo haben bestimmt schon Feierabend gemacht. Schnell hat der Monteur den Heizungsschlauch wieder festgeschraubt. Freundlich verabschieden sich die Beamten von den beiden jungen Frauen – nach dem Motto: die Polizei, dein Freund und Helfer.

Sie bekamen nicht mit, dass ihnen zur Werkstatt ein Mercedes folgte. In ihm saßen vier junge Männer: Stefan Wisniewski, Rolf Clemens Wagner, Rolf Heißler und Peter-Jürgen Boock – die Waffen schussbereit, wie Peter-Jürgen Boock später berichtet. Für ihn ist unbegreiflich, so sagt er, »daß die Bullen nichts schnallten. Eigentlich hätte dem Dümmsten auffallen müssen, dass hier irgendwas abgeht«.

Die beiden Frauen standen an der Fahrstrecke von Hanns Martin Schleyer – über Wochen hatten sie, Sieglinde Hofmann, Stefan Wisniewski, Peter-Jürgen Boock und Silke Maier-Witt die Gewohnheiten des Arbeitgeberpräsidenten ausgespäht. Nun sind sie praktisch am Ende ihrer Erkundungen angelangt; vor mehr als drei Monaten, Ende Mai, hatten sie mit den Vorbereitungen für die »Big Raushole« in Köln begonnen.

Herausgefunden hatten sie, dass der Arbeitgeberpräsident, Daimler-Benz-Vorstandsmitglied, in Stuttgart lebt, aber am Montag und Dienstag, teilweise auch an anderen Tagen in der Woche, in Köln ist. Anders als in Stuttgart sind seine Tagesabläufe am Rhein meist regelmäßig. Tagsüber verbringt der Präsident der Bundesvereinigung der Deutschen Arbeitgeberverbände (BDA) und des Bundesverbandes der Deutschen Industrie (BDI) die meiste Zeit in deren Gebäuden am Oberländer Ufer 72 und am Oberländer Ufer 84. Von dort, vom Rheinufer, erspähen die RAF-Observationsteams, chauffiert ihn sein Fahrer über den Raderthalgürtel zur Friedrich-Schmidt-Straße. Von dort biegt er nach rechts in die Vincenz-Statz-Straße ab, eine wenig befahrene schmale Einbahnstraße, um über die Aachener Straße zu seiner Wohnung im Haus Raschdorffstraße 10 zu gelangen, ebenfalls eine Einbahnstraße. So ist nur mit diesem u-förmigen Bogen seine Wohnung anzufahren. Ebenso hatten die RAF-Observanten festgestellt, dass Schleyers dunkelblauem 450-SEL-Mercedes ein Wagen mit Stuttgarter Kennzeichen und seinem Begleitkommando folgt: drei Polizisten in Zivil.

Aufgrund all dieser Erkenntnisse entschloss sich die RAF, Schleyer auf dem Nachhauseweg zu kidnappen und seinen Wagen dadurch zu stoppen, dass sie das »Nadelöhr« auf der Strecke, die schmale Vincenz-Statz-Straße, mit einem Fahrzeug blockiert.

Aus Sicht der RAF ist Schleyer der ideale Kandidat, um Baader & Co. freizupressen. Hanns Martin Schleyer (62) ist ein Wirtschaftsführer wie aus dem Bilderbuch: bullig, durchsetzungsstark, kumpelhaft. Verbindungsstudent mit Schmiss auf der Backe. Und richtig bärbeißig, wenn es sein muss. Er ist »Doppelpräsident«, und zwar Präsident bei den beiden großen bundesdeutschen Unternehmerverbänden BDA und BDI. Außerdem Vorstandsmitglied der Daimler-Benz AG.

Nach dem Verständnis der RAF ist Schleyer auch Bindeglied zwischen dem Dritten Reich und der Bundesrepublik: ein Mann, der im Dritten Reich Karriere gemacht und diese Karriere steil in den Wirtschaftswunderzeiten der Bundesrepublik fortgesetzt hatte.

Die Fakten: Mit achtzehn war Schleyer in die SS eingetreten, am 1. Juli 1933, und 1937 in die NSDAP. 1938 wird er Leiter des Studentenwerks in Innsbruck, 1942 Leiter des Studentenwerks Prag. Er ist siebenundzwanzig und Vorgesetzter von einhundertdreißig Mitarbeitern. 1943 wird er Leiter des Präsidialbüros des »Zentralverbandes der Industrie für Böhmen und Mähren« in Prag. Als 1945 die Russen anrücken, flüchtet er zu seinen Eltern. Nach Konstanz.

Als Sachbearbeiter fängt er 1951 beim Automobilkonzern Daimler-Benz in Stuttgart an, wird Assistent des Vorstandsvorsitzenden Fritz Koenecke, Leiter der Personalabteilung, 1959 stellvertretendes und 1963 ordentliches Vorstandsmitglied. Er übernimmt den Vorsitz des Verbandes der Metallindustrie Baden-Württemberg. Bundesweit Schlagzeilen macht er 1963, weil der Verband auf einen Streik der Gewerkschaft mit Aussperrung reagiert. Dreihunderttausend Arbeiter sind betroffen.

»Schleyer, so wie er sich präsentierte in der Öffentlichkeit, in Interviews in all seinen Auftritten, war einfach ein Magnet«, blickt Stefan Wisniewski zurück, der operative Chef der Schleyer-Entführung. Der Arbeitgeberpräsident sei ein »naheliegender Gedanke« gewesen. Schon in Aden im Sommer ein Jahr zuvor, bei den Vorüberlegungen zur »Offensive 77«, war sein Name in aller Munde.

Auch ein Aspekt der RAF für die Schleyer-Wahl: Er ist der absolute Buhmann in der linken Szene, die die RAF stets im Blick hat, um dort Sympathisanten zu gewinnen. Eine wesentliche Ursache dafür ist Bernt Engelmanns Bestseller *Großes Bundesverdienstkreuz,* 1974 erschienen, eine halbe Million Mal verkauft und x-mal häufiger verliehen. In dem »Tatsachenroman« – so der Untertitel – zeichnet Engelmann in einer frivol-rabiaten Mixtur aus Erfundenem und Tatsachen Schleyer als Kriegsorganisator an der Heimatfront und Kriegsgewinnler, dessen Verbindungen aus der NS-Zeit bis heute für ihn Früchte tragen. Engelmanns Fiktionen, nur sie, machen Hanns Martin Schleyer zu einem üblen Typen.

Tatsache ist, dass Schleyer im Dritten Reich eine beachtliche Karriere machte, auf Führer und Partei setzte. Tatsache ist aber auch, das macht den Sachverhalt natürlich nicht besser, aber vielleicht aus heutiger Sicht nachvollziehbarer, dass fast vierundvierzig Prozent der Deutschen bei den Reichswahlen im März 1933 diese Partei wählten – und damit zugleich ihr Verderben – und ihr 1943 fast acht Millionen Deutsche angehörten. Ebenso ist Tatsache, dass Schleyer nach dem Krieg drei Jahre in französischen Internierungslagern saß und sein Entnazifizierungsverfahren damit endet, dass ihn die Kammer als »Mitläufer« einstuft – die unterste von vier Stufen, vor dem »Entlasteten«. Als Ergebnis in derartigen Verfahren gab es fünf Kategorien: Hauptschuldige, Belastete, Minderbelastete, Mitläufer und Entlastete.

Jedenfalls besteht an diesem Freitagabend Anfang September 1977 für die RAF kein Zweifel daran, dass Schleyer aufgrund seiner Positionen und seiner weitreichenden Verbindungen in der Wirtschaft ein solches Gewicht besitzt, dass die Bundesregierung nicht zögern wird, Baader, Ensslin, Raspe & Co. gegen ihn auszutauschen.

Sonnabend, 3. September

Die RAF schickt ihre Selbstbezichtigungserklärung für ihre Aktion in Karlsruhe ab – gleichlautende Schreiben an die Eheleute Sand, dpa Frankfurt, NDR Hamburg, *Bild* Hamburg, den Reuters-Korrespondenten Georg Vine in Bonn-Ippendorf, die italienische Tageszeitung *Corriere della Sera* in Bonn und die *Süddeutsche Zeitung* in München.

Neun Tage sind seit der Tat vergangen. Offenbar fiel es der RAF nicht leicht zu erklären, was bei dem Anschlag auf die Bundesanwaltschaft schiefgelaufen ist – nach Ponto hat sie auch bei diesem Kommandounternehmen ihr Ziel nicht erreicht.

»alle interpretationen der maschine« seien »falsch«, beginnt die RAF forsch ihre Drei-Seiten-Erklärung und behauptet, die Bundesanwälte hätten durch sie nur daran gehindert werden sollen, »im komfort ihrer büros weiter darüber zu grübeln, wie sie den nächsten mord an einem politischen gefangenen arrangieren«. Es sei auch nicht »um irgendein blutbad« gegangen, auch »nicht um einen anschlag auf rebmann«, sondern »ganz einfach um eine warnung in der situation, in der über 40 politische gefangene im hungerstreik waren, weil rebmann die zusage, sie in gruppen zu 15 zu konzentrieren, die er als ministerialdirigent im baden-württembergischen justizministerium ausgesprochen hat, als generalbundesanwalt bricht und hintertreibt.«

Mit der Erklärung, Zweck des Ganzen sei lediglich eine

»Warnung« gewesen, versucht die RAF, um ihren Misserfolg herumzureden – angesichts des tatsächlichen Geschehens ist die Argumentation nicht nachvollziehbar: Wäre es tatsächlich ihr Ziel gewesen, dass die »Maschine« nicht losgeht, hätten sie die Täter gewiss nicht stundenlang mit einem erheblichen Entdeckungsrisiko zusammengeschraubt; ebenso wenig hätten sie den Sands die Ohren mit Watte verstopft. Nachdem die RAF den Chef der Bundesanwaltschaft Siegfried Buback vier Monate zuvor ermordet hatte, wollte sie nun deren Gebäude in Schutt und Asche legen – gerade um noch einmal vor Beginn des Deutschen Herbstes ihre Gefährlichkeit zu demonstrieren.

Überraschend für ein Selbstbezichtigungsschreiben ist die Erklärung der Illegalen, sie hielten »die entscheidung der gefangenen, ihren hunger- und durststreik jetzt zu unterbrechen … für richtig«. Am Tag zuvor, am 2. September 1977, hatte in Stammheim Jan-Carl Raspe unerwartet den fünften Hungerstreik der RAF-Häftlinge für beendet erklärt – gekämpft hatten sie für eine Zusammenlegung in »Gruppen von mindestens 15 Gefangenen«. Den Abbruch begründete Raspe damit, dass die »situation verhärtet ist«. Nicht nachvollziehbar ist, wieso Anfang September auf einmal die Situation »verhärtet« sein soll – seit der Schlägerei vor vier Wochen sind die Fronten verhärtet. Der Ton ist rau. Zudem war es für die RAF noch nie ein Grund, einen Hungerstreik abzubrechen, weil die Fronten »verhärtet« waren – »verhärtete« Fronten waren für die RAF gerade stets Mittel zum Zweck, ihre Forderungen durchzusetzen.

Für den BKA-Analysten Alfred Klaus steht außer Zweifel, »dass der Hungerstreik aus anderen Gründen abgebrochen worden war«. Er vermutet, so schreibt er in seiner Auswertung des RAF-Selbstbezichtigungsschreibens, dass sich die RAF-Häftlinge zum Abbruch des Hungerstreiks entschlossen hätten, »nachdem Gudrun ENSSLIN von RA Arndt MÜLLER bei dessen vorangegangenen Besuch am 01.09.77 über die bevorstehende Geiselnahmeoperation informiert worden war«. Mit »Geiselnahmeoperation« meint Klaus die Schleyer-Entführung.

Sonntag, 4. September

Köln-Junkersdorf, Wiener Weg 1b. Ein Hochhaus, sechste Etage, Apartment 2065 – eine der konspirativen Wohnungen der RAF für die Operation »Spindy« – draußen ist es schon dunkel: Der Raum ist kahl. Möbel gibt es keine. Einzige Lichtquelle ist eine funzlige Nachttischlampe. Alle sitzen auf dem Boden. In der Mitte liegt ein Deckel, den sie als Aschenbecher benutzen: Rolf Heißler, Adelheid Schulz, Sieglinde Hofmann und Willy Peter Stoll.

Alles, was sie für den Anschlag herausfinden wollten, haben sie herausgefunden – sie sind so gut wie startklar:

Rolf Heißler (29), Abitur am humanistischen Gymnasium Andreanum in Hildesheim, Studium an der Philosophischen Fakultät I der Ludwig-Maximilians-Universität. Berufswunsch: Journalist. Ende der sechziger Jahre Freund von Brigitte Mohnhaupt. Radikalisierung im brodelnden München. Er landet bei den »Tupamaros«: einer Gruppe, die die Praktiken der uruguayischen Stadtguerilla in München testet. Bei einem Banküberfall sitzt er am Steuer. Acht Jahre Freiheitsstrafe. Freigelassen wird er durch die Lorenz-Entführung im März 1975. Ausreise in den Südjemen. Zusammen mit der ebenfalls freigepressten Verena Becker geht er in das PFLP/SC-Camp in der Nähe von Aden und später mit ihr zur RAF. Seit einem Jahr ist er bei der RAF.

Adelheid Schulz (23), »Försterin«, seit Urzeiten befreundet mit Christian Klar. Lebte mit ihm, Knut Folkerts und Günter Sonnenberg in einer Wohngemeinschaft in Karlsruhe. Engagiert sich bei der »Roten Hilfe«, Ausbildung zur Schwesternhelferin. Ihre Stelle in einem Krankenhaus in Karlsruhe gibt sie im September 1975 auf. Seit Dezember 1976 bei der RAF.

Sieglinde Hofmann (32), katholische Mädchenschule, Lehre als Arzthelferin, Fachhochschulausbildung zur Sozialarbeiterin in Heidelberg, Sozialarbeiterin in der Drogenberatung der Erzdiözese Freiburg. Radikalisiert sich beim Sozialistischen Patientenkollektiv in Heidelberg. Bei der RAF seit einem Jahr.

Willy Peter Stoll (27), Sohn eines Handwerkers. Das Hegel-Gymnasium in Vaihingen muss er in der achten Klasse wegen mangelnder Disziplin verlassen. Private Handelsschule. Abschluss als Steuergehilfe. Arbeitet in einem Steuerbüro in Stuttgart-Möhringen. Über die »Rote Hilfe« gelangt er ins RAF-Umfeld, wird in der Kanzlei Croissant RAF-»Häftlingsbetreuer«. 1974 beteiligt er sich, wie so viele aus der 77er-RAF-Crew, an der Besetzung des Hamburger Büros von Amnesty International, um gegen die Haftbedingungen von RAF-Mitgliedern zu protestieren. Vor zwei Monaten überfiel er zusammen mit Knut Folkerts das Waffengeschäft Fischlein. Bei der RAF seit Ende 1976.

Noch vor Mitternacht treffen Peter-Jürgen Boock und Stefan Wisniewski ein, aus Wuppertal – von einem Treffen mit Kurieren aus Stuttgart:

Peter-Jürgen Boock (26) ist der Freund von Brigitte Mohnhaupt. Realschulabschluss, die Lehre als Maschinenschlosser bricht er ab, Junkie. Vor acht Jahren, 1969, holten ihn Baader und Ensslin aus dem »Burschenheim Beiserhaus« im hessischen Rengshausen. Dafür ist er ihnen dankbar. Als »Liebe auf den ersten Blick« beschreibt er sein Verhältnis zu ihnen. In den siebziger Jahren lebt er in Frankfurt von Sozialhilfe, Gelegenheitsarbeiten, Dealereien und Banküberfällen. Er ist der Techniker und Tüftler der Gruppe. Den »rastlos tätigen Vollstrecker« nennt ihn das Oberlandesgericht Stuttgart später. Seit mehreren Jahren im Untergrund, seit einem Jahr bei der RAF.

Stefan Wisniewski (24) brach die Lehre als Elektroinstallateur ab, fährt als Motorenhelfer zur See, hält sich in Hamburg und Berlin mit Gelegenheitsarbeiten als Lagerarbeiter und Kraftfahrer über Wasser, gerät in Hamburg zur »Isolationsfolter«-Bewegung, beteiligt sich an der Besetzung von Amnesty International 1974. Arbeitslosengeld, das er 1975 in Berlin bezieht, lässt er auf das Konto des »Komitees gegen Folter an politischen Gefangenen in der BRD« überweisen. Bei dem Stockholm-Überfall ist er »Ersatzmann« ohne Einsatz. »Fury« ist sein Spitzname in der Gruppe, weil er oft ungestüm ist. Er hat einen besonderen Härtegrad, ist besonders skrupellos. Deshalb soll er das Mordkommando anführen. Seit 1975 im Untergrund. 1976 schloss er sich der RAF an.

Ein »definitives Ultimatum«, erklärt Boock der Runde mit sorgenvoller Miene – er hat einen Kassiber aus Stammheim bekommen: Wenn die Illegalen nicht innerhalb von vierzehn Tagen handelten, sprächen ihnen die Stammheimer das Recht ab, sich noch »RAF nennen zu dürfen«. Und falls es so weit käme, hätten die Häftlinge angekündigt, »ihr Schicksal selber in die Hand« zu nehmen, berichtet Boock. Allen sechs ist klar: Sie müssen schleunigst etwas tun. Keiner will, dass ihnen der Name »RAF« entzogen wird. Und so fällt die endgültige Entscheidung nach Mitternacht, noch an diesem Tag loszuschlagen: Jedem ist klar, dass eine Entführung Schleyers nur möglich ist, wenn, so sagt Peter-Jürgen Boock später, »alle seine Begleiter noch auf der Straße erschossen« werden.

Für Boock ist die Diskussion »das Brutalste, was ich je in der Gruppe erlebt« habe. Rolf Heißler zweifelt, fragt, ob man nicht vielleicht doch durch bessere Checks Schleyers unblutig habhaft werden könnte. Ihm kommen Skrupel – er ist für das RAF-Überfallkommando vorgesehen. Aus Sicht der Gruppe fehlt es ihm an der richtigen inneren Einstellung für das Kommandounternehmen. So tritt Boock an Heißlers Stelle, als Fahrer des Fluchtfahrzeugs – wie schon vor fünf Wochen bei Ponto. Für Boock ist seine Beteiligung an dem Kommando »das Einlösen meines Versprechens« gegenüber den Stammheimern, sagt er, weil ihn vor acht Jahren Andreas Baader und Gudrun Ensslin aus dem »Burschenhaus« herausgeholt hatten. Nun fühlt er sich »verpflichtet, sie aus Stammheim herauszuholen«.

So steht nun endgültig fest, wer zu dem Kommando gehört, das noch an diesem Tag die »Big Raushole« startet: Stefan Wisniewski, als operativer Chef, Sieglinde Hofmann, Willy Peter Stoll und Peter-Jürgen Boock.

Montag, 5. September

Köln-Lindenthal, kurz vor 17.30 Uhr: Schleyers Fahrer Heinz Marcisz (41) biegt mit dem dunkelblauen 450-SEL-Mercedes von der Friedrich-Schmidt-Straße nach rechts in die Vincenz-Statz-Straße ab – eine schmale Einbahnstraße. Fünf Meter breit. Urplötzlich stößt vom rechten Bürgersteig mit einem Affenzahn rückwärts ein gelber Mercedes auf die Fahrbahn. So, als hätte der Fahrer Schleyers Mercedes nicht bemerkt. Schlagartig ist die Fahrbahn verstellt; sie ist zu schmal, als dass Marcisz mit einem Ausweichmanöver nach links an dem plötzlichen Hindernis vorbeiziehen könnte. So macht er eine Vollbremsung. Zu spät. Sein Wagen schiebt sich in den Kofferraum des gelben Hindernisses. Von hinten kracht ein weißer Mercedes auf sein Fahrzeug: Schleyers Leibwächter. Drei Polizeibeamte in Zivil.

In diesem Moment beginnt eine wilde Schießerei. Vom linken Bürgersteig aus feuert ein Pärchen mit Schnellfeuergewehren: Die Waffen haben Peter-Jürgen Boock und Sieglinde Hofmann aus einem blauen Kinderwagen hervorgezogen – kurz zuvor hatten sie ihn noch vor sich hergeschoben, wie junge Eltern. Der Kinderwagen stürzt auf die Fahrbahn. Vom Bürgersteig auf der anderen Seite, von etwas weiter vorne, schießt Stefan Wisniewski. Er ist aus dem gelben Mercedes herausgesprungen, nachdem er mit ihm die Fahrbahn blockiert hatte. Neben ihm, ebenfalls vom rechten Bürgersteig aus, feuert Willy Peter Stoll. Auf einmal springt er wie im Blutrausch auf die Motorhaube des weißen Polizeifahrzeugs, geht in die Combat-Stellung und feuert mit seiner polnischen Maschinenpistole »WZ 63« durch die Frontscheibe – mindestens fünfzig Mal.

Insgesamt fallen 107 Schüsse. Als sie verhallt sind, betrachtet Kommandoführer Stefan Wisniewski Schleyers Fahrer und die drei Polizeibeamten. Er sieht: Von ihnen ist keine Gegenwehr mehr zu erwarten. Wisniewski öffnet die Beifahrertür von Schleyers Wagen und zerrt den Arbeitgeberpräsidenten heraus: Der ist geschockt, benommen. Aber von keiner Kugel getroffen.

Der schwergewichtige Präsident droht Wisniewski zu entgleiten. Zu Hilfe springt Sieglinde Hofmann. Beide packen Schleyer unter den Armen und schleppen ihn in Richtung Friedrich-Schmidt-Straße. Mit einem weißen VW-Bus kommt ihnen Peter-Jürgen Boock rückwärts entgegengefahren.

Die Schiebetür fliegt auf, Schleyer auf die Ladefläche. Neben ihn hocken sich Hofmann und Wisniewski. Stoll springt auf den Beifahrersitz. Boock jagt los, durch den Feierabendverkehr, über den Bürgersteig der Friedrich-Schmidt-Straße, Richtung Westen. Der ganze Überfall dauert keine zwei Minuten.

Neben Schleyer auf der Ladefläche holt die ehemalige Arzthelferin Sieglinde Hofmann eine Spritze hervor. »Das tut doch nicht nötig«, wehrt Schleyer benommen ab. Vom Fahrersitz tönt Boock: »Was hier nötig ist, bestimmen wir!« Hofmann sticht zu. Ein Kurzzeit-Narkotikum. Schleyer ist apathisch, aber nicht bewusstlos.

Um 17.35 Uhr treffen am Tatort die ersten beiden Streifenwagen ein. Ein Bild des Grauens: Die drei Leibwächter Schleyers Reinhold Brändle (41), Helmut Ulmer (44) und Roland Pieler (20) sind tot, Schleyers Fahrer Heinz Marcisz stirbt, fünf Schüsse haben ihn getroffen. Die Beifahrertür des dunkelblauen Mercedes steht weit offen. Die Täter sind mit dem Arbeitgeberpräsidenten über alle Berge.

Das RAF-Überfallkommando hat die Polizeibeamten mit einem regelrechten Trommelfeuer niedergemäht. Polizeihauptmeister Reinhold Brändle starb hinter seinem Lenkrad. Ihm war es nicht mehr gelungen, seine Dienstwaffe zu ziehen. Er wurde »überwiegend von der linken Seite von 23

Geschossen förmlich zersiebt«, stellt zehn Jahre später das Oberlandesgericht Düsseldorf fest: »Zwei Geschosse des Kalibers .223, die in die linke Schulter und die linke Flanke eingedrungen waren und die linke Lunge sowie die linke Niere verletzt hatten, verursachten den sofortigen Schocktod.«

Polizeimeister Helmut Ulmer, er saß auf dem Beifahrersitz, hatte noch aus seiner Heckler-&-Koch-Maschinenpistole geschossen, bevor er starb: »Er konnte noch 8 Schüsse lösen, bevor er auf dem Beifahrersitz von 24 Geschossen getroffen zusammenbrach«, ermittelte später das Oberlandesgericht Düsseldorf: »Seine Maschinenpistole fiel durch die offene Beifahrertüre auf den östlichen Gehweg der Vincenz-Statz-Straße, wo sie liegenblieb. Tödliche Verletzungen verursachten drei Geschosse des Kalibers 9 mm Makarov, die Ulmer im Hinterkopf trafen.«

Polizeimeister Roland Pieler war es noch gelungen, von der Rückbank aus dem Polizeiwagen zu springen und drei Schüsse aus seiner Dienstpistole zu feuern. »Auch er brach alsbald handlungsunfähig von insgesamt 20 Geschossen getroffen zusammen«, ermittelte später das Oberlandesgericht zu seinem Tod: »Er kam auf dem Rücken neben dem Begleitfahrzeug vor dessen geöffneter hinterer rechter Tür zu liegen, die Dienstwaffe neben sich. Er verstarb an schweren Verletzungen, die zwei Geschosse des Kalibers 9 mm Makarov und eines des Kalibers .223, die seine rechte Brust und die linke Rückenpartie durchschlugen, verursacht hatten. Hierdurch wurden Lunge, Zwerchfell, Leber, Dünndarm und Herzbeutel zerfetzt.«

Bonn, Kanzleramt. Kurz nach 18 Uhr erfährt Bundeskanzler Helmut Schmidt von dem Überfall in Köln, Bundesinnenminister Werner Maihofer berichtet ihm – sie sitzen gerade in einer Beratung mit Bundesaußenminister Genscher und Bundesjustizminister Vogel zusammen.

Der Kanzler entscheidet, für 21 Uhr sieben Männer zu sich zu bitten, um mit ihnen das weitere Vorgehen zu besprechen: Bundesaußenminister Hans-Dietrich Genscher, Bundesinnenminister Werner Maihofer, Bundesjustizminister Hans-Jochen Vogel, Kanzleramtsminister Hans-Jürgen Wischnewski sowie die Kanzleramtsstaatssekretäre Manfred Schüler und Klaus Bölling. BKA-Präsident Horst Herold ist auf dem Weg aus Bayern. Diese Männer sind in den nächsten vierundvierzig Tagen seine wichtigsten Berater.

Kurz vor halb zehn eilt der Bundeskanzler ins ARD-Studio. Aufzeichnung einer »Fernsehansprache« – anschließend wird sie von der ARD und dem ZDF ausgestrahlt. Er setzt sich vor die Kamera, testet Blickwinkel und Scheinwerfer. »Macht doch mal die zwei Scheinwerfer weg«, sagt er leicht genervt zu einem der Techniker: »Ich kann überhaupt nicht geradeaus sehen. Ich muss die Leute doch auch mal angucken können, zu denen ich spreche.«

Die Scheinwerfer werden umgesetzt. Um halb zehn geht das Rotlicht an – die Aufzeichnung beginnt. Heute ist sie bei YouTube unter »Historical Speeches TV« zu sehen: Die 4'40 Minuten sind ein rhetorisches Meisterwerk – Schmidts Betroffenheit wirkt authentisch, seine Entschlossenheit vermittelt Zuversicht. Den Text hat er selbst formuliert, sagt er später. Bemerkenswert ist, dass es ihm gelang, ihn neben den sich überschlagenden Meldungen der vergangenen dreieinhalb Stunden zu formulieren:

»Die Nachricht von dem Mordanschlag auf Hanns Martin Schleyer und die ihn begleitenden Beamten und Mitarbeiter hat mich tief betroffen, nicht anders als die Nachricht, die erst wenige Wochen zurückliegt, vom Mord an Jürgen Ponto, nicht anders als die Morde an Buback, Wurster und Göbel. Vier Tote« – ernst blickt er tief in die Kamera, der Zuschauer hat den Eindruck, Schmidt blicke ihm direkt in die Augen –, »Bürger unseres Staates, verlängern seit heute Abend die Reihe der Opfer von blindwütigen Terroristen, die, wir waren uns darüber stets im klaren, noch nicht am Ende ihrer kriminellen Energie sind.«

Uns alle erfülle eine »tiefe Betroffenheit angesichts der Toten«, fährt der Kanzler fort, und für jeden Bürger, dem der freiheitliche Rechtsstaat etwas gelte, sei »inzwischen klar, daß es für die Schuldigen keine Ausrede mehr« gebe. Dann wendet er sich direkt an die Entführer – lehrbuchhafte Rhetorik:

> Während ich hier spreche, hören irgendwo sicher auch die schuldigen Täter zu. Sie mögen in diesem Augenblick ein triumphierendes Machtgefühl empfinden. Aber sie sollten sich nicht täuschen. Der Terrorismus hat auf die Dauer keine Chance, denn gegen den Terrorismus steht nicht nur der Wille der staatlichen Organe, gegen den Terrorismus steht der Wille des ganzen Volkes.
> Dabei müssen wir alle trotz unseres Zorns einen kühlen Kopf behalten. Doch mit kühlem Kopf will ich sagen, daß sich einer, der jetzt noch verharmlost, der jetzt noch nach Entschuldigungen sucht, von der Gemeinschaft aller Bürger isoliert, die sich mit unserer Rechts- und Gesellschaftsordnung identifizieren und die sie erhalten wollen.
> Wer von Ihnen auch immer nur die kleinste Information über den Hintergrund der Morde hat oder auch nur den kleinsten sachdienlichen Hinweis auf den Hintergrund des heutigen Verbrechens und auf die Entführung von Hanns Martin Schleyer geben kann, der hat als Bürger unseres Rechtsstaates die unabweis-

> bare moralische Pflicht, die Polizei bei ihrer Fahndung nach den Mördern und Entführern aktiv zu unterstützen.
> Dies ist meine Bitte an Sie alle.
> Die blutige Provokation in Köln richtet sich gegen uns alle. Wir alle sind aufgefordert, den staatlichen Organen beizustehen, wo immer das dem einzelnen möglich ist.

Als der Kanzler wieder zurück im Kanzleramt ist, unterrichtet ihn Bundesjustizminister Vogel kurz nach elf über eine Nachricht der Entführer. Sie lag in dem weißen VW-Bus, in dem sie den Arbeitgeberpräsidenten vom Tatort verschleppt hatten – entdeckt worden war der Wagen in der Tiefgarage des Hauses Wiener Weg 1b in Köln. »an die bundesregierung«, schreiben die Entführer in ihrer ersten von insgesamt fünfundzwanzig Nachrichten: »sie werden dafür sorgen, dass alle öffentlichen fahndungsmaßnahmen unterbleiben oder wir erschießen schleyer sofort, ohne dass es zu verhandlungen über seine freilassung kommt. raf.«

Kanzler und Bundesjustizminister sind sich einig: Die Forderung wird nicht erfüllt, die Fahndung nicht eingestellt. Schmidt telefoniert mit den Partei- und Fraktionsvorsitzenden der im Bundestag vertretenen Parteien CDU, SPD und FDP und spricht mit ihnen auch über seine erste Entscheidung in der Entführungssache Schleyer. Alle teilen seine Auffassung.

In der Nacht werden nach Anordnung von Generalbundesanwalt Rebmann die Zellen von RAF-Häftlingen durchsucht, ebenso die Anwaltskanzlei von Klaus Croissant in Stuttgart. Außerdem ordnet er als »strafprozessuale Eilmaßnahme« gegenüber den Gefängnisleitungen an, dass die RAF-Häftlinge keinen Kontakt mehr zur Außenwelt haben dürfen.

Dienstag, 6. September

Erftstadt-Liblar, Zum Renngraben 8, fünfundzwanzig Kilometer vom Kanzleramt entfernt. Ein Neubaugebiet, Hochhäuser mit bis zu zwanzig Stockwerken. Irgendwann nach Mitternacht: In der Tiefgarage liegt im Kofferraum eines dunkelgrauen Mercedes 230/8 seit 19 Uhr der narkotisierte Hanns Martin Schleyer. Direkt neben ihm: Stefan Wisniewski. Der hatte dem Arbeitgeberpräsidenten einen Vorschlag gemacht: Verhalte er sich ruhig, bekomme er keine weitere Spritze. Schleyer war einverstanden.

Luft bekommen die beiden in diesen Stunden durch ein sechsundzwanzig mal vierzig Zentimeter großes Loch in der Ausbuchtung der Armlehne in der Rückbank. Peter-Jürgen Boock, der Techniker der Gruppe, hatte es hineingefräst.

Durch diese Konstruktion konnte das RAF-Kommando mit seinem Opfer unverdächtig durch den Kölner Feierabendverkehr fahren: Boock und Hofmann saßen vorne, Stoll lag auf der Rückbank, war von außen nicht zu sehen. Und im Kofferraum lag mit dem dicken Arbeitgeberpräsidenten der schlanke Wisniewski.

Der Kofferraum wird geöffnet. Sieglinde Hofmann und Willy Peter Stoll stehen im Schein der Neonleuchten der Tiefgarage. Schleyer bekommt eine Schweißerbrille aufgesetzt, die Gläser sind undurchsichtig. Hofmann und Boock stützen und führen den benommenen Arbeitgeberpräsidenten. Mit dem Fahrstuhl geht es in die dritte Etage: eine Dreizimmerwohnung, achtundsiebzig Quadratmeter. Sie führen Schleyer in einen Raum, der für die nächsten zehn Tage seine Zelle sein wird. Schleyer darf die Brille abnehmen. Es sieht vor den Fenstern dunkle Filzvorhänge, dass das Zimmer ungefähr vierundzwanzig Quadratmeter groß ist und auf dem

Boden eine Matratze liegt, auf ihr ein Stapel für ihn: Decke, Kopfkissen, frische Unterwäsche. Der Präsident muss sich auf die Matratze hocken. Peter-Jürgen Boock zeigt ihm seinen »Haftraum«: einen dunkelbraunen Wandschrank mit dicken Schaumgummimatten an den Innenwänden. Boock sagt ihm: »Wenn du dich normal verhältst, setzen wir dich nicht da rein.«

Wiesbaden, 15.40 Uhr: Der evangelische Dekan Helmut Neuschäfer liest einen Brief, der ihn sehr verwundert. Vor zwanzig Minuten hatte ihn seine Tochter aus dem Briefkasten geholt und ihm auf den Schreibtisch gelegt. Adressiert ist er »an die Bundesregierung«. In diesem Augenblick klingelt sein Telefon. Der Anrufer stellt sich nicht vor. Sagt: »In Ihrem Briefkasten liegt ein Brief an die Bundesregierung. Leiten Sie ihn weiter.« Neuschäfer liest das Schreiben: das Schlüsseldokument zu dem, was die Schleyer-Entführer wollen. Forderungen, die die Republik in den nächsten sechs Wochen in Atem halten:

> am montag, den 5. 9. 77, hat das kommando siegfried hausner den präsidenten des arbeitgeberverbandes und des bundesverbandes der deutschen industrie, hanns martin schleyer, gefangengenommen. zu den bedingungen seiner freilassung wiederholen wir nochmals unsere erste mitteilung an die bundesregierung, die seit gestern von den sicherheitsstäben, wie wir das inzwischen kennen, unterschlagen wird.
> das ist die sofortige einstellung aller fahndungsmaßnahmen – oder schleyer wird sofort erschossen.
> sobald die fahndung gestoppt wird, läuft schleyers freilassung unter folgenden Bedingungen:

1. die gefangenen aus der raf
andreas baader
gudrun ensslin
jan-carl raspe
verena becker
werner hoppe
karl-heinz dellwo
hanna krabbe
bernd rösner
ingrid schubert
irmgard möller
werden im austausch gegen schleyer freigelassen und reisen aus in ein land ihrer wahl. günter sonnenberg, der seit seiner festnahme wegen seiner schußverletzung haftunfähig ist, wird sofort freigelassen. sein haftbefehl wird aufgehoben, günter wird zusammen mit den 10 gefangenen, mit denen er sofort zusammengebracht wird und sprechen kann, ausreisen.
2. die gefangenen sind bis Mittwoch, 8 uhr früh, auf dem flughafen frankfurt zusammenzubringen. sie haben bis zu ihrem abflug um 12 uhr mittags jederzeit uneingeschränkt die möglichkeit, miteinander zu sprechen. um 10 uhr vormittags wird einer der gefangenen das kommando in direktübertragung durch das deutsche fernsehen über den korrekten ablauf ihres abflugs informieren.
3. in der funktion öffentlicher kontrolle und garantie für das leben der gefangenen während des transports bis zur landung und aufnahme sollen die gefangenen – wie wir vorschlagen würden – von payot, dem generalsekretär der internationalen föderation für menschenrechte bei der uno, und pfarrer niemöller begleitet werden. wir bitten sie, sich in dieser funktion dafür einzusetzen, daß die gefangenen dort, wo sie hinwollen, lebend

ankommen. natürlich sind wir auch mit einem alternativvorschlag der gefangenen einverstanden.
4. jedem der gefangenen werden 100 000 dm mitgegeben.
5. die erklärung, die durch schleyers foto und seinen brief als authentisch identifizierbar ist, wird heute abend um 20.00 uhr in der tagesschau veröffentlicht, und zwar ungekürzt und unverfälscht.
6. den konkreten ablauf von schleyers freilassung legen wir fest sowie wir die bestätigung der freigelassenen haben, daß sie nicht ausgeliefert werden, und die erklärung der bundesregierung vorliegt, daß sie keine auslieferung betreiben wird.
wir gehen davon aus, daß schmidt, nachdem er in stockholm demonstriert hat, wie schnell er seine entscheidungen fällt, sich bemühen wird, sein verhältnis zu diesem fetten magnaten der nationalen wirtschaftscreme ebenso schnell zu klären.
am 6. 9. 77
KOMMANDO SIEGFRIED HAUSNER
RAF

Beigefügt sind zwei Fotos – ein privates Foto, das Schleyer bei sich trug, und eines, das ihn vor dem RAF-Logo zeigt mit dem Schild »Gefangener der RAF« – und ein handschriftlicher Brief von ihm. Das erste Lebenszeichen:

Mir wird erklärt, daß die Fortführung der Fahndung mein Leben gefährde. Das gleiche gelte, wenn die Forderungen nicht erfüllt und die Ultimaten nicht eingehalten würden.
Mir geht es soweit gut, ich bin unverletzt und glaube, daß ich freigelassen werde, wenn die Forderungen erfüllt werden.
Das ist jedoch nicht meine Entscheidung.
6. 9. 77 Hanns Martin Schleyer

Der Dekan informiert die Polizei. Den Brief holen zwei Beamte des Bundeskriminalamts ab. Dessen Zentrale ist ebenfalls in Wiesbaden.

Bonn, Bundeskanzleramt, 19.05 Uhr: Bundesinnenminister Maihofer informiert Helmut Schmidt über die beiden Schreiben, die bei dem Dekan ankamen. Das erste Ultimatum des Kommandos – benannt nach einem RAF-Mitglied, das durch den RAF-Überfall auf die deutsche Botschaft zwei Jahre zuvor ums Leben gekommen war[10] – läuft in dreizehn Stunden ab, bis dahin sollen die Häftlinge auf dem Flughafen Frankfurt zusammengebracht werden – der Kanzler hat nicht die Absicht, sich dem Ultimatum zu beugen.

Deutschlandweit, 20 Uhr – die *Tagesschau*: »Das Bundeskriminalamt hat uns gebeten, den Entführern von Hanns Martin Schleyer folgendes mitzuteilen«, sagt Sprecher Karl-Heinz Köpcke gleich zu Beginn der Sendung: »Ihr Brief ist der örtlichen Polizei erst am späten Nachmittag zugegangen. Von dort wurde er dem Bundeskriminalamt übergeben. Das Bundeskriminalamt hat den Brief unverzüglich an die Bundesregierung weitergeleitet. Bei der Bundesregierung wird der Brief erst am späten Abend vorliegen. Der Termin für die von Ihnen gewünschte Veröffentlichung kann deshalb nicht eingehalten werden.«

Bonn, Bundeskanzleramt, siebenundzwanzig Minuten vor Mitternacht: Schmidt hat alle zusammengetrommelt, die in Bonn politisch etwas zu sagen haben – er will, das ist seine Strategie, alle wichtigen Politiker mit einbinden und natürlich damit zugleich auch verhindern, dass einer von ihnen eines Tages politisches Kapital aus der Entführung ziehen

10 Oben, 14. April.

kann. Außer seinen Kabinettsmitgliedern sind im Kanzleramt versammelt: die Vorsitzenden der im Bundestag vertretenen Parteien Willy Brandt (SPD), Helmut Kohl (CDU) und Franz Josef Strauß (CSU) – der FDP-Parteivorsitzende Hans-Dietrich Genscher sitzt bereits als Außenminister in der Runde. Außerdem die Fraktionsvorsitzenden des Bundestages: Herbert Wehner (SPD) und Wolfgang Mischnik (FDP) sowie die Vertreter der vier Bundesländer, in denen RAF-Häftlinge einsitzen, um deren Freilassung es geht: Hamburg, Nordrhein-Westfalen, Baden-Württemberg und Bayern. Auch die Vorsitzenden der Konferenzen der Innen- und Justizminister sind in der Runde, ebenso Joachim Zahn, Vorstandsvorsitzender der Daimler-Benz AG. Das ist das »Sicherheitsnetz« von Helmut Schmidt, das er bereits am Tag eins nach Schleyer knüpft, um alle einzubinden. Schmidt ahnt: Seine Mission ist heikel.

Diese Runde tagt in den nächsten Tagen mehrfach, später ein- bis zweimal pro Woche. Schmidt nennt sie »großer Politischer Beraterkreis«. Die meisten in Bonn sprechen von der »Großen Lage«.

Schmidt beginnt vor Mitternacht mit einem kurzen Überblick über die Situation, sagt, dass er in Absprache mit den Partei- und Fraktionsvorsitzenden entschieden habe, der ersten Forderung der Entführer nicht nachzukommen, die Fahndung einzustellen.

Schmidt erteilt Justizminister Vogel das Wort. Würden die Häftlinge freigelassen, referiert der Jurist die Rechtslage, sei dies keine »normative Entscheidung«, durch die die verhängten Haftstrafen entfielen. Sondern »eine rein tatsächliche Handlung«, die angesichts der bestehenden Situation rechtlich zulässig sei. Deshalb gehe es um eine »politische Ermessensentscheidung«. Eine Stunde nach Mitternacht sind sich die Teilnehmer einig. Der Kanzler fasst das Ergebnis der Beratungen zusammen, an denen sich die zu treffenden Entscheidungen zu orientieren haben: Erstens soll die Geisel Schleyer befreit werden. Zweitens sollen die Entführer gefasst und vor Gericht gestellt werden. Und drittens soll »die Handlungsfähigkeit des Staates und das Vertrauen in ihn im In- und Ausland nicht« gefährdet werden. Einigkeit besteht in der ersten großen Abstimmungsrunde auch darüber, dass »diese Ziele gleichzeitig und nebeneinander verfolgt werden sollen«. Konsequenz: Die Gefangenen werden nicht freigelassen.

»Niemals gegenüber Terroristen nachzugeben«, das ist Schmidts Lehre aus der Entführung von Peter Lorenz vor zweieinhalb Jahren. Seine unumstößliche Überzeugung.

Mittwoch, 7. September

Überall in der Republik schwärmen Polizisten aus, die sich nach verdächtigen Wohnungen umhören und umschauen, vor allem in Nordrhein-Westfalen. BKA-Chef Horst Herold vermutet, dass sich die Entführer mit ihrem Opfer noch im »Kölner Raum« aufhalten.

Das Bundeskriminalamt spielt auf Zeit, die Entführer wollen genau das Gegenteil, die Abläufe beschleunigen.

Um zehn Uhr bringen die Radionachrichten bundesweit eine Meldung aus Wiesbaden: »Das Bundeskriminalamt ist beauftragt zu prüfen, ob Herr Schleyer noch lebt. Die übersandten Unterlagen belegen nur, daß Schleyer in die Hände von Entführern geraten ist. Es müßte daher ein Lebensbeweis erbracht werden. Die Polizei wird erkunden, durch welche zu nennenden Einzelheiten ein untrügliches Lebenszeichen nachgewiesen werden kann. Die Polizei wird die entsprechenden Fragen in den Nachmittagssendungen des Hörfunks heute Nachmittag stellen.«

Gegen 13 Uhr entdecken Polizeibeamte in Lörrach am Waldrand einen grün-beigen VW-Bus mit Münchner Kennzeichen. Unverschlossen. Dreihundert Meter von der Schweizer Grenze entfernt. Auf dem Boden vor dem Beifahrersitz liegt eine Krawatte – Schleyer trug sie am Tag seiner Entführung. Auf der ersten Sitzbank hinten ein Lederetui mit fünf Schlüsseln: Schleyers Hausschüssel für Stuttgart und Köln. Aber BKA-Chef Horst Herold glaubt nicht, dass die RAF ihre Geisel in die Schweiz verschleppt hat. Die »Spur« ist ihm zu plump.

Um 14 Uhr wendet sich das Bundeskriminalamt abermals über die Radiosender an die Entführer und verlangt »als Lebenszeichen ein Tonband, auf dem Herr Schleyer folgende Fragen beantwortet: Wie lautet der Kosename von Edgar Obrecht? Wie heißt die Euler-Enkelin heute, und wo lebt sie?«

Um 15 Uhr schickt die Polizeidienststelle Erftstadt ein Fernschreiben mit der Nummer 140 an die Kreispolizeibehörde in Bergheim mit dem Hinweis auf ein mögliches Versteck Schleyers – Polizeihauptmeister Ferdinand Schmitt war bei seinen Recherchen im Revier auf Adresse und Sachverhalt gestoßen: »Erftstadt/Liblar, Zum Renngraben 8, 3. Etage, Wohnung 104: Frau Annerose Lottmann-Bücker, geb. 13.10.56, hat am 21.7.1977 die vorgenannte Wohnung bezogen. ... Die Kaution von 800,- DM sofort bezahlt. Das Geld entnahm sie ihrer Handtasche, in der sich noch ein ganzes Bündel Geldscheine befand.«

Wäre diesem Hinweis nachgegangen worden, hätte die

Schleyer-Entführung einen völlig anderen Verlauf genommen. Aber ihm wurde nicht nachgegangen, stellt sich heraus, als es zu spät war: zwei Monate später, am 8. November.

Etwa zur selben Zeit beginnen in der Dreizimmerwohnung die »Verhöre« Schleyers: Bewacht wird er von Peter-Jürgen Boock, Christian Klar, Stefan Wisniewski, Brigitte Mohnhaupt und Willy Peter Stoll. Die RAF hat die Vorstellung, von Schleyer »Herrschaftswissen« erlangen zu können. Die drei RAF-»Vernehmer« Mohnhaupt, Boock und Angelika Speitel hatten Widerstand erwartet. Aber Schleyer gibt sich auskunftsfreudig; sagt viel, ohne etwas zu verraten – die RAF schneidet alles auf Band mit. Boock hatte zwei Mikrofone versteckt. »Die Verhörsituation drehte sich regelmäßig am Ende um«, berichtet er: »Während wir zu Anfang scharfe Fragen stellten, gab er uns am Ende das Gefühl, wie wenn ein weiser Vater sagt: ›Na, Kinder, das versteht ihr ja alles nicht richtig.‹«

Schleyer, immer ein Kämpfer- und zugleich Kumpeltyp, demonstriert Gelassenheit und erklärt, dass er »ja nicht das erste Mal gefangen ist« – er spielt auf die drei Jahre Internierung nach dem Krieg bei den Franzosen an. Schleyer tritt seinen Entführern mit Respekt gegenüber, ohne sich mit ihnen gemein zu machen.

Wie oft der Arbeitgeberpräsident in seinen »Haftraum« in dem dunkelbraunen Wandschrank muss, lässt sich später nicht klären – 1,60 Meter breit, 71 Zentimeter tief und 2,50 Meter hoch, an den Innenwänden dicke Schaumgummimatten. Die Grundfläche beträgt 1,10 Quadratmeter. An der Wand baumelt eine Kette mit einer Handschelle.

Um 17.25 Uhr meldet sich in Mainz bei einem evangelischen Pastor eine Anruferin: »Hier ist die Rote Armee Fraktion. In Ihrem Briefkasten ist ein braunes, unbeschriebenes Kuvert. Geben Sie es sofort an die Bundesregierung weiter.«

Die Frau hat nicht zu viel versprochen. In dem Kuvert stecken zwei handschriftliche Schreiben von Schleyer, ein Videoband und ein Schreiben der Entführer:

> wir verstehen die nichtveroeffentlichung unserer forderung und des ultimatums, die gestern, 20.00 uhr, in der tagesschau bekanntgegeben werden sollten, korrespondierend zu der geheimgehaltenen entscheidung des krisenstabs nur als den versuch der bundesregierung, die militaerische loesung durchzuziehen. dieselbe funktion hat das manoever des bka, mit der forderung nach einem lebenszeichen schleyers zeit rauszuholen, nachdem sie seit gestern nachmittag schleyers handgeschriebenen brief sowie ein gestern von ihm aufgenommenes foto in der hand haben.
>
> wir werden uns nur auf die beantwortung der fragen, die das bka heute bekanntgeben will, einlassen, wenn sichtbar wird, daß sich die bundesregierung ihrerseits an die bedingungen haelt – und wir haben nicht mehr lange lust, uns zu wiederholen:
>
> 1. die fahndung wird sofort gestoppt.
> 2. die gefangenen werden sofort zusammengebracht.
> 3. die bestaetigung dafuer wird von einem der gefangenen heute abend ueber das deutsche fernsehen abgegeben.
>
> als sichbares zeichen verlangen wir, dass die video-aufnahme, in der schleyer seinen beiliegenden brief vorliest, heute ab 18.00 uhr in allen nachrichtensendungen des fernsehens abgespielt wird.
>
> 7. 9. 77 kommando siegfried hausner

Das Bundeskriminalamt will nicht das Video mit dem entführten Schleyer im Fernsehen ausstrahlen lassen: Deshalb lässt es in der *heute*-Nachrichtensendung des ZDF um 21 Uhr vermelden: »Das Bundeskriminalamt hat die Nachricht erst vor wenigen Minuten erhalten. Eine weitere Erklärung folgt.«

Um 21.15 Uhr meldet sich ein Mainzer Weihbischof bei der Polizei. Auch er hat Post von der RAF bekommen. Ein Tonband, auf dem Schleyer die Fragen des Bundeskriminalamts aus den Radionachrichten von 14 Uhr beantwortet: »Mein Schwager Edgar Obrecht wurde von meiner verstorbenen Schwester ›Moki‹ genannt. Die Enkelin des Mathematikers Euler nennt sich heute Euler-Obolinski und lebt in Basel.«

»Dieses Lebenszeichen«, fährt Schleyer fort, sei »nach Auffassung meiner Bewacher« das letzte »vor meiner Freilassung«. Seine Bewacher drängten darauf, »daß die Bundesregierung jetzt eine Entscheidung fällt«.

23.15 Uhr – die letzte *heute*-Nachrichtensendung im ZDF: »Das Bundeskriminalamt teilt den Entführern Schleyers jetzt mit«, sagt der Sprecher: »Eine Abspielung des Video-Bandes ist wegen der verspäteten Übermittlung derzeit noch nicht möglich.«

Donnerstag, 8. September

Zum ersten Mal geht das Bundeskriminalamt auf eine Forderung der Entführer ein. Es veröffentlicht ihren »Forderungskatalog«, der am 6. September bei Dekan Neuschäfer im Briefkasten lag.

Um 10.15 Uhr tritt die »Große Lage« im Kanzleramt zusammen. Thema ist die Befürchtung, die Medien könnten ein

Tonband oder Video vom »Gefangenen« Schleyer veröffentlichen. Das könnte, schwant Regierungssprecher Klaus Bölling, zu Mitleid in der Bevölkerung führen und damit auch die Runde unter Druck setzen. Eine »Lasst ihn doch frei«-Stimmung in der Republik würde den Kurs dieses Kreises durchkreuzen: keine Freilassung. So stößt auf allgemeine Zustimmung Böllings Vorschlag, die Medien zu bitten, nichts über den Inhalt des Video- und des Tonbandes zu veröffentlichen.

Gegen Mittag schickt Bölling Briefe an die entscheidenden Journalisten in der Republik – eine irre schmale Gratwanderung: Einerseits will er nicht in die »Pressefreiheit« eingreifen; andererseits aber verhindern, dass in einem Video oder Audio plötzlich die Äußerungen des »Gefangenen der RAF« bundesweit aus einem Versteck zu sehen sind, das die Polizei nicht findet. Schlagartig, fürchtet Bölling, könnte der Mitleidsfaktor die Diskussion bestimmen. Vor diesem Hintergrund formulierte der »Chef des Bundespresse- und Informationsamtes« an den »Herrn Chefredakteur: »Ich darf Sie aus Gründen, die ich Ihnen nicht weiter zu erläutern brauche, dringlich darum bitten, in Ihrer Berichterstattung nichts zu tun, was die Anstrengungen der Sicherheitsorgane des Bundes in irgendeiner Weise beeinträchtigen und dazu beitragen könnte, die Gefahrenlage zu verschärfen. Wenn Ihnen Nachrichten auf den Redaktionstisch kommen, bei denen Sie im Zweifel sind, ob deren Veröffentlichung unter die von mir beschriebenen Kriterien fallen, möchte ich Sie bitten, sich mit dem Pressereferat des Bundesinnenministeriums in Verbindung zu setzen. Das Pressereferat erreichen Sie unter den Telefonnummern 0 22 21/78 52 03 oder 78 52 06. Die Herren Reuter und Wellmann stehen Ihnen jederzeit zur Verfügung.«

Um 17 Uhr – gewiss kein Zufall, dass es passiert, kurz nachdem Böllings Briefe aus dem Bundespresseamt zur Post gebracht wurden, richtet der Deutsche Presserat, ein Zusammenschluss von Verleger- und Journalistenverbänden, einen »Appell« an die Presse: Sein Sprecher »Chefredakteur Werner Hill« erinnert im »Zusammenhang mit der erpresserischen Entführung des BDA- und BDI-Präsidenten Dr. Hanns Martin Schleyer … an die Resolution des Presserates zur Presseberichterstattung über erpresserischen Menschenraub. Er bittet die Redaktion der publizistischen Medien, bei der Berichterstattung Zurückhaltung zu üben, ohne die grundsätzliche Informationspflicht zu vernachlässigen. Insbesondere sollten die Einzelheiten über laufende Fahndungen und von Krisenstäben eingeleitete Maßnahmen möglichst nur nach Rücksprache mit dem Pressereferat des Bundesinnenministeriums (Tel. 0 22 21-78 52 03 oder 06, Telex 08-86 664 oder 08-86 896) veröffentlicht und unangemessen sensationelle oder detaillierte Darstellungen, die die Arbeit der Ermittlungsbehörden beeinträchtigen, vermieden werden. Unter Bezugnahme auf die Resolution des Presserates vom 1.7.1977 bittet« Hill, »die Redaktionen, die Maßnahmen der Polizei- und Sicherheitsorgane zu unterstützen. Wenn die Redaktionen Erkundigungen einholen wollen, wie Nachrichten unter den obigen Kriterien zu bewerten sind, können sie sich auch in diesem Fall an das Pressereferat des Bundesinnenministeriums wenden.«

Im Kanzleramt tritt um 17 Uhr zum ersten Mal die »Kleine Lage« zusammen – Helmut Schmidt mag das Wort »Krisenstab« nicht. In den nächsten sechs Wochen trifft sich diese Runde mindestens einmal am Tag. Schmidts innerer Zirkel: Unter seiner Leitung beratschlagen Bundesinnenminister

Maihofer, Bundesaußenminister Genscher oder einer seiner Staatssekretäre, Bundesjustizminister Vogel, sein Staatssekretär Erkel, Staatsminister Wischnewski und Staatssekretär Schüler aus dem Bundeskanzleramt, Regierungssprecher Bölling sowie BKA-Präsident Herold und Generalbundesanwalt Rebmann. Mitunter ist auch Burkhard Hirsch dabei, Innenminister in Nordrhein-Westfalen. Nicht mit am Tisch sitzt der Verfassungsschutz. Er spielt in diesen Wochen keine Rolle. Sein Präsident Richard Meier ist ein schneidiger Mann mit scharfer Stimme und scharfem Verstand. Er hat viele Freundinnen. Aber es fehlt ihm an Kompetenz – er ist Spionageabwehr-Mann – und an Quellen in Sachen RAF. So findet der »Deutsche Herbst« ohne Verfassungsschutz statt.

Einigkeit besteht an diesem Abend in der Runde, dass Schmidts Kurs beibehalten wird: Geisel befreien, Täter fassen, Handlungsfähigkeit behalten – und vor allem: auf Zeit spielen.

Um 22 Uhr geht die Runde auseinander. Anschließend ruft der Kanzler, wie künftig nach jeder Sitzung, die entscheidenden Leute in Bonn an und unterrichtet sie: die Vorsitzenden der Bundestagsfraktionen und die Parteivorsitzenden, den Bundespräsidenten und den Präsidenten des Deutschen Bundestages.

Damit hat Schmidt bereits am Tag drei nach der Entführung die beiden Gremien konstituiert, mit denen er sich in den nächsten sechs Wochen abstimmt. Bei den beiden »Lagen« handelt es sich nicht um Entscheidungsgremien. Sondern um Beratungskreise mit der Aufgabe, den Austausch von Informationen und Bewertungen zu ermöglichen.

Freitag, 9. September

Das Ringen zwischen Regierung und Entführern geht weiter: Die Regierung spielt auf Zeit. Die Entführer wollen Druck ausüben, um sie zu einer Entscheidung zu treiben.

Um 7.05 Uhr teilt die Nachrichtenagentur Agence France-Presse mit, in ihrem Bonner Büro sei ein Brief der Entführer eingegangen – ihre fünfte Nachricht: Es werde »keine weiteren erklärungen geben, bevor die gefangenen nicht abgeflogen sind«. »zum letzten mal« fordern sie – es sind drei Ultimaten:

1. bis heute abend, 20.00 uhr, ist die politische entscheidung der bundesregierung öffentlich bekanntzugeben
2. bis freitag, 10.00 uhr morgens, läuft die bestätigung durch einen der gefangenen, dass die abflugbereit sind
3. bis 12.00 uhr mittags ist der abflug der gefangenen in einem vollgetankten langstrecken-flugzeug der lufthansa gelaufen, der über tv direkt übertragen wird.

Beigefügt ist dem Schreiben ein Polaroidfoto von Schleyer. Der gleiche Brief ging bei der *Frankfurter Rundschau* ein, ebenfalls mit einem Polaroid Schleyers.

Bundesregierung und Bundeskriminalamt wollen nicht, dass in den Medien bekannt wird, dass die Entführer ihnen Ultimaten setzen. Deshalb bittet das Bundeskriminalamt Agence France-Presse, den Inhalt des Schreibens nicht zu veröffentlichen, »um die Untersuchungen nicht zu behindern«. Die beiden von den Entführern gesetzten Ultimaten, zehn und zwölf Uhr, lässt das Bundeskriminalamt verstreichen. Ohne Reaktion gegenüber den Entführern.

BKA-Chef Herold will die Kommunikation mit den Entführern über die Medien beenden. Wenn es ihm gelänge, den Nachrichtenfluss über eine bestimmte Schaltstelle zu kanalisieren, denkt er, hätten seine Leute die Chance festzustellen, von wo aus sich die Entführer melden. Als geeigneter Kandidat erscheint ihm Denis Payot, den die RAF in ihrem »Forderungskatalog« als »generalsekretär der internationalen föderation für menschenrechte bei der uno« bezeichnet hatte. Herold hat herausgefunden: Anders als die RAF annimmt, ist der »Maître« kein Offizieller der UNO, sondern Präsident der »Schweizerischen Liga für Menschenrechte«. Offensichtlich hatte das »Kommando Siegfried Hausner« geglaubt, durch Nennung seines Namens einen Offiziellen der Vereinten Nationen ins Spiel bringen zu können – passend zu der RAF-These: bei den einsitzenden RAF-Häftlingen handle es sich um Kriegsgefangene, sodass es nun gelte, ein völkerrechtliches Problem zu lösen.

Und so lässt der Stratege Herold in den Radionachrichten um 15 Uhr gleich zwei Meldungen des Bundeskriminalamts an die Entführer hintereinander ausstrahlen – seine Strategie: Erst Verwirrung stiften. Dann eine Lösung anbieten. In der ersten Meldung teilen Nachrichtensprecher bundesweit mit: Der *Frankfurter Rundschau* sei am Vormittag »ein Brief mit Datum vom Donnerstag, dem 8.9.1977, der Entführer zugegangen«. Dieser Brief sei am Vorabend um 23 Uhr im Postamt Mannheim abgestempelt worden; in ihm werde für den gestrigen Tag um 20.00 Uhr eine Erklärung der Bundesregierung gefordert. So sei diese Frist bereits um drei Stunden überschritten gewesen, als der Brief in Mannheim abgestempelt wurde. Nun sei der Brief »auf dem Weg zum Bundeskriminalamt«. Quintessenz: »Nach dem geschilderten zeitlichen Ablauf erscheint auch die Einhaltung der in dem Brief für

Freitag, den 9.9.1977, 10.00 Uhr und 12.00 Uhr, gesetzten Termine überaus fraglich.« Als diese Meldung verlesen wird, ist es bereits kurz nach 15 Uhr.

Sodann setzen die Hörfunknachrichtensprecher der Republik zu einer zweiten Meldung an: »Und jetzt bringen wir die Mitteilung des Bundeskriminalamtes«, und fahren fort: »Die Entführer wußten bei Aufgabe ihres Briefes am späten Abend des Donnerstag, dem 8.9.1977, daß weder die geforderte Erklärung der Bundesregierung noch die Termine des Freitags, 9.9.1977, zeitlich einhaltbar waren. Der Ablauf belegt erneut die Notwendigkeit der Einschaltung einer Kontaktperson zwecks Entgegennahme und Weiterleitung von Nachrichten. Hierfür akzeptiert das Bundeskriminalamt Herrn Rechtsanwalt Payot, Genf, der sich grundsätzlich dazu bereiterklärt hat. Das Bundeskriminalamt teilt mit, daß der als Kontaktperson akzeptierte Rechtsanwalt Payot heute ab 18 Uhr in Genf für die Entgegennahme und Übermittlung von Nachrichten erreichbar ist.«

Sonnabend, 10. September

Um 15.10 Uhr geht bei Payot der erste Anruf in Sachen Schleyer ein. »Wir haben unsere Forderungen geändert«, sagt ihm ein Anrufer: »Bis Mittwoch, 14. September um 12.00 Uhr, muss A. Baader frei sein mit 1 Million Mark. Die anderen können im Gefängnis bleiben.«

Später teilt das BKA Payot mit, diese Nachricht sei »nicht seriös«. Trittbrettfahrer.

Um 23.15 Uhr meldet sich eine Anruferin bei Payot, stellt sich vor mit den Worten »Ich bin Mitglied der RAF« und nennt »unsere Bedingungen«:

> Bis Sonntagabend, 18.00 Uhr, hat einer der Gefangenen im Deutschen Fernsehen aufzutreten und zu erklären, dass die Vorbereitungen für den Abflug im Gange sind. Sobald wir darüber Gewissheit haben, geben wir ein neues Lebenszeichen, das Ihnen ermöglicht, uns für legitim zu halten. Nach der Bekanntgabe des Lebenszeichens geben wir noch sechs Stunden Zeit bis zum Abflug. Wir müssen den Abflug fordern, da wir dann keine weitere Möglichkeit für einen Kontakt sehen. Sobald die Gefangenen sowie Herr Payot und Herr Niemöller ihr Flugziel erreicht haben, wird Andreas Baader ihnen einen Satz sagen, der ein Wort enthält, das dem Kommando überbracht wird und diesem erlaubt, zu identifizieren und zu versichern, dass sie gut angekommen sind, damit Schleyer freigelassen werden kann. Was den Ablauf dieser Ausführung betrifft, ist jeder Kompromiss ausgeschlossen. Kommando Siegfried Hausner.

Nachdem klar ist, dass die RAF Herolds Vorschlag akzeptiert hat, über Payot zu verhandeln, startet der BKA-Chef die größte Telefonabhöraktion aller Zeiten in Deutschland. Deckname: »Alaska«. Ab sofort laufen alle Telefonate aus dem Bundesgebiet nach Genf über den »Stern« im Frankfurter Fernmeldehochhaus. Von dort aus können alle Anrufe zurückverfolgt werden. Heraus stellt sich, dass mehrere Anrufe in Genf aus dem Kölner Hauptbahnhof und drumherum kamen. Indiz für Herold, dass sich Schleyer auch noch in der Nähe befindet. Er vermutet, dass den Tätern ein Transport Schleyers zu riskant erscheint.

Außerdem hat die Schweizer Bundesanwaltschaft Herold einen Wunsch erfüllt. Die Telefonüberwachung von Payots Anschluss am Boulevard Georges-Favon in Genf leiten sie zur zentralen Einsatzleitung nach Bad Godesberg. Dort hören nun Herold und seine Männer die Anrufe der Entführer mit, in »Echtzeit«. RAF live!

Sonntag, 11. September

Waltrude Schleyer, die Frau des Entführten, meldet sich zu Wort in *Bild am Sonntag:*

> Meine ganze Sorge gilt meinem Mann und meiner Familie. Ich bin tief beeindruckt von der Anteilnahme, die mir und meiner Familie aus allen Schichten der Bevölkerung zuteil wird. Diese spontane Anteilnahme am Schicksal meines Mannes hat mich tief bewegt. Ich hoffe inbrünstig mit meinen Kindern, dass alles gut ausgeht und mein Mann bald wieder bei uns sein kann. Mein Mitgefühl gilt aber auch den Angehörigen der Männer, die meinen Mann begleitet haben und dabei ihr Leben lassen mussten. Ihnen fühle ich mich besonders verbunden.

Eine Minute bevor um 18 Uhr die erste Frist aus dem Ultimatum der RAF vom Vortag verstreicht, strahlt das ZDF eine Nachricht des Bundeskriminalamts aus – im »Wortlaut«, wie der Sprecher sagt – er hat siebzehn Wörter: »Das Bundeskriminalamt übermittelt in diesem Augenblick an Rechtsanwalt Payot in Genf erneut eine Mitteilung für die Entführer.«

Eine halbe Stunde später erreicht Payot in Genf die Mitteilung des Bundeskriminalamts an die Entführer, mittlerweile die zehnte. Das Amt spielt weiter ungeniert auf Zeit: Die letzte Nachricht stelle »keinen gegenwärtigen Lebensbeweis dar«, erklärt ein Beamter und fordert »zusammen mit der nächsten Mitteilung der Entführer einen prüfbaren Beweis dafür, dass Hanns Martin Schleyer zum Zeitpunkt der Absendung dieses Beweises lebt«.

Außerdem hätten die Entführer noch nichts zu der Frage gesagt, »durch welche Modalitäten sie die tatsächliche Freilassung von Hanns Martin Schleyer sicherstellen würden«: »Angesichts der Tötung von vier Menschen und der dadurch begründeten Gefahren für Herrn Schleyer müsste das Bundeskriminalamt wissen, welchen Ablauf die Entführer planen.«

Anschließend protestiert das Bundeskriminalamt bei Payot, weil er die Nachricht der Entführer, die am Vortag bei ihm eingegangen war, an die Presse weitergegeben hatte. Das wurmt Herold, weil er durch Payot nun gerade ohne Kenntnis der Medien und damit der Öffentlichkeit verhandeln will. Als Erwiderung lässt der Anwalt, die deutsche Sprache bereitet ihm Schwierigkeiten, von einem seiner Mitarbeiter eine Erklärung verlesen: Sein Mandat versehe er nun eben so, dass es Mitteilungen an die Presse nicht ausschließe. Er brauche, so liest der Mitarbeiter weiter vor, »alle notwendigen Mittel, die ihm zur Verfügung stehen, um seinen Auftrag zu erfüllen«.

Um Mitternacht verstreicht das dritte Ultimatum der Entführer: Spätestens in diesem Augenblick hätte das Flugzeug mit den zehn Häftlingen an Bord in Frankfurt starten sollen.

Montag, 12. September

Waltrude Schleyer meldet sich abermals öffentlich zu Wort und verlangt von der Regierung, auf die Forderungen der Entführer einzugehen. »Tauscht ihn aus!«, fordert sie in *Bild* – auf den Tag genau eine Woche nach der Entführung:

> Seit den Ereignissen in Köln sind viele Tage des Hoffens und Bangens um das Leben meines Mannes vergangen. Sämtliche Bemühungen um seine Befreiung sind bisher erfolglos gewesen. Jetzt verlangt meiner Überzeugung nach das Schicksal der unmittelbar Betroffenen und die Selbstachtung unseres Staates eine klare Entscheidung der Verantwortlichen zu den gestellten Forderungen.

Auch bei Hanns Martin Schleyer liegen mittlerweile die Nerven blank. Nach einer Woche ist ihm klar, dass seine Entführer das Zeitspiel der Bundesregierung auf Dauer nicht mitmachen werden. An diesem Montag gehen von ihm drei Nachrichten bei Vertrauten ein, mit denen er versucht, den Druck auf die Regierung zu erhöhen, um sein Schicksal zum Guten zu wenden.

Um elf Uhr drückt ein junger Mann dem Portier des »Breidenbacher Hofs« in Düsseldorf einen Briefumschlag in die Hand. Aufschrift: »Herrn von Brauchitsch, Flick KG«. Er sagt, der Brief werde abgeholt. Der Flick-Manager Eberhard von Brauchitsch (51) ist ein langjähriger Freund und Vertrauter Schleyers. Eine knappe Stunde später ruft ein Mann bei der Flick KG an und verlangt, von Brauchitsch zu sprechen. Er sei nicht da, sagt seine Sekretärin. »Hier ist die RAF«, entgegnet der Anrufer: »Wir haben soeben einen Brief im Breidenbacher Hof abgegeben.«

Dort holt ein Kripo-Mann den Umschlag ab. Das »Kommando Siegfried Hausner« stellt ein viertes Ultimatum: »wir erwarten bis 24.00 uhr die entscheidung der bundesregierung, ob sie den austausch will oder nicht.« Neben dem Umschlag steckt ein Tonband. Auf ihm erklärt Schleyer:

> Jetzt, etwa um Mitternacht vom 11. auf 12. September 1977, wird mir von den neuen Forderungen, die über Monsieur Payot übermittelt wurden, berichtet. Ich bin etwas verwundert, dass man wiederum einseitige Forderungen stellt, unter anderem nach einem Lebenszeichen, obgleich ich dieses Herrn Payot gegenüber erst am Samstag nacht eindeutig durchgeben ließ. Auf der anderen Seite wird die Hauptforderung, die für meine Existenz entscheidend ist, nämlich wie der Beschluss der Bundesregierung lautet, nicht bekannt gegeben.

Schleyer endet mit den Worten an seinen Freund: »Grüße bitte meine Lieben, ich bedanke mich vor allen Dingen bei meiner Frau, der der Appell von gestern« – gemeint ist ihre Erklärung in *Bild am Sonntag* – »sicher nicht leichtgefallen ist.«

Wesentlich kritischer, gespickt mit Vorwürfen gegen die Bundesregierung, das Bundeskriminalamt und vor allem dessen Präsidenten Herold, ist eine von Schleyer besprochene Kassette, die am Vormittag ein RAF-Mann im Parkhotel in Düsseldorf abgibt. Kurz nach 13 Uhr meldet sich bei von Brauchitschs Sekretärin ein Anrufer, der sie auffordert, »einen Brief mit Kassette« im Parkhotel abzuholen.

In seinem kurzen Anschreiben teilt er seinem Vertrauten Eberhard von Brauchitsch mit, er mache sich »viele Sorgen über Traudl und die Kinder. Richte sie bitte etwas auf. Ich bin ungebrochen, und wie Du siehst, aktiv. Herzlichen Dank für alles und herzliche Grüße an alle, vor allem an die Familie. Herzlichst Dein H. M. Schleyer.«

Er schicke ihm, schreibt Schleyer, »eine Bandbesprechung für Helmut Kohl«. Auf diesem Tonband ist zu hören, wie er sagt:

> Wie stümperhaft das Ganze gemacht wurde, beweist der Ablauf des 5. September. Und die Kenntnisse, die ich heute über die ungestörten, obwohl leicht erkennbaren Vorbereitungen besitze, zeigen mir, wie wenig die Verantwortlichen in Wirklichkeit über den Terrorismus wissen. Man kann sich nicht nur auf den Computer verlassen, man muß den Computer durch menschliche Gehirne speisen, wenn man von ihm richtige Erkenntnisse erwartet. Ich habe nie um mein Leben gewinselt. Ich habe immer die Entscheidung der Bundesregierung, wie ich ausdrücklich schriftlich mitgeteilt habe, anerkannt. Was sich aber seit Tagen abspielt, ist Menschenquälerei *(man hört Papiergeräusche)* ohne Sinn. Es sei denn, man versucht mit naiven Tricks meine Entführer zu fangen. Das wäre zugleich mein sicherer Tod und ich kann mir nicht vorstellen, daß man zwar die offizielle Ablehnung der Forderungen scheut, aber Vorbereitungen trifft, um mich still um die Ecke zu bringen, das man dann vielleicht als technische Panne ausgeben könnte.

Nicht bereit sei er, sagt Schleyer in seinem Verlies, »lautlos aus diesem Leben abzutreten, um die Fehler der Regierung, der sie tragenden Parteien und die Unzulänglichkeit des von ihnen hochgejubelten BKA-Chefs zu decken«.

Ebenfalls an diesem Montag erhält Schleyers Sohn Hanns-Eberhard eine Nachricht von seinem Vater, einen handgeschriebenen Brief – vermutlich war er in dessen Rechtsanwaltskanzlei schon zuvor eingegangen. Jedenfalls legt ihm an diesem Tag seine Sekretärin den Brief seines Vaters mit dem Datum »8 – 9 – 77« vor. Er warnt davor, das »Spiel auf Zeitgewinn« fortzusetzen – er fürchtet um sein Leben: Ihm gehe es »zwar gesundheitlich gut«, aber über das Geschehen sei er »nur unzureichend und nur über Informationen meiner Bewacher informiert«. Das Ziel der Entführer werde »sie bei Ablehnung der Forderungen und nach meiner Liquidierung nur veranlassen, das nächste Opfer zu holen«, warnt er:

> Nach allem, was ich heute über die Entführungsabsicht Ponto und über meinen Fall weiß, wird dieses Ziel erreicht. Es gibt, wie man gesehen hat, keinen absoluten Schutz, wenn man so sorgfältig und konsequent arbeitet wie die RAF. Es ist auch eine Fehleinschätzung der Polizei, wenn sie glaubt, dass meine Entführer kein persönliches Risiko eingehen würden. Sie suchen es nicht, aber sie scheuen es auch nicht. Es wird also dann nicht nur einen Fall Ponto und Schleyer geben, sondern einige mehr. Man muß also nüchtern Bilanz ziehen und in die Abwägung alle kommenden Entführungsfälle mit dann tödlichem Ausgang (bei heute und später unveränderten Forderungen) einbeziehen. Das sollte Helmut Schmidt ebenso wissen wie Helmut Kohl + HD Genscher. Mein Fall ist nur eine Phase dieser Auseinandersetzung, als deren Gewinner ich nach meinem jetzigen Wissensstand nicht das BKA sehe, weil die Personen, deren Freilassung gefordert wird, die Entführer in ungeahntem Maß zu weiteren Handlungen motivierten.

Die politische Verantwortung trage »natürlich Bonn«, fährt Hanns Martin Schleyer fort. Aber dort werde »offenbar die Ernsthaftigkeit + Härte meiner Entführer« unterschätzt. Man könne »dieses Spiel um Zeitgewinn nicht weitertreiben«, warnt er, weil es auch für seine Entführer Zwänge gebe, »deren 1. Opfer ich bin«.

Hanns Martin Schleyer endet mit den Worten an seinen Sohn: »Ich drehe mit Sicherheit nicht durch, bleibt Ihr gesund und optimistisch. Ich war schon oft in schwierigen Lagen + es ist immer wieder gutgegangen … Hoffentlich bis bald! Dein Vati«.

Um 14.52 Uhr ruft ein RAF-Mann in der Wohnung von Schleyers Sohn Hanns-Eberhard in der Melittastraße 13 in Stuttgart-Degerloch an. Seine Frau ist am Apparat. Der Mann trägt mit ruhiger und freundlicher Stimme einen Text vor, ganz langsam zum Mitschreiben – das hätte er sich sparen können, weil das Telefonat die Polizei mitschneidet: »Die möglichen Zielländer können der Bundesregierung nur von den Gefangenen selbst genannt werden. Auf weitere BKA-Meldungen werden wir ohne konkrete Schritte von seiten der Bundesregierung nicht mehr reagieren. Falls die Bundesregierung auch dieses Ultimatum schweigend übergehen will, hat sie die Konsequenzen zu tragen. Das Ganze ist unterschrieben ›Kommando Siegfried Hausner‹ und trägt das Datum 12.9.1977. Lebenszeichen: von Brauchitsch hat das Band dazu. Ich bedanke mich.«

Später stellt sich heraus: Der Mann mit der freundlichen Telefonstimme ist Rolf Clemens Wagner (32). Wagner ist ein routinierter Telefonist: Er spricht ruhig und geschäftsmäßig. Bevor der abgebrochene Jurastudent zur RAF kam, arbeitete er in einem »g-u-t«-Reisebüro in Eschborn und bei »N-U-R Neckermann«; dabei telefonierte er viel mit Geschäftsleuten. Sechs Jahre lang hatte der Sohn eines Zahnarztes studiert, von 1964 bis 1970. Zunächst Volkswirtschaft, dann Rechtswissenschaften. 1970 fing er als Sachbearbeiter in der Reisebranche an. Den betriebsinternen Wettbewerb »freundlichster Telefonverkäufer« bei »g-u-t« gewann er: wegen seiner »prägnanten Ausdrucksweise« und seiner gegenüber »den Kunden besonders hervortretenden Höflichkeit«. 1974 kündigt er. Zwei

Jahre später fängt er über den »Heidelberger Strang« bei der RAF an.

Zur RAF-Telefonisten-Crew zählen außerdem Rolf Heißler, Silke Maier-Witt und später auch Sieglinde Hofmann. Sie telefonieren mit Rechtsanwalt Payot, aber auch mit allen möglichen anderen – etwa, wenn die RAF mitteilt, dass ein Schreiben an einer Hotelrezeption hinterlegt oder in einen Hausbriefkasten geworfen wurde.

Um 16.45 Uhr ruft Payot im Bundeskriminalamt an: Die Entführer hätten ihm mitgeteilt, »dass die Person in den nächsten 24 Stunden (exekutiert) wird, wenn die deutsche Regierung nicht eine konkrete Maßnahme durchführt«.

Um 22.30 Uhr meldet sich ein BKA-Beamter bei Payot mit einer neuen Mitteilung für die Entführer. Aber Payot dürfe sie unter keinen Umständen öffentlich bekannt geben: Nun würden die Häftlinge in den Haftanstalten befragt, zwei Fragen ihnen gestellt:

1. Sind Sie bereit, sich ausfliegen zu lassen?
2. In einer Erklärung der Entführer vom 12. 9. 1977 wird gesagt: Die möglichen Zielländer können der Bundesregierung nur von den Gefangenen selbst genannt werden. Können Sie dieses Flugziel nennen?

Dienstag, 13. September

Um 7.45 Uhr landet ein Bundesgrenzschutz-Hubschrauber neben der Justizvollzugsanstalt Stammheim. Alfred Klaus klettert heraus. Von BKA-Chef Herold hat er den Auftrag, die Häftlinge nach ihren Flugwünschen zu fragen. Gleich nach der Landung sagt ihm Gefängnisdirektor Hans Nusser, am Abend zuvor habe Andreas Baader dringend um ein Gespräch mit einem Verantwortlichen gebeten, da »eine schwerwiegende Entscheidung« anstehe, die »nicht rückgängig zu machen« sei. Eine Duplizität der Ereignisse: Baader will mit dem Staat sprechen. Und der Staat mit Baader.

Klaus erkundigt sich bei Amtsinspektor Horst Bubeck, dem Verantwortlichen für die siebente Etage, nach der Stimmung bei den Häftlingen – seit einer Woche besteht für sie die Kontaktsperre. Alle seien nervös und gereizt, berichtet Bubeck: Baader »fahrig und noch aggressiver als sonst«, Gudrun Ensslin »gereizt und flatterhaft«, Raspe »depressiv«. Zeitweise habe er Tränen in den Augen. Dieses Mal war kein Reisefieber im siebten Stock ausgebrochen. Anders, als zwei Jahre zuvor beim RAF-Überfall auf die deutsche Botschaft in Stockholm.

Um neun sitzt der Kommissar zusammen mit Bundesanwalt Gerhard Löchner in der Besucherzelle neben der Wachtmeisterkabine im siebten Stock. Andreas Baader wird hereingeführt. Er ist nervös. Spürbar. Versucht, den Beamten Informationen zu entlocken. Vergeblich. Durch die Kontaktsperre scheint es ihm an Informationen zu mangeln. »Von seiner ehedem anmaßenden Haltung war nichts mehr zu spüren«, berichtet Klaus über seinen Eindruck in diesem Augenblick.

Baader sagt, zwei Fragen wolle er mit den Beamten erörtern. »Wenn ein Austausch erfolge, dann könne die Bundesregierung damit rechnen, dass die Freigelassenen nicht in die Bundesrepublik zurückkehrten«, notiert Klaus: »Die Wiederauffüllung des (terroristischen) Potentials sei nicht beabsichtigt.«

Baader nimmt einen tiefen Zug aus seiner Zigarette – selbstgedreht, Marke »Schwarze Hand«: »Die Bundesrepublik hat nur die Wahl, die Gefangenen umzubringen oder sie irgendwann zu entlassen!« Erst blickt er Klaus in die Augen. Dann Bundesanwalt Löchner. Er will herausfinden, wie ernst sie seine Botschaft nehmen. »Umzubringen …?«, hakt Klaus nach. »Durch die tödlichen Haftbedingungen«, entgegnet Baader mit gequälter Miene. »Und entlassen natürlich wegen Haftunfähigkeit …«

Zweiter Punkt Baaders Ansage an die Bundesrepublik Deutschland: Ihn und seine Genossen auszufliegen »würde eine Entspannung für längere Zeit bedeuten«. Und das liege doch sicherlich im Interesse der Bundesregierung, sagt er – »eine weitere Eskalation zu vermeiden, oder?« Deshalb müsse sich die Regierung um ein Aufnahmeland bemühen.

Klaus zieht den Fragebogen von Herold aus seiner Tasche. Die erste Frage, ob er bereit sei, sich ausfliegen zu lassen, beantwortet Baader mit »Ja«. Bei der zweiten, ob er ein »Flugziel nennen« könne, hühnert er rum. Klaus gewinnt den Eindruck, Baader fürchte, Informationen preiszugeben. Aber schließlich gelingt es ihm, den RAF-Häftlings-Häuptling zum Schreiben zu bringen. »Algerien/Vietnam«, notiert der Vierunddreißigjährige auf dem Fragebogen. Dann fügt er hinzu: »Wir meinen, dass die Bundesregierung die Länder, die in Frage kommen, um die Aufnahme ersuchen muss. Ja.« Und schließlich ergänzt er: »Lybien, VR Jemen / Irak« – auf ein weiteres Blatt schreibt er abermals »Algerien/Vietnam«.

Anschließend spricht der Kommissar mit den anderen RAF-Häftlingen auf der siebten Etage: Gudrun Ensslin, Jan-Carl Raspe, Verena Becker und Irmgard Möller.

Die RAF ist genervt. Um 11.30 Uhr ruft ein RAF-Mann bei Payot in Genf an und erklärt, das »Kommando Siegfried Hausner« gebe der Bundesregierung »eine letzte Frist bis heute abend, 24 Uhr, unsere Forderungen zu erfüllen«. Er nennt »die Taktiererei der sogenannten Geheimverhandlungen absurd bei dem Ziel der Aktion: der Freilassung der Gefangenen. Wir haben das infame Kalkül der Bundesregierung – in der Klemme, dass ein Eingehen auf die Forderungen im Widerspruch zu der von ihr inzwischen institutionalisierten Bürgerkriegshetze gegen die RAF und zu der Daumenschraube steht – seit neun Tagen mit mehrmaliger Verlängerung unserer Ultimaten beantwortet.«

Von der Bundesregierung habe es innerhalb dieser neun Tage keinen einzigen konkreten Schritt gegeben, der die »Bereitschaft signalisiert hätte, Schleyer tatsächlich auszutauschen«: Die Ankündigung des BKA, die Fahndung zu stoppen, nennt die RAF einen »Witz«: »In jeder Zeitung sind Fotos von Autobahnkontrollen und Meldungen über gestürmte Wohnungen.«

Um 15 Uhr unterrichtet das Bundeskriminalamt Payot über das Ergebnis der Häftlingsbefragung: Vier lehnen es ab, die Fragen zu beantworten (Hoppe, Dellwo, Krabbe, Rößner), fünf beantworten die Frage, ob sie sich ausfliegen lassen würden, mit einem klaren »Ja« (Baader, Ensslin, Raspe, Becker und Schubert), zwei (Möller, Sonnenberg) erklären, vor einer Antwort müssten sie erst mit anderen Häftlingen sprechen. Flugziele nannte als Einziger Baader. Das BKA teilt dem Anwalt in Genf mit, dass ihm ein Kurier die Originale der Fragebögen in die Schweiz bringe, damit er sie überprüfen könne.

Hocherfreut über das Ergebnis der Befragung ist der BKA-Präsident. Bis sich die Häftlinge für ein Ziel entschieden hätten, vergehe Zeit, sagt Herold optimistisch zu Alfred Klaus. Und noch mehr Zeit vergehe, frohlockt er, bis man geklärt habe, welches Land bereit sei, die Gefangenen aufzunehmen.

Am Abend teilt das Bundeskriminalamt den Entführern via Payot mit, nun würden »Befragungen von uns genannten Zielländern« eingeleitet, mit dem Hinweis – typisch Schlitzohr Herold: »Technische und kommunikative Schwierigkeiten sind erfahrungsgemäß zu erwarten.«

In Den Haag mietet an diesem Tag »Carola Stöhr« ein dreistöckiges Reihenhaus mit zehn Zimmern in der Stevinstraat 266 für 2500 Gulden. Das entspricht 2800 Mark. RAF-intern heißt das Quartier »Haus Etna« – nach dem Tarnnamen der Mieterin Angelika Speitel. In Windeseile beschafft Peter-Jürgen Boock die Möbel. Er kauft nur, was sofort geliefert werden kann. Es klappt.

Der RAF ist das Hochhaus in Erftstadt-Liblar zu heiß geworden. Tag für Tag durchkämmen Hundertschaften Polizisten in Köln und Umgebung Straßenzüge: Entsprechend der Hypothese von Horst Herold, angesichts des »enormen Fahndungsdrucks im Kölner Raum« könnte sich Schleyer in »noch nicht allzu großer Entfernung vom Tatort befinden«.

Aus RAF-Sicht ist es mittlerweile nur eine Frage der Zeit, bis Polizisten die Hochhäuser am Renngraben abklappern und überall klingeln.

Mittwoch, 14. September

Um 8 Uhr startet Kanzleramtsminister Hans-Jürgen Wischnewski nach Algerien und Libyen – Scheinsondierungen.

Kurz vor 13 Uhr ruft einer der Entführer bei Payot in Genf an – er gibt sich hoffnungsfroh: »Wir haben Ihnen einen Vorschlag zu machen und zwar, dass heute Nacht nach

Sendeschluss die Übertragung des Abflugs in allen Fernsehprogrammen des ersten und zweiten läuft. Wir würden sagen, das zwei Stunden nach Sendeschluss ausreichend ist. Wir werden gegen 20 Uhr noch einmal anrufen, um uns die Bestätigung zu holen, ob und wann dies möglich ist.«

Um 15.47 Uhr tritt im Kanzleramt die »Kleine Lage« zusammen, für knapp anderthalb Stunden. Konsens: kein RAF-TV nach Sendeschluss.

Donnerstag, 15. September

Bonn, Bundestag: Um neun Uhr beginnt Bundeskanzler Schmidt mit seiner Regierungserklärung. Er verzichtet auf die »für heute vorgesehenen Themen der Außenpolitik, des Wachstums und der Beschäftigung« und beschränkt sich »auf die unmittelbare Notlage«: »Die Mordanschläge und die Entführung richten sich gegen die unmittelbaren Opfer, richten sich aber zugleich auch«, erklärt er, »gegen unsere freiheitliche Ordnung im Ganzen, gegen jede menschliche Ordnung überhaupt und sie richten sich damit gegen jeden einzelnen von uns.« In den vergangenen zehn Tagen hätten sich bei allen Entscheidungen er und die vier betroffenen Ministerpräsidenten »jeweils auf die einmütige Meinung derjenigen stützen« können, »die uns in dieser Sache regelmäßig ihren Rat leihen«.

Er erläutert die Rolle der beiden von ihm geschaffenen »Lagen«. Es gehe nicht darum, »Verantwortung zu verwischen«, und auch nicht darum, »die notwendigen Entscheidungen auf so viele Schultern zu verteilen, dass nachträglich die Verantwortlichkeit nicht mehr erkennbar wäre«. Vielmehr fänden »wir es angesichts des schweren Verbrechens und angesichts der Bedeutung des Lebens des Einzelnen selbstverständlich, gemeinsam nachzudenken, gemeinsam zu beraten – unabhängig von unserer persönlichen Zugehörigkeit zu verschiedenen Verfassungs- und Staatsorganen, zu verschiedenen Parteien und verschiedenen Bundestagsfraktionen. Das haben wir zur Zeit der Entführung unseres Kollegen Lorenz so gehalten, das haben wir im Falle des Anschlages auf unsere Stockholmer Botschaft so gehalten, und dies ist auch heute und morgen so der Fall.«

Schmidt appelliert an die Entführer: »Beenden Sie Ihr irrsinniges Unternehmen!« Sie irrten sich: »Sie halten sich für eine ausgewählte kleine Elite, welche ausersehen sei – so schreiben Sie –, ›die Massen zu befreien‹. Sie irren sich: Die Massen stehen gegen Sie.«

Zum Schluss wendet sich der Kanzler mit einem Gedanken »an die Jüngeren«. »Wir Älteren, die Diktatur und Gewalt, Zuchthäuser und Vertreibung, Elend und Not erlebt haben, wir wissen, was Krieg ist. Deshalb arbeiten wir heute für den Frieden, für den Frieden nach außen und für den Frieden nach innen.«

Freitag, 16. September

Die RAF bringt Hanns Martin Schleyer in sein neues Versteck nach Den Haag. »Angeliefert« wird er in einem riesengroßen Weidenkorb. Ihn musste er in Erftstadt-Liblar besteigen. Umgeladen wurde er an der grünen Grenze bei Aachen: In einer zwei Meter tiefen Senke des Gleisbetts einer ehemaligen Lorenbahn hielt ein Wagen mit bundesdeutschem Kennzeichen; von der anderen Seite fuhr ein Wagen mit NL-Nummer vor. Flinke Hände wuchten den Weidenkorb von dem einen in das andere Fahrzeug. Alles geht ganz schnell. Anschließend fahren beide Fahrzeuge zurück in die Richtung, aus der sie gekommen sind. Zu dem Transportkommando gehören nach den Erkenntnissen der Ermittler Willy Peter Stoll, Knut Folkerts, Rolf Heißler, Angelika Speitel und Sigrid Sternebeck.

In Schleyers zweitem Versteck in der Stevinstraat 266 gibt es für alle wesentlich mehr Platz. In seinem Zimmer in der zweiten Etage hat er nun ein richtiges Bett; außerdem eine chemische Toilette. Er pflegt weiter das persönliche Verhältnis zu seinen Bewachern. Das »Du« ist längst selbstverständlich. Zum Zeitvertreib spielt er sogar Monopoly mit seinen Bewachern – und verliert. Weitere »Verhöre« folgen. Mit demselben Misserfolg wie in Erftstadt-Liblar.

Zum Wachkommando gehören Peter-Jürgen Boock, Stefan Wisniewski, Brigitte Mohnhaupt, Angelika Speitel, Sigrid Sternebeck und Elisabeth von Dyck.

Viele RAF-Mitglieder sind irritiert, verunsichert: Sie hatten zwar damit gerechnet, dass der Austausch nicht von heute auf morgen vonstattengeht. Aber nicht damit, dass die Bundesregierung so ungeniert auf Zeit spielt. So hatte Sigrid Sternebeck geglaubt, dass mit der Verschleppung Schleyers die Häftlinge »so gut wie frei waren«. Pustekuchen – zeigt sich nun.

Sonnabend, 17. September

»Ben Wisch« – den Spitznamen hatte Bundeskanzler Willy Brandt Wischnewski wegen seiner guten Kontakte in den arabischen Staaten verpasst – fliegt in den Irak und die Volksrepublik Jemen. Scheinsondierungen, um sagen zu können,

Bonn arbeite Baaders Wunschliste ab. Herold und Schmidt setzen die Hinhaltetaktik fort.

Um 22 Uhr ruft das Bundeskriminalamt bei Payot an und gibt ihm eine Nachricht für die Entführer durch: »Unbeschadet der Tatsache, dass die Frage nach zumutbaren – wir wiederholen: ›zumutbaren‹ – Modalitäten der Freilassung nach wie vor unbeantwortet ist, wird bestätigt, dass Kontakte mit dem ersten und dritten der von Baader genannten Zielländer stattgefunden haben.«

Sonntag, 18. September

Herolds Verwirrstrategie funktioniert. Um 12.20 Uhr ruft die RAF bei Payot an, um zu erfahren, wie die BKA-Mitteilung vom Vorabend zu verstehen ist: »Aufgrund der Anordnung in der Antwort von Baader« sei es ihr nicht möglich, die Länder, zu denen Bonn Kontakt aufgenommen habe, »mit Sicherheit festzustellen«, sagt ein Mann. Denn die »Aufzählung von Baader« enthalte »zwei Listen«: »eine vor dem Text der Antwort und nennt zwei Länder und eine nach dem Text aufgeführt und enthält fünf Länder. Frage: Beginnt Ihre Numerierung mit dem ersten Land auf der ersten Liste?«

Eine Stunde später »klärt« das Bundeskriminalamt auf: »Im Fragenkatalog des Baader sind Aufnahmeländer genannt. Unsere Numerierung beginnt mit dem ersten Land, das handschriftlich hinter dem Wort Antwort vermerkt ist. Die Numerierung ist fortlaufend.«

Das erste Land, das Baader in dem Fragebogen[11] hinter das

11 Oben, 13. September.

getippte Wort »Antwort« geschrieben hatte, ist »Algerien«, das dritte »Lybien«.

Montag, 19. September

Payot bekommt Fracksausen. Um 11.38 Uhr ruft er im Bundeskriminalamt an und erklärt: Den Entführern habe er mitgeteilt, die Häftlinge werde er nicht auf einem Flug begleiten – gerade für diese Aufgabe hatte ihn das »Kommando Siegfried Hausner« in seinem »Forderungskatalog« vor zwei Wochen benannt.[12] Aber er sei bereit, fügt der Anwalt gegenüber dem BKA-Mann hinzu, in das Land vorauszufliegen, in das die Häftlinge fliegen wollen, um die Mitteilung von Baader zu übermitteln.

In Sachen RAF kann der Anwalt nicht viel Neues melden. Auf seine Frage nach einer neuen Mitteilung habe ihm der RAF-Anrufer die Antwort gegeben: »Wir haben nur mitzuteilen, dass wir nicht noch weitere 14 Tage verhandeln wollen. Das nur zur Information …«

666 Kilometer nordwestlich von Genf – Den Haag, Stadtteil Zeeheldenkwartier, Trompstraat, 20.45 Uhr: eine Schießerei in der Nähe der Autovermietung. Ein Pärchen entkommt der Polizei.

In das Büro der »Trompgarage Autoverhuur« war »Ursula Dietrich« gekommen, um den Mietvertrag für einen Ford Granada zu verlängern. Neun Tage zuvor hatte sie ihn gemietet, nach einem schnellen deutschen Auto verlangt. Zunächst nach einen Audi 100. Den gab es nicht. Dann nach einem Mercedes. Den gab es auch nicht. So nahm sie den Granada.

12 Oben, 6. September.

Einige Tage später wird der Vermieter misstrauisch, weil sie den Wagen nicht pünktlich zurückgebracht und telefonisch um eine Vertragsverlängerung gebeten hatte. Der Mann fürchtet um Karosse und Gulden. Deshalb erkundigt er sich bei der Polizei, ob gegen seine Kundin etwas vorliege: »Ursula Dietrich, Paulinenallee 50, 2000 Hamburg«. Ja, sagt ihm der Beamte in Den Haag – nach Rücksprache mit dem BKA: Der Ausweis sei gefälscht. Er bittet den Vermieter, sofort bei der Polizei anzurufen, wenn die Frau auftaucht.

Und so macht er es. Als an diesem Abend die Frau bei ihm erscheint, um den Vertrag zu verlängern, hält er sie hin. Durch die große Fensterscheibe sieht sie, wie draußen ein Streifenwagen vorfährt. Sie rennt aus dem Geschäft. Hinter ihr her sprintet der Polizist Randy Siersema (21). Nach 250 Metern hat er sie eingeholt, packt sie an der Schulter. In diesem Augenblick taucht hinter ihm ein Mann auf. Ohne Vorwarnung schießt er auf den Beamten, trifft ihn in Schulter und Leiste. Schwer verletzt bricht Siersema zusammen. »Ursula Dietrich« alias Angelika Speitel und der Schütze flüchten.

Kurz darauf an diesem Abend beichtet Knut Folkerts der Gruppe in Den Haag, dass er wegen der Schießerei seine Tasche nicht mehr aus der »Cactus Bar« abholen kann. Kurz bevor es geknallt hatte, hatte er dort einen Kellner gebeten, einen Moment auf seine schwarze Reisetasche aufzupassen. In der Nähe habe er etwas zu erledigen. In der Tasche sind ein »Uher 4000 Reporter IC«-Tonbandgerät, ein Sennheiser-Mikrofon, Tonbänder und Lebensmittel aus Deutschland, außerdem Marlboro- und Camel-Zigarettenpackungen.

Helle Aufregung im »Haus Etna«. Allen ist klar: Zählt die Polizei alles zusammen – den gefälschten »Ursula Dietrich«-

Ausweis, die Schießerei und den Inhalt der zurückgelassenen Tasche, kann sie schnell auf die Idee kommen, dass Schleyer ganz in der Nähe steckt.

Und genauso ist es: Das »Haus Etna« in der Stevinstraat liegt keine drei Kilometer von der Autovermietung entfernt. Bitter aus Sicht der Gruppe ist auch, dass der Wagen nicht »gecleant« wurde. Angelika Speitel wollte ihn ja nicht zurückgeben, sondern die Mietzeit verlängern.

So fürchtet das Schleyer-Wachkommando, dass es nur eine Frage der Zeit ist, bis die Polizei vor der Tür steht. Die Entscheidung fällt schnell: Wenige Stunden nach der Schießerei muss Schleyer wieder in den Weidenkorb. Noch in der Nacht startet ein Wagen mit ihm Richtung Süden.

Dienstag, 20. September

In den frühen Morgenstunden wird Schleyer in sein drittes und letztes Versteck in Brüssel gebracht – nach alledem, was man bis heute weiß: vermutlich eine Dreizimmerwohnung, vermutlich in einem Hochhaus, vermutlich zwischen dem siebten und dem zehnten Stock, vermutlich wieder mit einem Aufzug von der Tiefgarage bis vor die Wohnungstür, vermutlich in einem Neubaugebiet. Bis heute wurde die Wohnung nicht gefunden.

Nach den Erkenntnissen der Bundesanwaltschaft bewachten Schleyer dort Rolf Clemens Wagner, Stefan Wisniewski, Rolf Heißler, Sieglinde Hofmann und Angelika Speitel. Der harte Kern. Schleyers letztes Bewachungskommando. Keiner von ihnen verriet bislang, was in Brüssel passierte.

Auch heute spielt das Bundeskriminalamt auf Zeit.

Via Payot teilt es den Entführern mit, die »Befragungen

der Zielländer« seien »auf das zweite und vierte der von Baader genannten Zielländer ausgedehnt worden« – an zweiter und vierter Stelle stehen Vietnam und die Volksrepublik Jemen.

Das BKA hält ein neues Lebenszeichen Schleyers für erforderlich – aus gegebenem Anlass: »Am 20.9.1977 gegen 3.48 Uhr hat ein Anrufer, der sich als RAF Köln meldete, bei Rechtsanwalt Payot behauptet, Herr Schleyer sei tot. Das letzte Lebenszeichen wurde von den Entführern am 17.9.1977, 11.30 Uhr, an Rechtsanwalt Payot übermittelt.« Als »neuen Lebensbeweis« verlangt das BKA von den Entführern Antwort auf zwei Fragen: »a) Was wollte Sohn Eberhard im Alter von acht Jahren werden? b) Welche Dame wollte Herrn Schleyer in Prag vorsingen?« Außerdem verlangt das Amt »Garantien für die tatsächliche Freilassung« Schleyers. Kurzum: Herold hat für die Entführer jede Menge Aufgaben, bevor er bereit ist, über die Durchführung des »Gefangenenaustausches« zu verhandeln.

Mittwoch, 21. September

»Er soll sich in der trostlosen Einsamkeit keine Sorgen um die Familie machen«, titelt *Bild*. Waltrude Schleyer spricht erneut ihrem Mann öffentlich Mut zu: »Ich bin zutiefst überzeugt, dass ich meinen Mann wiedersehen werde. Die Liebe seiner Familie, die um mich versammelt ist, wird dazu beitragen, dass er das Schreckliche des Anschlags von Köln und der Tage der Gefangenschaft verarbeiten kann.«

Um 17.15 Uhr berichtet Horst Herold in der »Großen Lage« über Erkenntnisse nach der Schießerei in Den Haag. Die NL-Spur: Der Inhalt der schwarzen Reisetasche aus der

»Cactus-Bar« ist ziemlich eindeutig. So spricht vieles dafür, dass die RAF Schleyer irgendwo in der Nähe versteckte. Die Frage des Tages ist, ob er noch da ist.

Donnerstag, 22. September

Utrecht, sechzig Kilometer östlich von Den Haag. Schon wieder eine Schießerei in den Niederlanden. Schon wieder in der Nähe einer Autovermietung. Und schon wieder ein Pärchen. Aber dieses Mal wird der Mann gefasst. Es ist Knut Folkerts. Um 17.03 Uhr geht die Meldung im Bundeskriminalamt ein. Horst Herold ist hocherfreut: Er geht davon aus, dass Folkerts einer der Buback-Mörder ist und zum harten Kern der RAF gehört. Der erste Erfolg überhaupt seit der Entführung des Arbeitgeberpräsidenten. Siebzehn Tage ist sie her.

Geschnappt worden war Folkerts, weil Kripomänner bei der Autovermietung auf der Lauer lagen. Nach der Schießerei in Utrecht drei Tage zuvor hatten sich Polizisten in den ganzen Niederlanden bei Autovermietern nach deutschsprachigen Mietern umgehört. Von einem kleinen Autoverleih in Utrecht, Rent A Car, Croeselaan 74, kommt die Antwort: Vor knapp zwei Wochen mietete eine Deutsche einen roten Taunus 1600 L. Die Angaben aus ihrem Ausweis werden überprüft – »Astrid Winter, Walddorfstraße 234, 2000 Hamburg«. Ergebnis: Diese Frau gibt es nicht. Tatsächlich handelt es sich um Sigrid Sternebeck.

Als mit dem roten Ford an diesem Donnerstagnachmittag ein hagerer Mann mit Hornbrille und Oberlippenbart in den Hof der Autovermietung fährt, übernehmen seine Festnahme Brigadier Arie Kranenburg (46) und Hauptwachtmeister

Leendert Cornelius Pieterse (37). Ein eingespieltes Verhaftungsteam. Ihre Methode: Sie nähern sich der zu verhaftenden Person von zwei Seiten. So unauffällig wie möglich. Im selben Augenblick packt jeder ein Handgelenk. Erst dann geben sie sich als Polizisten zu erkennen. Die Methode hat bislang immer funktioniert. Aber heute funktioniert sie nicht. Der Mann ist schneller, reißt einen Revolver Colt Combat Commander hervor und feuert auf die beiden Polizisten, jeweils zwei Mal. Dann stürzt er aus der Tür. Draußen überwältigen ihn Polizeibeamte. Kranenburg, in der Brust getroffen, schleppt sich nach nebenan, in das Lokal »De Bonte Koe«, zwei Häuser weiter. Kurz darauf stirbt er in der Universitätsklinik. Pieterse überlebt – schwer verletzt durch zwei Bauchschüsse. Unerkannt entkommt eine Frau, die aus dem roten Ford stieg, kurz bevor er auf den Hof der Autovermietung fuhr. Es ist Elisabeth von Dyck.

De Haagsche Courant meldet: »Deutscher Terror nun auch hier.«

Schnell stellt sich heraus: Folkerts Waffe stammt aus dem Raubüberfall auf den Frankfurter Waffenhändler Fischlein vor zwei Monaten. Unterwegs war Folkerts unter dem Cover eines Toten: In seinen Papieren steht der Name »Siegfried Fries« – ein Häftling, der im Gefängnis in Bochum starb. In seiner Tasche steckte ein karierter Zettel mit handschriftlichen Notizen. Unter anderem hatte er gekritzelt: »D H cleanen«. »Cleanen« bedeutet im RAF-Jargon, eine Wohnung von Spuren zu säubern.

Aus Indizien wird für Herold und seine Männer eine Vermutung: Das Pflaster in Den Haag ist der RAF durch die Schießerei drei Tage zuvor zu heiß geworden. Deshalb räumte sie ihren Unterschlupf und Folkerts sollte ihn nun »cleanen«. Wenn es so wäre, überlegen Herold und seine Männer weiter, spräche vieles dafür, dass die RAF Schleyer in den Niederlanden versteckt, zumindest versteckte – und Knut Folkerts das Versteck kennt.

Herold wittert seine Chance. Er braucht dringend einen Erfolg – zweieinhalb Wochen sind seit der Entführung Schleyers verstrichen. Viel hat er den beiden »Lagen« in Bonn erklärt und erläutert. Aber tatsächlich erreicht bislang noch nichts. Und Folkerts Festnahme ist auch nicht sein Erfolg, sondern der seiner niederländischen Kollegen. Vor diesem Hintergrund schnürt der BKA-Präsident ein großes Paket für Folkerts – ein Angebot: eine Million Mark, eine neue Identität, keine Strafverfolgung und die Ausreise in die Vereinigten Staaten – wenn er verrät, wo Schleyer steckt, und anschließend als Kronzeuge zur Verfügung steht. Mit den Amis ist schon alles abgesprochen.

Herold schickt seinen »RAF-Chefermittler« Georg Pohl nach Utrecht. Niederländische Kollegen bringen ihn in Folkerts Zelle im Polizeipräsidium. »Er hockte ganz in der Ecke«, erinnert sich Pohl. Auf ihn macht der Fünfundzwanzigjährige einen »deprimierten Eindruck«. Untersuchungshaft statt Untergrund. Pohl stellt einige Fragen, Folkerts beantwortet sie nicht. Dann macht ihm Pohl das Angebot: eine Million, neue Identität, freies Geleit … Aber Folkerts lehnt ab. Der Leitende Kriminaldirektor des Bundeskriminalamts ist überrascht: »Die Typen sind wirklich auf ihren Kurs eingeschworen«, resümiert er: »Völlig unbestechlich.«

Kein Vierteljahr später verurteilt das Landgericht Utrecht Folkerts zu zwanzig Jahren Freiheitsstrafe wegen Mordes, versuchten Mordes und mehrerer Zuwiderhandlungen gegen das Schusswaffengesetz.

Freitag, 23. September

Der Bundesgerichtshof entscheidet, dass die Kontaktsperre zwischen RAF-Häftlingen und Anwälten rechtens ist. Der BGH-Ermittlungsrichter hatte gegen die Häftlinge aus der RAF und ihrem Umfeld eine Reihe von Maßnahmen angeordnet, unter anderem den Verkehr mit Besuchern und anderen Häftlingen untersagt, nicht aber den mit Anwälten. Dagegen hatte Generalbundesanwalt Rebmann Beschwerde eingelegt: »Angesichts der mit der Entführung von Schleyer verbundenen außerordentlichen Situation« bestehe die Notwendigkeit, argumentiert er, »jegliche Kommunikationsmöglichkeit zwischen inhaftierten terroristischen Gewalttätern und dem in die Entführung von Schleyer verwickelten Täterkreis zu unterbinden«. Nur so könnten zusätzliche Gefahren für das Leben von Schleyer ausgeschlossen werden: »Allein die Unterbrechung jeglicher Kommunikation der Inhaftierten mit den Entführern beugt der Gefahr vor, dass die Häftlinge den Entführern im Falle Schleyer durch Information Hilfe gewähren oder aus den Vollzugsanstalten heraus auf die Begehung flankierender Terroranschläge hinwirken.«

Dem stimmt der dritte Strafsenat des Bundesgerichtshofs grundsätzlich zu – mit Hinweis auf das Notstandsrecht aus Paragraf 34 des Strafgesetzbuches: Bestehe ein dringender Verdacht gegen die Kontaktgesperrten, urteilen die Richter, müsse »im Rahmen der hier anzustellenden Abwägung« die bloße Gefahr genügen, »daß der weiterhin freie Zugang der Anwälte zu einer Steigerung der Bedrohung für das Entführungsopfer führen kann«. Denn diese Gefahr betreffe »das höchste Gut unserer Rechtsordnung, das menschliche Leben, gegenüber dem die zudem nur vorübergehend beeinträchtigte freie Verteidigung weitaus weniger gewichtig ist«.

Um 11.30 Uhr erklärt Regierungssprecher Klaus Bölling vor der Bundespressekonferenz: »Der Bundeskanzler hat vor etwa einer Stunde mit dem niederländischen Ministerpräsident Joop den Uyl telefoniert und ihm im Namen der Bundesregierung sein Beileid zum Tod des in Utrecht ums Leben gekommenen Polizeibeamten und seine Anteilnahme am Schicksal der beiden offenkundig schwerverletzten Polizisten ausgesprochen. Und nicht anders als bei den telefonischen Unterhaltungen des Kanzlers mit dem französischen Staatspräsidenten, mit Präsident Carter und mit dem englischen Premierminister Callaghan haben sich der deutsche und der niederländische Regierungschef ihres solidarischen Beistands im Kampf gegen den Terrorismus versichert.«

Sonnabend, 24. September

Um 12.17 Uhr ruft ein Entführer bei einem Angestellten von Payot in Genf an. Er sagt »Papst« und »Margot Hielscher«. Das ist der »neue Lebensbeweis«, den das BKA vor vier Tagen gefordert hatte. Der Angestellte erkundigt sich nach einer neuen Mitteilung. »Weiter will ich nichts sagen«, antwortet der Anrufer. »Ich will von Ihnen etwas hören.« Payots Mitarbeiter antwortet, das BKA habe mitgeteilt, die »Ergebnisse der Befragungen der vier Zielländer« würden »in Kürze erwartet«. Der Anrufer ist hörbar verärgert: »Wir fragen nur, wie lange Rechtsanwalt Payot das Spiel noch mitspielen will, und wir haben langsam keine Zeit und keine Lust mehr, das mitzuspielen. Ende.« Die RAF klingt verzweifelt.

Sonntag, 25. September

Um 00.06 Uhr gibt ein Beamter des Bundeskriminalamts die neunzehnte Mitteilung für die Entführer nach Genf durch: Die Befragung der Zielländer habe sich »an der von Baader angegebenen Reihenfolge orientiert«. Libyen und Südjemen hätten die Aufnahme der Häftlinge abgelehnt, zwei Länder sich noch nicht endgültig geäußert. Angesichts dessen sei »vorsorglich auch die Befragung des von Baader letztgenannten Landes Vietnam eingeleitet« worden. Ende der Mitteilung: »Über den Fortgang werden wir Nachrichten übermitteln.«

Von Brüssel fliegen Peter-Jürgen Boock und Brigitte Mohnhaupt nach Bagdad. Sie wissen: Irgendwann, schon sehr bald, wird das Spiel auf Zeit aus sein, der Fahndungsdruck in Deutschland und drumherum immens steigen. In der irakischen Hauptstadt wohnen sie in einem schmucklosen Haus in einem bescheidenen Vorstadtviertel. Gäste sind sie wieder von Wadi Haddad, wie vor einem Jahr in Aden. Schon bald folgen ihnen andere RAF-Mitglieder: Susanne Albrecht, Elisabeth von Dyck, Gert Schneider, Christine Kuby, Monika Helbing und Friederike Krabbe. Reisepapiere hatten Friederike Krabbe und Sigrid Sternebeck in der RAF-Fälscherwerkstatt in der Amsterdamer Eastonstraat 227 gefälscht. Um möglichst wenig aufzufallen, fliegen sie in Kleingruppen. Zu zweit oder zu dritt.

Um 22.45 Uhr startet Staatsminister Wischnewski nach Vietnam.

Montag, 26. September

De Haagsche Courant berichtet über die Schießerei in der Autovermietung und veröffentlicht ein Foto der Granada-Mieterin »Ursula Dietrich« alias Angelika Speitel. Bei der Polizei meldet sich ein Ehepaar. Die beiden berichten, das Foto zeige die Frau, der sie vor knapp zwei Wochen ihr Zehn-Zimmer-Haus in der Stevinstraat 266 vermietet haben. Polizisten legen sich dort auf die Lauer. Aber ohne Erfolg. Sie sind zu spät. Die RAF erscheint nicht mehr.

Für Horst Herold und seine Leute in Bad Godesberg legt das Zettelchen mit dem gekritzelten »D H cleanen« die Vermutung nahe, dass die RAF das Haus aufgegeben hat. Nun, durch die Aussage der beiden Zeugen, sprechen am zweiundzwanzigsten Tag der Entführung alle Erkenntnisse dafür, dass die RAF Schleyer tatsächlich in Den Haag versteckt hatte.

Nun die Frage: Wo versteckt sie ihn jetzt? Keiner im BKA hat eine überzeugende Idee.

Um 15 Uhr teilt Payot dem BKA mit, dass sich die Entführer seit zwei Tagen bei ihm nicht gemeldet haben.

Dienstag, 27. September

Die RAF kehrt zu ihrer alten Strategie zurück. Sie schaltet wieder um auf öffentlichen Dialog – und den Mittelsmann Payot aus: Mit einem publizistischen Großangriff versucht sie, Druck auf die Bundesregierung zu erzeugen, um endlich in Sachen »Gefangenenaustausch« voranzukommen.

Von einem Mitarbeiter des Bonner Büros der Nachrichtenagentur Agence France-Presse (afp) erhält das Bundespresseamt um 13.15 Uhr den Anruf, in der afp-Zentrale in

Paris sei am Vormittag die Nachricht der Entführer von einem Boten abgegeben worden:

> Wenn der Bundesrepublik noch am Erhalt des Lebens von Schleyer liegt, muss sie sofort für den Stopp der Fahndung in Frankreich, Holland und der Schweiz sorgen. Unsere Forderung nach Einstellung aller Fahndungsmaßnahmen gilt nach wie vor. Wir warnen die Bundesregierung davor, die Telefongespräche mit Rechtsanwalt Payot weiterhin über Fangschaltungen oder dergleichen als Fahndungsmittel einzusetzen.
> Wir werden weitere Verhandlungen mit der Bundesregierung nur noch dann über Rechtsanwalt Payot führen, wenn diese ihre Taktik aufgibt, mit sinnlosen Telefongesprächen Zeit zu gewinnen und dass uns sichtbar ist, dass sie tatsächlich die Freilassung der 11 geforderten Gefangenen vorbereitet. Weitere Lebenszeichen von Schleyer wird es nur noch im Zusammenhang mit konkreten Hinweisen auf den Austausch geben. Auch wenn uns die Bundesregierung die Verhandlungsergebnisse von Wischnewski vorenthalten will, gibt es von uns nur zu sagen, das wir sicher wissen, das es Länder gibt, die zur Aufnahme der 11 Gefangenen bereit sind.
> 26. 9. 1977, Kommando Siegfried Hausner, RAF.

Beigelegt dem Schreiben ist ein Foto Schleyers vor dem RAF-Emblem und hinter dem Schild »Seit 20 Tagen Gefangener der RAF«. Mindestens dreizehn derartiger Sendungen warf die RAF am Nordbahnhof in Paris in einen Briefkasten. Unter anderem an die *Frankfurter Rundschau*, den *Schweizer Depeschendienst*, afp Bonn, *Die Welt* und *Bild* in Hamburg, das *Algemeen Dagblad* in Rotterdam, den *Telegraaf* und *Volkskrant* in Amsterdam, Eberhard von Brauchitsch und Denis Payot. Eine Sendung steckt ein Bote in den Briefkasten der Redaktion von *Libération* in Paris.

Gegen 18.30 Uhr landet BKA-Kommissar Alfred Klaus in einem Hubschrauber in Stammheim. Dreieinhalb Stunden zuvor hatte ihn Amtsinspektor Bubeck angerufen: Jan-Carl Raspe bittet um seinen Besuch. Er wolle eine Mitteilung machen und ein Schriftstück übergeben. Sofort ordnet Herold den Hubschrauberflug nach Stuttgart an.

Um 18.45 Uhr wird Raspe zu Klaus in die Besucherzelle geführt. Er sagt, er habe eine »Ergänzung anzubringen« zu seiner vor zwei Wochen gegebenen Antwort auf die Frage nach einem Zielort. »Für den Fall, dass die Bundesregierung wirklich den Austausch versucht und vorausgesetzt, die bereits genannten Länder – Algerien, Libyen, Vietnam, Irak, Südjemen – lehnen die Aufnahme ab«, liest er einen maschinengetippten Text vor, »nennen wir noch eine Reihe weiterer Länder: Angola, Mozambique, Guinea-Bissau, Äthiopien. 20.9.1977 Raspe«.

Alfred Klaus ist überrascht. Denn erstens hatte Raspe vor zwei Wochen bei der Frage nach einem Flugziel keines genannt, sondern lediglich gesagt, er wolle sich mit anderen Gefangenen darüber beraten. Aber das ging ja nun nicht wegen der Kontaktsperre. Baader war es, der die fünf Ziele nannte. Also, woher wusste Raspe von Baaders Angaben?

Und zweitens sprach Raspe in seiner vorformulierten Erklärung von »wir«, die weitere Länder »nennen«. Wenn »wir« stimmt, müssten die Häftlinge die vier Vorschläge gemeinsam besprochen haben, denkt der Kommissar. So hält er dem Dreiunddreißigjährigen vor, das von ihm verwendete »Fürwort ›wir‹« und die »Aufzählung der von Baader genannten fünf Aufnahmeländer« zeige, dass sie sich wohl untereinander verständigt hätten. Raspe wird verlegen. Schweigt. Er unterschreibt seinen Text und eine Kopie und bittet den BKA-Mann, die Seiten an den »Krisenstab« weiterzuleiten.

Bevor Klaus die siebte Etage verlässt, zeigt ihm der Justizbeamte die neue »Vorrichtung zur Unterbindung der akustischen Kontakte zwischen den Gefangenen«: Holzplatten mit Schaumgummiauflage. Über Nacht werden sie vor die Zellentüren gestellt. Das Schaumgummi soll die Lüftungsschlitze in den Zellentüren so abdecken, dass Rufe hinter der Tür auf dem Gang nicht mehr zu hören sind. Aber für Klaus ist klar, dass die Kontaktsperre nicht funktioniert. Er hat gehört, was er gehört hat.

Um 22.41 Uhr gibt das Bundeskriminalamt eine neue Nachricht für die Entführer an Payot: Es bestätigt, den Brief erhalten zu haben, der am Vormittag bei afp in Paris abgegeben wurde. Das BKA erklärt, es sei nicht zu erwarten, »dass andere Länder von Fahndungsmaßnahmen absehen, wenn dort Polizeibeamte ermordet« würden. Die Verhandlungen mit Vietnam stießen, wie bereits mitgeteilt, »auf große Schwierigkeiten«: »Staatsminister Wischnewski ist heute, Dienstag, den 27.9.1977, um 11.00 Uhr MEZ, in Saigon gelandet. Rückkunft voraussichtlich morgen, Mittwoch, den 28. 9. 1977, in den Abendstunden. Über das Ergebnis wird eine Nachricht übermittelt werden.«

Sollte auch Vietnam – als letzter von Baaders fünf Reisewünschen – abwinken, gibt es nun, das ist die Neuigkeit dieses Tages, vier neue Ziele für Wischnewski.

Mittwoch, 28. September

Die Pariser Tageszeitung *Libération* veröffentlicht das Foto Schleyers in RAF-Kulisse und das Schreiben, in dem die Entführer die Einstellung der Fahndung fordern.

Um neun Uhr beginnt in Bonn der Rechtsausschuss des Deutschen Bundestages mit den Beratungen des Kontaktsperregesetzes. Den Entwurf hatten die drei Fraktionen von SPD, CDU und FDP gemeinsam eingebracht.

Den Rechtspolitikern brennt es unter den Nägeln: So schnell wie möglich wollen sie eine ausdrückliche Regelung für die Kontaktsperre im Gesetz schaffen – bislang ist sie »ungeregelt«. Nun, nach der Entführung Schleyers, gerade in der augenblicklichen Phase mit den in die Länge gezogenen Verhandlungen, wollen sie verhindern, dass sich Entführer und Häftlinge über JVA-Besucher abstimmen können, um das Projekt »Big Raushole« zu optimieren.

Den Abgeordneten geht es um Rechtsklarheit. Zwar besteht eine Kontaktsperre für alle RAF-Häftlinge. Aber sie steht nicht auf festem juristischen Boden: Die Landesjustizverwaltungen haben Kontaktsperren angeordnet und sich dabei auf das Notstandsrecht des Strafgesetzbuches gestützt. Die Anordnungen sind nicht einheitlich. Und Instanzgerichte urteilten nicht einheitlich über sie.

Zwar hatte der dritte Strafsenat des Bundesgerichtshofs am 23. September – entgegen der Rechtsansicht des BGH-Ermittlungsrichters, der Verteidigerbesuche für nicht verbietbar hielt – grundsätzlich grünes Licht für die Kontaktsperre auch gegenüber Verteidigern gegeben. Aber unklare Punkte blieben. Und vor allem steht die Entscheidung des Bundesverfassungsgerichts bevor. Sie ist terminiert für den 4. Oktober. In sechs Tagen. Niemand vermag auszuschließen, dass das Bundesverfassungsgericht die Kontaktsperre-Entscheidung des Bundesgerichtshofs kippt – so wie vor vier Jahren den Schily-Beschluss des Bundesgerichtshofs.

Donnerstag, 29. September

Um 1.30 Uhr endet die Sitzung des Rechtsausschusses. Nach über sechzehn Stunden. An etlichen Stellen wurde der Entwurf verändert und im Wesentlichen einstimmig gebilligt. Der Befund des Rechtsausschusses in seiner Beschlussempfehlung für den Bundestag: Weil ein »Kommunikationsnetz« zwischen Häftlingen und in Freiheit befindlichen Mitgliedern terroristischer Vereinigungen bestehe, durch »das die Planung und Durchführung von Anschlägen erleichtert« werde, müssten vom Gesetzgeber die »Voraussetzungen festgelegt werden, unter denen die Unterbindung des Verkehrs von Gefangenen untereinander und der Außenwelt zulässig sein soll«.

Um 3 Uhr kehrt Kanzleramtsminister Hans-Jürgen Wischnewski aus Vietnam zurück.

Um 15.30 Uhr tritt der Deutsche Bundestag zur zweiten und dritten Lesung des Entwurfs über das Kontaktsperregesetz zusammen. Der Kern: »Besteht eine gegenwärtige Gefahr für Leben, Leib oder Freiheit einer Person, begründen bestimmte Tatsachen den Verdacht, dass die Gefahr von einer terroristischen Vereinigung ausgeht, und ist es zur Abwehr dieser Gefahr geboten, jedwede Verbindung von Gefangenen untereinander und mit der Außenwelt einschließlich des schriftlichen und mündlichen Verkehrs mit dem Verteidiger zu unterbrechen, so kann eine entsprechende Feststellung getroffen werden.« Die Feststellung hat die Landesregierung zu treffen. Geht es um die Kontaktsperre in mehreren Ländern, kann der Bundesjustizminister entscheiden.

Das Gesetz wird mit 371 Ja- gegen 4 Nein-Stimmen angenommen. 17 Enthaltungen. So schnell wurde in Bonn noch nie ein Gesetz gemacht.

Eine der vier Gegenstimmen stammt vom SPD-Abgeordneten Manfred Coppik. An diesem Nachmittag monierte er als Redner vor dem Bundestag, dass der Wortlaut des Entwurfes den Abgeordneten »erst heute früh, also vor wenigen Stunden, vorgelegt wurde«. Insgesamt hält er »die Abwägung ›hier Leben eines Menschen, dort rechtsstaatliche Grundprinzipien‹ für nicht möglich«, weil »die Aufgabe rechtsstaatlicher Grundprinzipien … kein Menschenleben« rette. »Meine Damen und Herren«, ruft er den Abgeordneten zu, »der Kampf gegen den Terrorismus wird nicht durch Sondergesetze gewonnen, sondern durch eine entschlossene Anwendung des geltenden Rechts.« Aber nach ihm, dem geltenden Recht, ist nun gerade unklar, ob eine so einschneidende Maßnahme für einen Häftling wie seine totale Kontaktsperre auf den allgemeinen Paragrafen über den »rechtfertigenden Notstand« des Strafgesetzbuches gestützt werden darf.

Freitag, 30. September

Um neun Uhr tritt der Bundesrat zusammen. Er verabschiedet das Kontaktsperregesetz. Einstimmig.

Ebenfalls um neun gibt das Bundeskriminalamt an Rechtsanwalt Payot die einundzwanzigste Mitteilung an die Entführer: »Staatsminister Wischnewski ist aus Vietnam[13] am

13 Oben, 27. September.

Donnerstag, dem 29.9.1977, 3.00 Uhr, zurückgekehrt. Die Regierung der Volksrepublik Vietnam lehnt die Aufnahme der Gefangenen ab. Auch Algerien hat nunmehr erklärt, dass es nicht zum Aufnahmeland von Terroristen werden wolle. Inzwischen haben die Gefangenen vier weitere Zielländer benannt.«

Bundespräsident Walter Scheel unterzeichnet das Kontaktsperregesetz um elf Uhr. Keine zwei Stunden nachdem der Bundesrat zugestimmt hat.

Um die RAF zu bezwingen, denkt BKA-Präsident Horst Herold in alle Richtungen. Auch in Richtung Konfusion. Und zwar an eine – vom BKA – fingierte Mitteilung der Entführer mit einem Kompromissvorschlag für die Freilassung Schleyers, auf die das Amt »einsteigen« könnte. Alfred Klaus erhält den Auftrag, einen Entwurf im RAF-Jargon zu schreiben. »Unsere Geduld ist erschöpft«, fabuliert Klaus:

> Die Bundesregierung will uns durch ihre infame Hinhaltetaktik nur darüber hinwegtäuschen, dass sie einen Austausch der Gefangenen nie ernsthaft erwogen hat. Die Verhandlungen Wischnewskis mit den in Betracht kommenden Ländern sind ein Manöver zur Irreführung der Öffentlichkeit. Er soll seine Lustreisen beenden, die doch nur den Zweck haben, die Regierungen von ihrer Bereitschaft zur Aufnahme der Gefangenen abzubringen. Der Bundesregierung ist die Vernichtung der Gefangenen aus der RAF offenbar wichtiger als das Leben Schleyers, dieses fetten Repräsentanten des Großkapitals in der BRD. Wir lassen uns nicht zu einer Hinrichtung provozieren und als brutale Killer diffamieren. Dieser Staat kann seine beliebig auswechselbare Charaktermaske unter folgenden Bedingungen wiederhaben:

1. Überweisung von 29 Millionen DM auf ein Schweizer Bankkonto, das von Klaus Croissant treuhänderisch mit der Garantie der jederzeitigen Verfügbarkeit verwaltet wird.
2. Einstellung der Verfahren gegen Croissant und alle anderen Vertrauensanwälte der Gefangenen aus der RAF.
3. Wiederherstellung der Haftbedingungen für die Gefangenen, wie sie am 5.9.77 in Stammheim gegolten haben.
4. Zustimmung der Gefangenen, deren Freilassung von uns gefordert wurde.

Einstellung der Fahndung für die Dauer der Verhandlungen.
30.9.1977 Kommando Siegfried Hausner
RAF

Autor Klaus, bester Kenner der RAF-Denke im BKA, findet das Ganze »eine lächerliche Geschichte«. »Der Herold …«, tippt sich sein Kollege Gerd Berzau an die Stirn, dem er den Text zu lesen gegeben hat, »… irgendwie ist mittlerweile komplett RAF-geschädigt. Oder hat ihm sein Zaubercomputer die Idee ausgespuckt?«

Klaus drückt sein Papier dem Abteilungspräsidenten Gerhard Boeden in die Hand – nichts passiert. Kein »Rücklauf«.

Sonnabend, 1. Oktober

Im Bundesgesetzblatt 66/1977 wird das »Gesetz zur Änderung des Einführungsgesetzes zum Gerichtsverfassungsgesetz« vom 30. September 1977 verkündet – acht neue Paragrafen: das »Kontaktsperregesetz«.

Sonntag, 2. Oktober

Um 00.00 Uhr tritt das Kontaktsperregesetz in Kraft.

Um 00.02 Uhr stellt der Bundesjustizminister die Kontaktsperre für 72 Häftlinge fest und übermittelt diese Entscheidung per Fernschreiber an die Landesjustizverwaltungen. In dem Papier erklärt Hans-Jochen Vogel unter Hinweis auf die Schleyer-Entführung: »Zur Abwehr der gegenwärtigen Gefahr für Leib und Leben von Hanns Martin Schleyer ist es geboten, bei den … Gefangenen jedwede Verbindung untereinander und mit der Außenwelt einschließlich des schriftlichen und mündlichen Verkehrs mit den Verteidigern zu unterbrechen.«

Montag, 3. Oktober

In Hamburg erscheint in einem Maklerbüro »Monika Schlindwein«. Sie hat im *Hamburger Abendblatt* gelesen, dass ein möbliertes Einzimmerapartment in Hamburg-Eilbek zu vermieten ist, und sagt, dass sie Dolmetscherin beim Rowohlt Verlag in Reinbek sei. Nach einer kurzen Besichtigung nimmt sie die Wohnung, Eilbeker Weg 14.

Tatsächlich heißt die Frau Adelheid Schulz. Die Wohnung wird einer der beiden Schlupfwinkel der RAF in Hamburg zum Ende und nach der Schleyer-Entführung. Der andere befindet sich in Hamburg-Altona, in der Breiten Straße 159. Die Wohnung mietet, ebenfalls an diesem Tag, Christian Klar als »Klaus Klessen, Industriefotograf«. In diesen beiden Wohnungen »überwintern« Adelheid Schulz, Willy Peter Stoll, Angelika Speitel und Christian Klar in der Hansestadt.

Als zehn Monate später, im August 1978, die Überweisung der Miete für den Eilbeker Weg ausbleibt, ruft der Vermieter beim Rowohlt Verlag an, um Frau »Schlindwein« zu fragen, was los ist. Er hört, dass eine Frau mit diesem Namen nicht in Reinbek arbeitet. Deshalb schaltet er die Polizei ein. Am 2. Oktober 1978, fast ein Jahr nach der Anmietung, öffnet sie die Wohnungstür. Die Beamten finden jede Menge RAF-Utensilien: eine »Fülle von Spritzen, Verbandmaterial, medizinische Instrumente, Betäubungs- und Schlafmittel sowie einen Klappspaten«, listet später das Oberlandesgericht Düsseldorf auf, Teile von der polnischen Maschinenpistole WZ 63, mit der in Köln Willy Peter Stoll Schleyers Leibwächter erschoss. Außerdem entdecken sie einen Aktendeckel mit der Aufschrift »Ponto« – in ihm liegen die Fotokopien seiner Akte aus dem Weltwirtschaftsarchiv – und ein Buch mit dem Titel *Wirtschaft auf dem Prüfstand*. Autor: Jürgen Ponto.

Dienstag, 4. Oktober

In der Justizvollzugsanstalt Stammheim ordnet der stellvertretende Anstaltsleiter Ulrich Schreitmüller »in Ausführung« der Anordnung des Bundesjustizministers nach dem neuen Gesetz elf Maßnahmen für die Häftlinge auf der siebten Etage an: Untersagt ist ihnen »jeglicher Besuchs- und Schriftverkehr« und »jeglicher Telefon- und Telegrammverkehr«. Nicht empfangen dürfen sie Rundfunk, Zeitungen, Zeitschriften und Pakete. Untersagt ist ihnen auch »jegliche Verbindung der Gefangenen untereinander«. Zudem dürfen sie Gegenstände untereinander nicht tauschen. Ebenso verboten: der »gemeinsame Einkauf«, »Teilnahme am allgemeinen Bücheraustausch« und die »gemeinsame Benutzung von Toilettengegenständen im Bad«. Am Ende der Verfügung folgt die »Rechtsmittelbelehrung«: Schreitmüller erklärt, über

»die Rechtmäßigkeit« einzelner Maßnahmen entscheide auf Antrag das Oberlandesgericht Stuttgart: Wolle ein Häftling einen solchen Antrag stellen, sei er »von einem Richter bei dem Amtsgericht Stuttgart-Bad Cannstatt aufzunehmen« – der Kontakt mit Anwälten ist ihnen ja verboten.

In Karlsruhe bestätigt das Bundesverfassungsgericht das »Verkehrsverbot« zwischen RAF-Häftlingen und Verteidigern, das der Bundesgerichtshof vor anderthalb Wochen angeordnet hatte: Würde die Verbindung zwischen Anwälten und Häftlingen wiederhergestellt, begründet der zweite Senat seine Entscheidung, »bestünde die ernsthafte Gefahr, dass den Entführern Dr. Schleyers und anderen terroristischen Gewalttätern aus den Vollzugsanstalten heraus unterstützende Hinweise oder Weisungen zugespielt würden, welche das Leben der Geisel zusätzlich gefährden, die Bemühungen der Behörden um eine Lösung des Entführungsfalles vereiteln oder erheblich erschweren und eine Bedrohung von Leib und Leben weiterer Personen bewirken könnten.«

Mittwoch, 5. Oktober

In Stuttgart durchsuchen Beamte des Landeskriminalamts die Kanzlei von Rechtsanwalt Klaus Croissant. Anlass: Drei Tage zuvor war der Mitarbeiter der Kanzlei Volker Speitel im Skandinavien-Express an der deutsch-dänischen Grenze bei Puttgarden festgenommen worden, bei der Einreise nach Deutschland. Einige Wochen später bricht der gelernte Schilder- und Lichtreklamemaler sein Schweigen und schildert Bundesanwalt Lampe, wie die »legale RAF-Residentur« arbeitete.[14]

14 Oben, 8. Februar.

Die Rechtsanwaltskanzlei ist ohne Rechtsanwälte – alle drei sind weg: Klaus Croissant hatte sich vor drei Monaten nach Frankreich abgesetzt, am 11. Juli. Seine Partner Armin Newerla und Arndt Müller hat die Polizei verhaftet.

»Stallwache« im Büro halten einige junge Leute. Für die Beamten zählen sie nicht zu den Verdächtigen. Wirklich belastendes Material entdecken sie nicht. Aber ein Foto des gefangenen Arbeitgeberpräsidenten. Es hängt als Poster an der Wand.

Donnerstag, 6. Oktober

Die »Kleine Lage« tagt zweimal: um 12.17 Uhr für zwanzig Minuten, und um 18.40 Uhr für fünfzig Minuten. Keine Nachricht der Entführer.

Freitag, 7. Oktober

Wieder geht es nicht voran: Wieder tagt die »Kleine Lage«, wieder zweimal, und zwar um 11.30 Uhr und um 18.40 Uhr. Und wieder gibt es keine Nachricht von den Entführern.

Sonnabend, 8. Oktober

Endlich! Ein neues Lebenszeichen von Hanns Martin Schleyer! Das Büro von Payot teilt dem Bundeskriminalamt gegen zehn Uhr mit, eingegangen seien von ihm ein handgeschriebener Brief und eine Polaroidaufnahme: Schleyer hält ein Schild mit der Aufschrift »Seit 31 Tagen Gefangener«.

Schleyer schreibt, er habe die Gelegenheit erhalten, seiner Frau für ihren Brief vom 21. September zu danken – über zwei Wochen sind seither verstrichen. Ihr könne er versichern, dass es ihm »physisch und psychisch gut« gehe, soweit dies unter den gegebenen Umständen möglich sei: »Die Ungewissheit ist die größte Belastung. Ich habe in der ersten Erklärung nach der Entführung zum Ausdruck gebracht, dass die Entscheidung über mein Leben in der Hand der Bundesregierung liegt, und habe damit diese Entscheidung akzeptiert. Aber ich sprach von Entscheidung und dachte nicht an ein jetzt über einen Monat dauerndes Dahinvegetieren in ständiger Ungewissheit.«

Seine Familie und seine Freunde wüssten, dass er »nicht so leicht umzuwerfen« sei und über eine »robuste Gesundheit« verfüge. Aber man müsse auch die Umstände berücksichtigen, unter denen er lebe: »Deshalb ist eine Entscheidung der Bundesregierung – wie ich sie am ersten Tag gefordert habe – dringend geworden«, mahnt er an. Dies um so mehr, als seine Entführer »nach meiner festen Überzeugung so nicht mehr lange weitermachen werden. Ihre Entschlossenheit kann nach der Ermordung Bubacks und Pontos nicht in Zweifel gezogen werden. Mit meiner Frau vertraue ich auf das hohe Verantwortungsbewusstsein der politisch Verantwortlichen und hoffe nach wie vor, bald wieder bei ihr sein zu können.«

Stammheim, die Besucherzimmer in der siebten Etage: Um 17.45 Uhr wird Andreas Baader hereingeführt. Alfred Klaus erwartet ihn – gegen 14 Uhr hatte der BKA-Kommissar einen Anruf von Amtsinspektor Bubeck bekommen: Baader bitte um einen Besuch von ihm. So flog der Erste Kriminalhauptkommissar mit einem Hubschrauber von Bonn nach Stammheim.

Überraschend für Klaus beginnt Baader das Gespräch mit

der Frage, ob ihm Klaus etwas zu sagen habe. Der verneint. Baader holt tief Luft. Auf den Beamten wirkt er nervös und angespannt. »Wenn das jämmerliche Spiel und die Potenzierung der Isolation seit sechs Wochen nicht bald ein Ende findet«, nuschelt sich Baader hastig durch die Sätze, »dann werden die Gefangenen entscheiden. Die Sicherungsorgane werden dann mit einer Dialektik der politischen Entwicklung konfrontiert, die sie zu betrogenen Betrügern macht. Die Gefangenen beabsichtigen nicht, die gegenseitige Situation länger hinzunehmen. Die Bundesregierung wird künftig nicht mehr über die Gefangenen verfügen können.«

Böse funkeln Baaders Augen den Beamten an.

»In welcher Welt leben Sie eigentlich?«, fragt Klaus. »Das sind doch ziemlich irreale Vorstellungen.« Baader holt Luft: »Das ist eine Drohung!«, blafft er. Seine Stimme bebt: »Es wird sich um eine irreversible Entscheidung der Gefangenen in Stunden oder Tagen handeln.« Schnaufend steht er auf und geht zur Tür. Er dreht sich um. Dem Beamten gibt er mit auf den Rückweg: »Falls die Bundesregierung uns auszufliegen beabsichtigt, dann wollen wir nicht irgendwohin gebracht werden, sondern an den Verhandlungen über Zielort und Modalitäten beteiligt werden.«

»Ich gewann bei dem etwa 7 Minuten dauernden Gespräch den Eindruck, dass BAADER infolge der Isolation und der Ungewissheit mit den Nerven am Ende ist«, schreibt Klaus anschließend in seinem Vermerk: »Mit der von ihm genannten Entscheidung der Gefangenen kann nach Sachlage nur ihre Selbsttötung gemeint sein. Ob dies ernst gemeint ist und ob die Gefangenen sich darüber haben verständigen können, ist nicht sicher.« Nicht auszuschließen sei, »dass BAADER von dem letzten Lebenszeichen SCHLEYERs – etwa durch

Zuruf von außen – Kenntnis erlangt und dies zum Anlass für seine Erklärung genommen hat«.

Sonntag, 9. Oktober

Um 9.30 Uhr bekommt Alfred Klaus den Anruf, Gudrun Ensslin wolle ihn sprechen. Statt des geplanten Sonntagsspaziergangs fährt er 340 Kilometer mit einem BKA-Wagen in die Justizvollzugsanstalt Stammheim. Um 14.30 Uhr wird Gudrun Ensslin zu ihm gebracht, neben Klaus sitzt Amtsinspektor Bubeck. Anders als Baader – einundzwanzig Stunden zuvor auf demselben Stuhl – wirkt Ensslin ruhig und gefasst. Sie habe eine Erklärung vorbereitet, sagt sie. In der Hand hält sie einige Blätter und verlangt, dass der Text »wörtlich aufgenommen« und dem Krisenstab übermittelt wird. Klaus schlägt ihr vor, dass sie ihm die Papiere mitgibt. Will sie nicht. Klaus schlägt ihr vor, man könnte eine Schreibmaschine holen, den Text abtippen und sie könne ihn dann unterschreiben … Will sie auch nicht. Was will sie dann? Sie will, dass Bubeck den Text mitschreibt, den sie vorliest – und Alfred Klaus dafür sorgt, dass der Text im Krisenstab in Bonn ankommt. Dann beginnt sie vorzutragen – es ist die letzte programmatische Erklärung der ersten RAF-Generation. Kurzfassung: Die Häftlinge sorgen für die Freilassung Schleyers und sagen zu, nicht mehr in die Bundesrepublik zurückzukehren; die Bundesregierung verspricht, sie ausreisen zu lassen und anschließend nicht ihre Auslieferung zu betreiben – aus RAF-Sicht ein Angebot zur Güte.

> Wenn diese Bestialität hier, die ja auch nach Schleyers Tod nicht beendet sein wird, andauert – die Repressalien im sechsten Jahr

in der U-Haft und Isolation – und da geht es um Stunden, Tage, das heißt nicht mal ne Woche – dann werden wir, die Gefangenen in Stammheim, Schmidts Entscheidung aus der Hand nehmen indem wir entscheiden und zwar wie es jetzt noch möglich ist, als Entscheidung über uns.

Das ist eine Tatsache die die Regierung angeht weil sie verantwortlich ist für die Tatsache, die sie begründen – die fünfeinhalb Jahre Folter und Mord, den Schauprozess, die totale elektronische Überwachung, die Tortur durch Drogen und Isolation – dieses ganze jämmerliche Ritual, um unseren Willen und unser Bewusstsein zu brechen. Verantwortlich auch für den Exzess dieser unmenschlichen Konzeption seit sechs Wochen: die perfekte soziale und Geräuschisolation und die Masse der Schikanen und Quälereien, die uns fertigmachen sollen. Es kann keine Drohung sein – sie wäre paradox. Aber ich denke, die Konsequenz bedeutet zwangsläufig Eskalation und damit das, wovon in der Bundesrepublik, wenn man den Begriff korrekt verwendet, bisher nicht die Rede sein konnte: Terrorismus.

Und es bedeutet auch – das heißt das ist die Prämisse der Entscheidung – das, was die Regierung immer auch entscheiden kann, für uns gar nicht mehr die Bedeutung haben kann, von der sie ausgeht. Die Alternative, um noch mal daran zu erinnern, wäre:

1. Schleyer wird freigelassen, wenn wir die Aufenthaltserlaubnis und die Gewissheit haben, dass die Bundesregierung keine Versuche – egal welche – unternehmen wird, die Auslieferung zu erreichen im Zusammenhang aller Delikte aller möglicherweise freizulassenden Gefangenen vor der Befreiung.

2. Die Regierung kann davon ausgehen, dass wir, das heißt die Gruppe, um deren Befreiung es geht, nicht in die Bundesrepublik zurückkommen, weder legal noch illegal.

3. Wenn die Bundesregierung bereit ist, eine Flugzeugbesatzung zur Verfügung zu stellen und das Land um Aufnahme zu ersuchen, wissen wir mit absoluter Sicherheit ein Land, das uns aufnimmt, es kann sein, dass es nicht unter den bisher genannten ist, und wir werden es nennen, wenn wir im Flugzeug sitzen, obwohl wir der Ansicht sind, dass der sicherste Weg für ›Leib und Leben Schleyers‹ (so die Formel, nach der wir seit sechs Wochen Haftbedingungen unterworfen sind, die brutaler sind, als der tote Trakt in Köln-Ossendorf, das heißt tödlich) – die den israelischen Staat beziehungsweise die israelische Armee sicher noch weniger verpflichten als den westdeutschen Staat beziehungsweise seine Armee wären: Die Haftbefehle aufzuheben, in einem der Länder, die wir zuerst genannt haben, eine Aufenthaltsgenehmigung zu erreichen und die Organisation und die Mittel für einen undramatischen Transfer (etwa über Interflug) zu erübrigen.

4. Darüber, ob wir überhaupt bereit sind, von der Bundesregierung Geld anzunehmen, wie das Kommando fordert, werden sich die elf Gefangenen nur gemeinsam klarwerden.

5. Falls die Kolportage richtig ist: Eine Pressekonferenz in Aden oder wo immer wäre unwahrscheinlich – es gibt zwei weniger spektakuläre Möglichkeiten, um dem Kommando zu signalisieren, dass die Bundesregierung eine Aufenthaltsgenehmigung erreicht hat und sich um eine Auslieferung nicht bemüht – weder durch politischen noch durch ökonomischen Druck, wie etwa im Sommer 75 in der Volksrepublik Jemen, wo ihr ja, wenn ich da richtig informiert bin, der Versuch, die Gefangenen zurückzukaufen immerhin noch ein Fünftel der Summe wert war, die ihren humanitären Anliegen Gewicht verleihen sollte.

Nachdem sie »endlich«, so empfindet es Alfred Klaus, zum Schluss gekommen ist, fragt er, welcher Art denn die Entscheidung sei, die sie dem Kanzler abnehmen wollten. »Das ist doch wohl unmissverständlich«, antwortet sie schroff. Und geht. Für Alfred Klaus ist klar, notiert er, dass »die Selbsttötung gemeint ist«.

Anschließend kommt Jan-Carl Raspe in das Besucherzimmer. Mit Nachdruck erinnert er den Kommissar an seine Warnung vor zwei Wochen, am 27. September 1977, »dass die politische Katastrophe die toten Gefangenen und nicht die Befreiten sein werden«. Die Gefangenen würden der Bundesregierung, falls sie keine Entscheidung treffe, die Entscheidung abnehmen.

»Beabsichtigen Sie und die anderen, sich selbst zu töten?«, hakt er nach. »So wie Ulrike Meinhof?« »Ich weiß nicht«, antwortet Raspe. Er sinniert einen Augenblick. Dann schiebt er nach: »Es gebe ja auch das Mittel des Hungerstreiks und des Durststreiks«, notiert Klaus. »Nach 7 Tagen Durststreiks sei der Tod unausweichlich. Da nützten keine medizinischen Mätzchen mehr etwas.«

»Ein lebendiger Hund ist immer noch besser als ein toter Löwe!«, entgegnet Alfred Klaus. Ein Zitat aus dem Buch *Prediger Salomon.* Raspe blickt den Beamten verständnislos an und geht aus dem Raum.

Kurz darauf, es ist 15.25 Uhr, wird Irmgard Möller zu Alfred Klaus geführt. Auch sie trägt eine schriftliche Erklärung vor. Sagt, dass »wir entschlossen« seien, »die Barbarei dieser Maßnahmen gegen uns … nicht länger« zu ertragen. Nichts zum Thema Gefangenenaustausch.

Verblüffende Parallelen bestehen zwischen den Aussagen der vier Häftlinge. Klar ist für Klaus an diesem Nachmittag, dass sie »eindeutig abgesprochen« sind. Ensslin hatte ihm gegenüber sogar unumwunden eingeräumt, dass sie von dem Gespräch zwischen Klaus und Baader am Vortag erfahren hatte.

Klaus geht in die Wachstube zu den Justizwachtmeistern und sagt ihnen, er sei erstaunt, dass »offensichtlich Kontaktmöglichkeiten zwischen den Gefangenen« bestehen. Aber für die Wächter der Justiz ist das kein großes Thema. Sie klären den Kripomann auf: Die Isolation der Häftlinge sei »keineswegs total«. So könnten sie »Radiosendungen aus den darunterliegenden Zellen durch die geöffneten Fenster mithören«, notiert Klaus in seinem Bericht. Und tagsüber bestehe »eine Verständigungsmöglichkeit untereinander mittels Zuruf durch die Zellentür«, da die Schallschutzmatten nur nachts angebracht werden könnten – wegen der Luftzirkulation.

Bevor Klaus die Anstalt verlässt, redet er mit Anstaltsleiter Hans Nusser über die Suiziddrohungen von Ensslin, Baader und Raspe. Es sei schwierig, erwidert Nusser, eine »totale Überwachung« zu gewährleisten. Letztlich, so sagt der Anstaltsleiter, sei eine Selbsttötung, auch auf der siebten Etage, »nicht zu verhindern«. Alfred Klaus gehen Baaders Worte von einer »irreversiblen Entscheidung in Stunden oder Tagen« nicht aus dem Kopf. Er ruft Herold an und unterrichtet ihn darüber. Ihm schwant Ungutes. Neun Tage später weiß der Kriminalist, dass ihn seine Intuition nicht trog.

Eine halbe Stunde vor Mitternacht gibt das BKA an Payot eine neue Nachricht für die Entführer durch – eine weitere Drehung im endlos langen Spiel auf Zeit: Es fordert sie auf, »das in der Mitteilung vom 1.10.1977 gemeinte Zielland zu nennen, bei dem angeblich Aufnahmebereitschaft besteht«. Auch hätten sich die Entführer »zur Befragung weiterer Zielländer noch nicht geäußert«. Wieder zwei Aufgaben für die RAF. So liegt am fünfunddreißigsten Tag der Entführung der Ball wieder auf der Seite der RAF. Aus BKA-Sicht.

Montag, 10. Oktober

Die »Kleine Lage« tritt um 16.10 Uhr zusammen, die »Große Lage« um 17.10 Uhr. Die Entführer melden sich nicht.

Unverändert besteht in Bonn in beiden »Lagen« Einigkeit, auf jeden Fall am Kurs festzuhalten. Keine Freilassung. Aber gleichzeitig steigt dort die Angst, dass die RAF den Druck auf die Bundesregierung erhöht durch eine zweite Aktion.

Das Bonner Regierungsviertel befindet sich im Belagerungszustand. Panzerwagen des Bundesgrenzschutzes blockieren die Straßen. Hinter Sandsäcken und Stacheldraht haben sich Polizisten mit Maschinenpistolen verschanzt.

Auf Schritt und Tritt werden alle Spitzenpolitiker von Leibwächtern begleitet. Optisch betrachtet ist Bonn mehr eine Festung als eine Hauptstadt. Bollwerk Bonn. Nicht einmal zwei Dutzend junge Menschen haben der Bundesrepublik das Fürchten gelehrt.

In diesen Wochen spielen die anderen politischen Themen dieses Sommers 1977 kaum mehr eine Rolle – Steuerreform, Neutronenbombe, Kreditaufnahme, Arbeitslosenquote 4,5 Prozent, Tendenz: sinkend.

Dienstag, 11. Oktober

Die »Kleine Lage« tritt um 10.35 Uhr zusammen. Die Entführer melden sich schon wieder nicht.

Mittwoch, 12. Oktober

Auch heute melden sich die Entführer nicht. Werden sie sich jemals wieder melden?

In Bonn-Bad Godesberg bekommt BKA-Kommissar Alfred Klaus um zehn Uhr einen Anruf vom Stammheimer Amtsinspektor Horst Bubeck: Gudrun Ensslin wolle Staatssekretär Schüler sprechen, den Chef des Bundeskanzleramts. Sie nehme an, sagt Bubeck, dass er bei der Entscheidung über das weitere Vorgehen eine »maßgebliche Rolle« spiele.

Um 13.20 Uhr tagt die »Kleine Lage« im Kanzleramt. Für eine Viertelstunde. Es gibt nicht viel zu besprechen.

Gegen 17.30 Uhr teilt Amtsinspektor Bubeck in Stammheim Gudrun Ensslin mit, BKA-Kommissar Alfred Klaus werde sie besuchen. Schroff antwortet sie: Sie wolle »keinen Polizisten, sondern Politiker« sprechen.

Die »Kleine Lage« tagt um 17.35 Uhr – für vierzig Minuten. Am Ende bittet der Kanzler Herold zu einem Vier-Augen-Gespräch. Direkt fragt er Herold, ob er noch an »den Erfolg unserer Bemühungen« glaube. »Es sieht nicht gut aus!«, antwortet der BKA-Chef unumwunden. Irgendetwas in »unseren Planungen und Vorkehrungen« müsse schon »ganz zu Anfang in verhängnisvoller Weise schiefgelaufen sein«. Was, vermag er nicht zu sagen. Nun, jedenfalls sei Schleyer »mit Sicherheit schon im Ausland, und seine Befreiung rückt zunehmend in die Ferne«. Die Prognose des BKA-Chefs: Die RAF werde versuchen, aus der Defensive herauszukommen und die »Initiative mit einem spektakulären Akt wiederzugewinnen«.

Gegen 19.00 Uhr erhält Alfred Klaus von Herold den Auftrag, nach Stammheim zu fahren und mit Ensslin zu sprechen.

Donnerstag, 13. Oktober

Am Morgen erwacht der Erste Kriminalhauptkommissar des Bundeskriminalamts Alfred Klaus in einer Gefängniszelle in Stammheim – sein achtundfünfzigster Geburtstag. Noch am späten Abend war er mit einem Dienstwagen nach Stammheim gefahren, weil sein Präsident wollte, dass er das Gespräch mit Ensslin so schnell wie möglich führt. In Stuttgarts nördlichstem Stadtteil gibt es keine vernünftigen Hotelzimmer – und deshalb hatte der Kommissar den Vorschlag von Amtsinspektor Bubeck angenommen, doch gleich in einer Zelle zu übernachten. Für Klaus wurde es eine unruhige Nacht.

Kurz nach neun Uhr sitzt er Gudrun Ensslin in der siebten Etage gegenüber und liest ihr vor, was Herold formuliert hatte – jedes Wort schreibt Ensslin mit: »Es wird gebeten, der Gefangenen Ensslin mitzuteilen, dass Staatssekretär Schüler es nicht grundsätzlich ablehnt, mit ihr zu sprechen. Ein solches Gespräch wäre jedoch nur sinnvoll, wenn die Gefangene vorher den Gesprächsgegenstand mitteilt und dieser über den Inhalt des mit Herrn Klaus geführten Gesprächs vom 9. Oktober hinausgeht.« Ensslin denkt einen Augenblick nach. »Das heißt doch nichts anderes, als dass Schüler mich gar nicht sprechen will. Ihr Chef hat, wie ich das sehe, in Bonn ja nun wohl die Entscheidungsgewalt in der Hand« – mit »Chef« ist Herold gemeint.

Klaus fragt, wie Ensslin zu diesem Schluss gekommen sei. Es gebe doch gar keinen anderen Gesprächsgegenstand, erwidert sie. Klaus hält dagegen: Er könne sich »durchaus Alternativen zu dem Inhalt« der Erklärung vorstellen.

Gudrun Ensslin wird nachdenklich. Sie streicht sich ihre Haare hinter die Ohren und bittet Klaus, wörtlich aufzunehmen: »Die Mitteilung geht, so ich sie richtig verstehe, von einem absurden Kalkül aus, dem nämlich, es könnte Widersprüche zwischen den Gefangenen und dem Kommando geben.« Sie macht eine Pause: »Das ist natürlich Quatsch.« Klaus fragt: »Wollen Sie den Staatssekretär Schüler nun noch sehen oder nicht?« »Unter diesen Umständen nicht.«

Auf dem Rückweg in ihre Zelle kommt es zu einem kleinen Zwischenfall: Sie versucht, »durch Zuruf mit Baader Kontakt aufzunehmen«, notiert Alfred Klaus in seinem Bericht: »Das gelang nur deshalb nicht, weil dieser noch schlief.«

In Paris bucht an diesem Vormittag »T. Reus«, ein Mann Mitte dreißig und mit Brille, eine Reise um die halbe Welt. Im Lufthansa-Büro im Flughafen Orly ordert er um 12.45 Uhr die Strecke: Frankfurt–Paris–Algier–Damaskus–Karatschi– Frankfurt. Preis: 6075 Franc. Rund 3000 Mark. Abflug ist in zwei Tagen, Sonnabend, 21.05 Uhr. Den Flugschein lässt er auf »E. Schlier, Frankfurt, Kaiserstraße 56 a« ausstellen und auf dem Frankfurter Flughafen bei Lufthansa hinterlegen.

Bonn, 15.30 Uhr: betretene Gesichter im Kanzleramt. Eine Meldung von der Flugsicherung in Aix-en-Provence verheißt nichts Gutes: »Routenabweichung« der Lufthansa-Boeing 737 »Landshut«, die sich mit achtundsechzig Passagieren und fünf Besatzungsmitgliedern an Bord auf dem Flug von Mallorca nach Frankfurt befunden habe. Bundesinnenminister Werner Maihofer und Bundeskanzler Helmut Schmidt fürchten, dass es sich um eine Entführung handelt – »der spektakuläre Akt«, den BKA-Präsident Herold am Abend zuvor befürchtet hatte. Um 15.45 Uhr landet die Maschine in Rom-Fiumicino.

Alfred Klaus ist in Feierlaune. Er ist nach Bad Godesberg

in sein Büro zurückgekehrt: eine kleine Geburtstagsfeier. Alle sitzen und stehen in seinem Büro: Es gibt Sekt und Sandwich und seine Kollegen flachsen ohne Ende über die Nacht des Ersten Kriminalhauptkommissars in der Zelle in Stammheim. Mit Baader unter einem Dach.

Alfred Klaus wird ans Telefon gerufen: Am Apparat ist Stammheim. Direktor Nusser meldet sich. Er übergibt den Hörer an Gudrun Ensslin, weil sie eine Nachricht für ihn habe: Sie spricht verquast von der »Differenz zwischen Politik und Polizei« und dass es darum gehe, dem Staatssekretär »zu erklären, was es bedeutet, uns – diese elf Gefangenen – freizulassen«. Sie redet ziemlich wirr und beschimpft Alfred Klaus. Am Ende sagt sie: Der Staatssekretär solle »mit Andreas reden«.

Um 17 Uhr wird über die Flugsicherung in Mailand bekannt, die Entführer verlangten die Freilassung »aller in der Bundesrepublik inhaftierten ›Kameraden‹«. Nun gibt es keinen Zweifel mehr, dass es sich um eine Entführung handelt. Begonnen hat »die größte Herausforderung der Bundesrepublik Deutschland seit ihrem Bestehen«, wie es in der Rückschau Kanzleramtschef Hans-Jürgen Wischnewski formuliert.

Eine Dreiviertelstunde später startet die »Landshut« in Rom mit dem Ziel Larnaka auf Zypern. Der Pilot der Maschine, Jürgen Schumann, funkt, vier Luftpiraten hätten die Maschine in ihre Gewalt gebracht: zwei Männer und zwei Frauen.

In Larnaka landet die Maschine kurz vor 20.30 Uhr. Der Chef der Entführer, er nennt sich »Captain Mahmoud«, verlangt, die Maschine aufzutanken. Der Flughafen lehnt ab. Der »Captain« droht mit der Sprengung der Maschine. Die

Maschine wird aufgetankt. Elf Tonnen Kerosin. Eine Stunde vor Mitternacht hebt die »Landshut« ab Richtung Beirut.

Die Schleyer-Entführer haben Verstärkung bekommen.

Freitag, 14. Oktober

Eine Nacht, in der die Erklärungen nicht zu enden scheinen.

Dem Bundeskriminalamt teilt um 1.10 Uhr ein Mitarbeiter Payots mit, die Entführer hätten angerufen. Ein umfangreicher Text. Um zwei Uhr würde er ihn von Genf aus ans BKA durchgeben. Und noch eine weitere Nachricht hätten sie angekündigt. Im Laufe der Nacht übermittelt Payots Büro insgesamt vier lange Erklärungen von Entführern nach Bonn-Bad Godesberg: drei von denen der »Landshut« und eine von denen Schleyers.

Die Flugzeugentführer verlangen in einem »Ultimatum an den Kanzler der Bundesrepublik Deutschland«, sie nennen sich »Organisation für den Kampf gegen den Weltimperialismus«, dass neben der bisherigen Forderung der RAF – Freilassung von elf Häftlingen mit jeweils 100 000 Mark – zusätzlich zwei »palästinensische Genossen« aus dem »Gefängnis in Istanbul« freizulassen und 15 Millionen Dollar »gemäß beigefügten Anweisungen« in verschiedenen Währungen zu zahlen sind. Der Betrag entspricht 35 Millionen Mark. Ihre »Anweisungen für die Herausgabe von Lösegeld« besagen – die zweite Mitteilung dieser Nacht:

1. Die Summe von 15 000 000 US-Dollar sollte wie folgt aufgeschlüsselt sein:
7 Mio. in Banknoten zu 100 US-Dollar
7 Mio. DM (= 3 Mio. US-Dollar) in Banknoten zu 1000 DM

7 Mio. DM (= 3 Mio. US-Dollar) in Banknoten zu 1000 Schweizer Franken
4,5 Mio. DM (= 2 Mio. US-Dollar) in Banknoten zu 100 Holl. Gulden
2. Das Lösegeld sollte getragen werden in 3 schwarzen Koffern der Marke ›Samsonite‹ in drei verschiedenen Größen, justiert auf die Zahlenkombination 000.
3. Die Koffer sollten von Herrn Eberhard Schleyer selbst getragen werden.
4. Er sollte einen beigen Anzug tragen (zwei oder drei Worte unverständlich). Sonnenbrille in der obersten Tasche der Jacke. Das Gestell der Brille sollte von außen auf der Tasche deutlich erkennbar sein. Er sollte die letzte Ausgabe von ›Der Spiegel‹ in der linken Hand mit sich führen.
5. Er wird an einem Punkt seiner Reise kontaktiert werden von unserem Vertreter. Dieser wird sagen ›Lasst uns Ihren Vater retten‹ (Let us save your father), er sollte antworten ›Wir werden meinen Vater retten‹ (We shall save my father). Dann sollte er den Anweisungen unseres Vertreters gehorchen.
6. Sie sollten nicht versuchen, Herrn E. Schleyer zu beschatten oder irgendwelche Schritte unternehmen, ihn zu unterbrechen, zu verzögern oder an der Erfüllung seines Auftrags zu hindern. Ein jeder solcher Schritt von Ihrer Seite bedeutet das sofortige Ende des Ultimatums und die Hinrichtung der Reisenden einschließlich Herrn Hanns Martin Schleyers.
7. Herr E. Schleyer sollte am Samstag, 15. Oktober 1977, Mittag 12.00 Uhr örtlicher Zeit am Frankfurter Intercontinental Hotel sein, mit dem Lösegeld und seinem Pass, wo er auf genaue Anweisungen für seine Aufgaben warten soll.
13. Oktober 1977
Organisation ›Kampf dem Welt-Imperialismus‹

Würden ihre Forderungen nicht erfüllt, teilen die Flugzeugentführer mit, »werden Hanns Martin Schleyer und alle Passagiere sowie die Besatzung der Lufthansa-Maschine 737, Flug LH 181, augenblicklich getötet«. Gleiches gelte für jede Art von »Verzögerungs- oder Täuschungsversuch«. Würden die Anweisungen hingegen erfüllt, würden »alle freigelassen«.

Außerdem verlangen die »Landshut«-Entführer, dass die Bundesregierung »mit einem der folgenden Länder die Aufnahme der Genossen« vereinbart: »Demokratische Republik Vietnam, Republik Somalia, Demokratische Volksrepublik Jemen«.

In der dritten Nachricht erklärt das »Kommando Siegfried Hausner« – angebrochen ist der neununddreißigste Tag der Schleyer-Entführung: »Das Ultimatum der Operation ›Kofre Kaddum‹ des Kommandos Martyr Halimeh und das Ultimatum des Kommandos Siegfried Hausner der RAF sind identisch.« Das ist der bittere Schlüsselsatz für Schmidt und Herold. Also: Sonnabend zwölf Uhr mittags. Schleyers Sohn mit den schwarzen Samsonite-Geldkoffern und dem *Spiegel* in der Hand am Flughafen Frankfurt. So der Wunsch der Entführer. Und Sonnabend ist morgen!

Außerdem setzten die Schleyer-Entführer ein zweites Ultimatum: Sollten bis Sonntag neun Uhr MEZ die »elf geforderten Gefangenen« ihr Ziel nicht erreicht haben, kündigen sie an, »wird Hanns Martin Schleyer erschossen«. Nach »40 Tagen Gefangenschaft« werde es »eine Verlängerung des Ultimatums nicht mehr geben«: Sie hätten »Helmut Schmidt jetzt genug Zeit gelassen«.

Als letzte der vier Mitteilungen gibt ein Payot-Mitarbeiter eine politische Erklärung der »Operation Kofre Kaddum«

nach Bad Godesberg durch. Gerichtet ist sie »An alle Revolutionäre der Welt! An alle freien Araber!« und an »alle palästinensischen Massen!« und gegen den »Neonazismus in Westdeutschland«, den »Zionismus in Israel« und einiges mehr. Die Forderung am Ende: »Sieg der Einheit der revolutionären Kräfte in der Welt!«

Herolds Leute finden schnell heraus: »Kofre Kaddum« ist ein von den Israelis zerstörtes Palästinenserdorf; »Halimeh« der Nom de Guerre der Deutschen Brigitte Kuhlmann. Die ehemalige Anwaltsgehilfin und Studentin an der Pädagogischen Hochschule in Hannover hatte sich den Revolutionären Zellen in Frankfurt angeschlossen. Zusammen mit ihrem Lebensgefährten Wilfried Böse und zwei Palästinensern entführte sie im Juni 1976 eine Air-France-Maschine nach Entebbe. Dort wurden sie von israelischen Soldaten erschossen und von Ugandern schnellstens beerdigt. Und »Martyr« bedeutet auf Deutsch »Märtyrer«.

Das Fazit dieser Nacht: Aus der Befürchtung wurde Gewissheit, dass es sich um eine konzertierte Aktion von deutschen und palästinensischen Entführern handelt.

Um 5.51 Uhr erzwingen die Entführer in Dubai die Landung der »Landshut«. Unterwegs hatten mehrere Flughäfen die Landeerlaubnis verweigert. Keiner wollte die Entführer auf dem Rollfeld haben.

Um 8.45 Uhr gibt in Genf Payot ein »Pressekommuniqué« heraus: Er erklärt, dass er nun schon seit dem 9. September sein Mandat »als Kontaktperson zwischen den Behörden der Bundesrepublik Deutschland und dem Kommando Siegfried Hausner« wahrnehme, er in der vergangenen Nacht wichtige Erklärungen erhalten und sie unverzüglich an die Behörden der Bundesrepublik weitergeleitet habe und »dass er dieses

Mandat aus ausschließlich humanitären Gründen angenommen« habe. Nachdrücklich appelliert er »an alle beteiligten Parteien, alles in ihrer Kraft Stehende zu unternehmen, um ein Blutbad zu vermeiden«. Verschwiegenheit ist nicht gerade die Stärke des Vermittlers. Anders als von Herold erhofft. Der »Advokat« Payot sieht in dem Auftrag eine riesengroße PR-Chance. Er tut alles, um sie zu nutzen.

Dass er das Mandat »aus ausschließlich humanitären Gründen« angenommen hat, ist nicht die Wahrheit – jedenfalls nicht so richtig: Für seine Tätigkeit in den nicht einmal sechs Wochen zahlt ihm Bonn fast 500 000 Schweizer Franken. Keiner ahnt das damals. Payot ist der Gewinner der Schleyer-Entführung.

In Bonn jagt an diesem Freitag eine Sitzung die nächste. Die Weichenstellung erfolgt im Kabinett, zwischen 10.45 Uhr und 12.05 Uhr. Unter Leitung des Kanzlers werden viele Argumente in die Waagschalen geworfen: So die »unmittelbare und konkrete Lebensgefahr für 87 Flugzeuggeiseln sowie Hanns Martin Schleyer«, »die Gefahr, die sich im Falle der Freilassung der von den Entführern bezeichneten Gefangenen für eine unbestimmte Vielzahl von Menschen ergeben würde«, die »präjudizielle Wirkung der Freilassung für künftige Erpressungsfälle« und »die Wirkung der Freilassung auf die Motivation und die weitere Bereitschaft der Sicherheitsorgane, Terroristen unter Lebensgefahr festzunehmen und zu verwahren«. Das Kabinett beschließt – es ist Schmidts Linie seit dem ersten Tag nach der Entführung: Die Häftlinge werden nicht freigelassen und es wird alles getan, um die Geiseln zu retten. Dazu gehört die »Ausschöpfung aller Verhandlungsmöglichkeiten« ebenso wie die »polizeiliche Befreiungsaktion«.

Die »Große Lage« kommt um Viertel nach zwölf zusammen und zu demselben Ergebnis wie das Kabinett.

Um 20.45 Uhr spricht Bundesjustizminister Vogel mit Hanns-Eberhard Schleyer: Er erklärt sich bereit, wie von den Entführern gefordert, am nächsten Tag auf die weite Reise zu gehen. Für ihn bestehe, so sagt er, »keine Alternative«, um das Leben seines Vaters zu retten. Bundesjustizminister Vogel erklärt ihm, die Geldscheine wögen 130 Kilogramm und stünden bereit – vorbehaltlich einer Entscheidung nach der »Großen Lage« am nächsten Morgen.

Um 23.35 Uhr landet Staatsminister Wischnewski in Dubai. Dort steht die »Landshut« noch immer. Nun schon seit über siebzehn Stunden. Die Tanks sind leer. Die Einsatzleitung im Tower hat die Forderung der Entführer abgelehnt, die Maschine aufzutanken.

Sonnabend, 15. Oktober

Ein Tag, an dem sich die Ereignisse überschlagen.

Eine neue Nachricht von Hanns Martin Schleyer erhält das Bundeskriminalamt von Payot – 0.40 Uhr: die Abschrift eines Videobandes. Am Abend war es in der Kanzlei in Genf eingegangen.

Schleyer fragt sich »in meiner jetzigen Situation wirklich, muss denn nun etwas geschehen, damit Bonn endlich zu einer Entscheidung kommt?« Schließlich sei er »nun fünfeinhalb Wochen in der Haft der Terroristen, und das alles nur, weil ich mich jahrelang für diesen Staat und seine freiheitlich-demokratische Ordnung eingesetzt und exponiert habe. Manchmal kommt mir ein Ausspruch – auch von politischen Stellen – wie eine Verhöhnung dieser Tätigkeit vor.«

Dubai, 7.50 Uhr: Zwei Flughafenhelfer bringen Essen, Getränke und Medikamente aufs Rollfeld zur »Landshut«. Die Entführer wirken auf die beiden sichtlich erschöpft. Am Ende ihrer Kräfte. Aus dem Cockpit sendet Kapitän Schumann ein Telegramm an den Bundeskanzler: »Das Leben von 91 Männern, Frauen, Kindern an Bord des Flugzeuges hängt von Ihrer Entscheidung ab. Sie sind unsere letzte und einzige Hoffnung. Im Namen der Besatzung und der Passagiere, Schumann.«

Hanns-Eberhard Schleyer trifft am Morgen letzte Vorbereitungen für seine weite Reise. Um zwölf soll es losgehen. Um 9.30 Uhr bekommt er einen Anruf von Hans-Jochen Vogel. Der Bundesjustizminister sagt ihm, die »Kleine Lage« sei zu dem Ergebnis gekommen, dass ihm das Geld nicht ausgehändigt werden könne: Durch eine »Indiskretion« seien Startzeit und -ort seiner Mission bekannt geworden. Nun sei die Gefahr zu groß für ihn und das Geld.

Zehn Minuten später, 9.40 Uhr, meldet die Deutsche Presse-Agentur an die Redaktionen: »schleyer-sohn eberhard soll 15 millionen dollar uebergeben«. Aus diplomatischen Kreisen in Bonn sei bekannt geworden, dass Hanns-Eberhard Schleyer »das geforderte geld um 12.00 uhr im hotel intercontinental auf dem frankfurter flughafen uebergeben soll«.

Um 10.15 Uhr übermittelt ein Beamter des Bundeskriminalamts an Payot die mittlerweile vierundzwanzigste Mitteilung für die Entführer: »Machen Sie sofort Vorschläge für eine Übergabe der geforderten 15 Millionen Dollar unter Bedingungen, deren Einhaltung möglich ist.«

Schon vor zwölf wimmelt es in der Hotelhalle des Intercontinentals nur so von Journalisten. Über einhundert sind erschienen. Nicht aber Hanns-Eberhard Schleyer. Bald darauf meldet dpa, dass die Übergabe »offenkundig gescheitert« sei.

Beim Bundesverfassungsgericht in Karlsruhe geht um 13 Uhr der Antrag von Hanns-Eberhard Schleyer auf Erlass einer einstweiligen Anordnung ein. Um das Leben seines Vaters zu retten, verlangt er als dessen Vertreter, die »Freilassung und Gewährung freier Ausreise« der elf RAF-Häftlinge durch die Bundesrepublik Deutschland und die vier Bundesländer, in denen sie einsitzen. Der Präsident des Bundesverfassungsgerichts Ernst Benda hat Schwierigkeiten, seine sieben Kollegen aus dem ersten Senat zusammenzutrommeln. Handys gibt es noch nicht.

Die siebte Etage in Stammheim, kurz nach 18.15 Uhr: Andreas Baader wird in die Besucherzelle geführt. Alfred Klaus ist mal wieder mit dem Hubschrauber eingeschwebt. Nun, nach der Erklärung der »Landshut«-Entführer, soll er die Stammheimer Häftlinge nach ihren Flugwünschen befragen – Herolds Hinhaltetaktik.

Baader wirkt auf den Kriminalbeamten nervös und verunsichert. Alfred Klaus legt ihm das Papier vor: »Die Entführer haben durch das Kommando ›Martyr Halimeh‹ vom 13.10. Vietnam, Südjemen und Somalia als Zielländer genannt. Vietnam und Südjemen haben die Aufnahme von Terroristen bereits strikt abgelehnt. Somalia wird im Augenblick befragt. Sind Sie bereit, sich nach Somalia ausfliegen zu lassen?«

Das Ganze verstehe er nicht, sagt Baader. Denn er wisse, dass Vietnam bereit sei, die Häftlinge aufzunehmen. »Jetzt kann ich es ja sagen«, erklärt er: »Einer unserer Anwälte hat auf dem diplomatischen Kanal die Zusicherung der Vietnamesen für die Aufnahme erhalten – allerdings nicht im Zusammenhang mit einer Geiselaktion.« Er denkt laut: »Wenn wir aus Somalia zurückgekauft werden sollen, dann können wir ja gleich hierbleiben.«

So schreibt er zögernd als Antwort: »Nur, wenn das Kommando tatsächlich Somalia genannt hat.« Er lege, sagt er zu Klaus, »größten Wert« auf ein Gespräch mit Staatssekretär Schüler, um ihm die politische Dimension des Gefangenenaustausches zu erörtern. Grußlos geht er. Doch dann kommt er noch einmal in die Besucherzelle zurück und bittet Alfred Klaus, seinen Gesprächswunsch unter allen Umständen weiterzuleiten. Auf Klaus macht Baader einen unsicheren Eindruck.

Gudrun Ensslin wirkt geistesabwesend, sagt kein Wort und unterschreibt mit »ja«. Klaus gewinnt den Eindruck, dass das alles sie überhaupt nicht mehr interessiert. Raspe schreibt »die endgültige Entscheidung« mache er »von einer gemeinsamen Besprechung aller Gefangenen, die freigelassen werden sollen, abhängig«. Verena Becker antwortet mit »ja« und Irmgard Möller mit »ja, unter der Voraussetzung, dass die BRD-Regierung unsere Auslieferung von dort nicht betreibt«.

»Keiner der Gefangenen stellte die zu erwartende Frage, welche Bewandtnis es mit dem Kommando ›Martyr Halimeh‹ habe«, notiert Klaus in seinem Bericht über die »Befragung der Gefangenen in der JVA Stuttgart-Stammheim«: »Daraus kann geschlossen werden, dass sie über die Tatsache der Flugzeugentführung informiert waren.«

In Karlsruhe beginnt um 21.30 Uhr die mündliche Verhandlung vor dem Bundesverfassungsgericht. Nur fünf Kollegen Bendas schafften es, rechtzeitig am Schlossgarten zu erscheinen. Der Senat ist beschlussfähig – haarscharf: mindestens sechs Richter müssen nach dem Bundesverfassungsgerichtsgesetz anwesend sein.

Schleyers Anwälte argumentieren, Schleyers Leben würde »vernichtet werden«, falls die elf RAF-Häftlinge nicht ausreisen dürften. Die Vertreter der Bundesregierung beantragen, den Antrag abzuweisen, und halten dagegen: Die »elf inhaftierten Terroristen« seien »gefährliche Verbrecher«. Würden sie freigelassen, sei das Leben »weiterer Unbeteiligter in höchstem Maße gefährdet«. Dem Staat müsse ein »Spielraum für pflichtgemäßes Ermessen« eingeräumt werden. Ansonsten könnte er künftig derartige Forderungen nicht mehr abwehren.

Acht Minuten nach elf klingelt das Telefon bei Hanns-Eberhard Schleyer in Stuttgart: sein drittes Telefonat an diesem Tag mit der freundlichen RAF-Telefonstimme. Der Mann hatte darauf gedrungen, dass Schleyer doch noch die Reise mit den Geldkoffern antritt, und hinzugefügt, sie seien »absolut fixiert auf diesen Weg«. Schleyer erwiderte, wegen der Veröffentlichung habe es ihm gegenüber die Bundesregierung abgelehnt, dass er mit dem Geld auf Reisen gehe. Nun, keine Stunde vor Mitternacht, teilt ihm die freundliche RAF-Telefonstimme mit, die RAF sei »damit einverstanden, wenn den Gefangenen das Lösegeld mitgegeben wird«.

Um Mitternacht schließt in Karlsruhe Ernst Benda die mündliche Verhandlung des Bundesverfassungsgerichts in Sachen Dr. Schleyer gegen die Bundesregierung der Bundesrepublik Deutschland und die Regierungen der Länder Baden-Württemberg, Bayern, Nordrhein-Westfalen und der Freien und Hansestadt Hamburg.

An diesem Tag scheiterte der erste Teil des Plans der Entführer, der Reiseantritt von Schleyers Sohn mit 35 Millionen Mark in den Koffern. Grund war die »Indiskretion«: Ihre Quelle ist, damals wusste es so gut wie keiner, Schmidts Regierungssprecher Klaus Bölling. Am Morgen hatte sich Herold in der »Kleinen Lage« mit Nachdruck gegen Schleyers Reise ins Ungewisse ausgesprochen: Ihm war klar, dass seine Leute nicht für Schleyers Sicherheit auf der mutmaßlichen Weltreise sorgen konnten. So erwuchs in dieser Runde die Befürchtung, nach Schleyer senior und der »Landshut« könnten nun auch noch Schleyers Sohn in die Hände von Entführern fallen – und ebenso die 35 Millionen Mark. Das wäre der GAU gewesen. Diese Blamage wollte keiner. So ruft Klaus Bölling einen dpa-Redakteur an und erzählte ihm die Geschichte – »ohne Gewissensbisse«, sagt er später.

Weil die Reise abgeblasen wurde, erfährt Hanns-Eberhard Schleyer auch nicht von der RAF, dass am Frankfurter Flughafen für ihn ein Ticket auf den Namen »E. Schlier« hinterlegt worden war – Rolf Clemens Wagner hatte das von Paris aus organisiert. Und so laufen auch nicht die drei Koffer voller Geld in Algier auf einem Band bei der Gepäckkontrolle durch ein riesiges Durchleuchtungsgerät, wo sie von Haddads Leuten gegen andere ausgetauscht worden wären – eben: Wenn alles nach Plan gelaufen wäre.

Sonntag, 16. Oktober

Dubai, 5.30 Uhr: Der Anführer der Entführer verlangt, die »Landshut« bis sechs Uhr aufzutanken. Sollte das nicht geschehen, werde er den Flugkapitän erschießen, droht er über Funk. Kein Tankwagen kommt. Dann drängt der Chefentführer: Erschossen würden nicht nur der Flugkapitän, sondern auch zwei Passagiere und alle fünf Minuten ein weiterer Passagier, wenn nicht sofort der Treibstoff käme. Der Tankwagen rollt vor.

In Karlsruhe verkündet um 5.45 Uhr Bundesverfassungsgerichtspräsident Ernst Benda mit roten Augen: »Der Antrag auf Erlaß einer einstweiligen Anordnung wird abgelehnt.« Zur Begründung erklärt er, grundsätzlich hätten die staatlichen Organe in eigener Verantwortung zu entscheiden, wie sie ihre Verpflichtung zu einem effektiven Schutz des Lebens erfüllten: »Ihre Freiheit in der Wahl der Mittel zum Schutz des Lebens kann sich in besonders gelagerten Fällen auch auf die Wahl eines bestimmten Mittels verengen, wenn ein effektiver Lebensschutz auf andere Weise nicht zu erreichen ist. Entgegen der durchaus verständlichen Meinung des Antragstellers ist ein solcher Fall hier jedoch nicht gegeben.«

Angesichts dieser verfassungsrechtlichen Lage könne »das Bundesverfassungsgericht den zuständigen staatlichen Organen keine bestimmte Entschließung vorschreiben«. Es liege in der Beurteilung der Bundes- und vierer Landesregierungen zu entscheiden, »welche Maßnahmen zur Erfüllung der ihnen obliegenden Schutzpflichten zu ergreifen sind«.

Um neun Uhr verstreicht das sechste Ultimatum der Schleyer-Entführer: Angekündigt hatten sie, falls bis zu diesem Zeitpunkt die »elf geforderten Gefangenen« ihr Ziel nicht erreicht hätten, Schleyer zu erschießen.

Vor dem Ablauf des Ultimatums hatten sich an diesem Sonntagmorgen in Bonn die »Kleine« und »Große Lage« sowie das Kabinett darauf verständigt, dass es nicht erfüllt wird – dass es »keine Zusammenführung der Gefangenen« gibt und die »Bemühungen um eine polizeiliche Befreiung der Geiseln« fortgesetzt werden. Der Sitzungsmarathon von Helmut Schmidt beginnt um 6.45 Uhr.

In Dubai erpressen die »Landshut«-Entführer kurz nach zwölf Uhr den Abflug: Sie drohten, alle fünf Minuten eine

Geisel zu erschießen. Die Barrikaden auf der Startbahn werden weggeräumt. Die »Landshut« hebt ab: Richtung Masira. Eine kleine Insel im Arabischen Meer. Sie gehört zum Sultanat Oman. Aber der Tower auf Masira funkt: »No permission to land.«

Kurz vor 16 Uhr taucht die »Landshut« über Aden auf. Auch hier haben die Behörden der Maschine die Landung untersagt. Panzer und Lkw stehen auf der Landebahn. Direkt daneben landet die »Landshut« auf einer Sandpiste im Wüstensand. Die beiden Piloten hatten keine andere Wahl. Der Sprit reichte nicht einmal mehr zehn Minuten.

Der Tower verlangt, dass die Maschine sofort wieder abhebt. Aber Kapitän Schumann will nach der harten Landung sich erst einmal das Fahrwerk ansehen. So verlässt er die Maschine, inspiziert Räder und Radkästen. Anschließend verschwindet er für eine Weile, vielleicht sind es zwanzig Minuten – was er genau macht, ist bis heute nicht geklärt.

In diesen Minuten hört »Captain Mahmoud« aus dem quäkenden Funkgerät vorne im Cockpit vom Tower, dass die »Landshut« so schnell wie möglich starten muss.

Das ist der Wendepunkt für ihn und die Entführung: Für ihn sollte Aden die Endstation sein. Hier sollten die Geiseln gegen die Häftlinge ausgetauscht werden. Hier sollten ihn Wadi Haddad und Genossen von der PFLP in Empfang nehmen. Hier wollte er als Chef der »Helden« gefeiert werden. Das war der Plan. Nun nichts davon. Man will ihn mit Schimpf und Schande vom Rollfeld jagen.

Zwei Wochen ist es her, da hatte ihm, Zohair Yousif Akache (23) – das ist der Geburtsname von »Captain Mahmoud« –, PFLP/SC-Chef Wadi Haddad gesagt, er habe ihn für eine Aktion ausgewählt und das bedeute eine »große Ehre« für ihn: eine Flugzeugentführung. In Mallorca beginne sie und ende in Aden. Eine Woche später. Spätestens.

Der Student der Flugzeugtechnik ist begeistert. Aufgewachsen war er in einem Flüchtlingslager in Beirut. Seine »Bluttaufe« hatte er gerade bestanden, ein halbes Jahr zuvor: Im Auftrag Haddads erschoss er in London drei Menschen am Ostersonntag 1977, den früheren Ministerpräsidenten des Nordjemen, dessen Frau und einen jemenitischen Diplomaten.

Gleiches hatte Haddad den drei anderen Kommandomitgliedern erklärt, die er ausgewählt hatte: Nabil Harb (23), die »Landshut«-Geiseln nennen ihn später »der Junge«, und die beiden Frauen Hind Alameh (22), »die Kleine«, und Souhaila Andrawes Sayeh (22), »die Dicke«. Ausgebildet worden waren sie in Trainingscamps der PFLP: im Schießen, Schlagen und Sprengen.

Auf dem Flughafen Mallorca ist es für das Quartett kein Problem, die Waffen an Bord zu bringen. Die Kontrollen sind lax: Die Pistolen und Handgranaten stecken in Kosmetikkoffern – der eine blau, der andere rosa, beide besitzen einen doppelten Boden, und in einem Transistorradio. Drei Tage ist es her. Seither halten die Entführer ihre 87 Geiseln mit äußerster Brutalität in Schach.

Die Entführung der »Landshut« durch die »Organisation für den Kampf gegen den Weltimperialismus« ist eine Auftrags-Entführung der RAF. Brigitte Mohnhaupt hatte sie zwei Wochen zuvor bei Wadi Haddad bestellt. Gleich nach ihrer Ankunft in Bagdad am 25. September 1977 hatte er Mohnhaupt und Boock empfangen, ihnen zur Schleyer-Aktion gratuliert, die Tat als »historisch« gelobt und ihnen als »Verbündeter« offeriert, sie mit einem »Kommandounternehmen« zu unterstützen. Er bietet ihnen die Wahl zwischen der Besetzung der deutschen Botschaft in Kuwait und der Entführung einer Lufthansa-Maschine.

Die RAF-Mitglieder in Bagdad und Brüssel diskutieren darüber. Alle sind gegen eine Botschaftsbesetzung. In Stockholm hatte die RAF schlechte Erfahrungen gemacht: Zwei aus dem Kommando verloren ihr Leben, vier landeten im Gefängnis. Der Fehler war, auch das ist allgemeine Meinung in Bagdad und Brüssel, dass das Kommando für die Polizei greifbar war und nicht aus dem Verborgenen heraus operierte. So entscheidet sich die RAF für die Lufthansa-Entführung.

Ihr Kalkül: Die Bundesregierung, die bei der Schleyer-Entführung über Wochen hart geblieben war, wird weich und lässt die Gefangenen laufen, wenn nun das Schicksal Dutzender biederer Bürger auf dem Spiel steht. Haddads Preis für seine »solidarische« Unterstützung: 35 Millionen Mark, umgerechnet. Die Bundesregierung soll sie zahlen, Schleyers Sohn anliefern.

An diesem Nachmittag ist »Captain Mahmoud« nach der Verschwindet-endlich-Ansage vom Tower in Aden aus dem Häuschen: Einen Plan B besitzt er nicht. Seit drei Tagen hat er kaum geschlafen. Er ist bitter enttäuscht und ratlos, wird aggressiv.

Als Jürgen Schumann in die »Landshut« zurückkehrt, zwingt ihn »Captain Mahmoud«, sich auf den Gang in der Maschine zu knien, zwischen der ersten und zweiten Klasse. »Guilty or not guilty?«, brüllt er ihn an. Schumann versucht sich zu erklären. Aber das interessiert Mahmoud nicht. Aus nächster Nähe schießt er ihm mit seiner Pistole direkt ins Gesicht. Schumann ist sofort tot.

Um Mitternacht, sieben Stunden später, steht die Maschine noch immer auf dem Rollfeld.

Montag, 17. Oktober

Die »Landshut« startet in Aden um 2.02 Uhr. Copilot Vietor sitzt allein im Cockpit. Das Ziel ist unklar. Vermutet wird Kuwait.

Um 4.34 Uhr landet die Maschine in Mogadischu, der Hauptstadt Somalias. Über eine Notrutsche gleitet die Leiche des Flugkapitäns aufs Rollfeld.

In Bonn hat Bundeskanzler Schmidt einen Termin nach dem nächsten. Um 6.30 Uhr beginnt die »Kleine Lage«, um 9.07 Uhr die »Große Lage« und um 10.20 Uhr eine Sondersitzung des Kabinetts. Dort fällt die Entscheidung: In Mogadischu soll eine »polizeiliche Aktion« zur »Rettung der Geiseln« erfolgen, im Einverständnis mit der somalischen Regierung. Drei Varianten stehen zur Auswahl: Der Einsatz erfolgt durch somalische Kräfte, durch somalische Kräfte mit deutscher Unterstützung oder durch deutsche Kräfte.

Um 11.44 Uhr landet in Mogadischu eine Maschine mit Staatsminister Wischnewski. An Bord hat er bundesdeutsche Sicherheitsexperten und einen Koffer mit zehn Millionen Mark. Die Somalis sind misstrauisch. Nur Wischnewski darf von Bord. Er wird zu Staatspräsident Siad Barre gefahren, sagt ihm, dass sich eine Hilfe »auf unsere Beziehungen auswirkt« – später überweist Bonn einhundert Millionen Mark Entwicklungshilfe –, und spricht über einen Einsatz der GSG 9. Im Augenblick kreist sie in einer Lufthansa-Maschine über Djibouti. »Herr Präsident, wenn wir bei dem Einsatz der GSG 9 Gefangene machen, dann sind das natürlich Ihre

Gefangenen!«, sagt »Ben Wisch«, um von vornherein bei den sensiblen Somalis jeden Zweifel in Sachen Souveränität auszuschließen. Barre zeigt sich irritiert, fragt erstaunt: »Was, Gefangene wollen Sie auch machen?« Mit dem GSG-9-Einsatz ist er einverstanden.

Kanzler Schmidt lässt die Scheinverhandlungen mit Andreas Baader weiterführen. Um 14 Uhr ist Alfred Klaus in Stammheim: zum siebten Mal innerhalb von fünf Wochen. Zusammen mit Hans Joachim Hegelau, einem Ministerialdirigenten aus dem Kanzleramt, ist er in einem Dienst-Pkw aus Bonn angereist. Baader hatte mehrfach um ein Gespräch mit dem Chef des Bundeskanzleramts Manfred Schüler gebeten. Aber der wollte nicht zu Baader in die Besucherzelle, ohne zu wissen, worum es geht. Deshalb schickt er als seinen Vertreter den Ministerialdirigenten. Sein Auftrag: Herausfinden, was Baader dem Chef des Bundeskanzleramts sagen will.

»Eigentlich ist es zu spät für dieses Gespräch«, beginnt Baader: »Die Möglichkeit der Einflussnahme auf die Entwicklung wurde versäumt. Hätte man uns früher freigelassen, hätten wir die jetzige brutale Entwicklung verhindern können. Die RAF jedenfalls hat diese Form des Terrorismus, den Kampf gegen Zivilisten, bis jetzt immer abgelehnt.« Auf Hegelau wirkt der Vierunddreißigjährige »innerlich erregt« und »nervös«. Er spricht über Ziele und Strategien der RAF. Alles, was er sagt, sind Argumente für seine sofortige Freilassung. Tenor: In dieser vertrackten Situation wäre es das Beste für die Bundesregierung, ihn und seine Gesinnungsgenossen laufen zu lassen. Nach ihrer Freilassung würden sie »in der Bundesrepublik Deutschland keine Anschläge mehr verüben«, fasst Baaders Worte Hegelau in seinem Bericht zusammen – auch nicht im Ausland. Baader redet so, als wäre er über Nacht vom Saulus zum Paulus geworden. Das Gespräch dauert gut eine Stunde. Als Ergebnis notiert Hegelau: »Keine neuen Informationen.«

Später vermutet Alfred Klaus, dass hinter Baaders Wunsch nach dem Gespräch mit dem Kanzleramtschef die Idee steckte, ihn als Geisel zu nehmen. Hegelau sei ihm dann aber als »nicht geeignet« erschienen – sprich: zu klein. Aber an diesem Montagnachmittag hatte der Kommissar diesen Verdacht noch nicht. Er sei nicht auf die Idee gekommen, dass Baader eine Pistole in seiner Zelle hat.

Um 17.45 Uhr kommt im Kanzleramt die »Große Lage« zusammen. Alle wissen: Es wird eine lange Nacht. Alle wollen die Entscheidung in Mogadischu.

Dienstag, 18. Oktober

Der Tag bietet ein Wechselbad der Gefühle wie kein anderer Tag in der bundesdeutschen Geschichte:

Kurz nach Mitternacht ist die Stimmung in der »Großen Lage« angespannt. Seit über sechs Stunden sitzen über drei Dutzend Männer und einige Frauen beieinander und hoffen, beten, bangen. Der Kanzler spielt mit Hamburgs Bürgermeister Hans-Ulrich Klose Schach. Schmidt gewinnt. Um 0.12 Uhr erhält er die für alle erlösende Nachricht von seinem Staatsminister – aus Mogadischu, sechstausend Kilometer entfernt. »Die Arbeit ist erledigt«, brüllt Wischnewski durch die lausige Telefonverbindung: »Drei tote Terroristen«, »ein GSG-9-Mann verwundet«.

Alle Passagiere sind gerettet! Der Kanzler fängt an zu weinen – vor Glück. Er kann es nicht fassen und geht aus dem Raum. Keiner soll seine Tränen sehen. Für ihn ist es »wohl der dramatischste Augenblick meines Lebens seit dem Krieg«. Ein paar Minuten später umarmt er seine Sekretärin Liselotte Schmarsow. So überschwänglich hat sie den kühlen Norddeutschen noch nie erlebt. Schmidt rechnete »mit Toten«. Sein Rücktrittsschreiben hatte er fertig im Kopf, und zwar »für den Fall, dass es eine unverhältnismäßig hohe Zahl von Toten gegeben hätte«, beispielsweise »fünfzig«: »Dann hätte jemand für diesen Fehlschlag die Verantwortung übernehmen müssen. Und das musste ich sein.« Zwanzig Minuten nach Mitternacht ist die Stimmung in der »Großen Lage« richtig gut. Zum ersten Mal.

Gelungen war die Befreiung der Geiseln, weil am Abend zuvor Michael Libal, bundesdeutscher Geschäftsträger in Somalia, »Captain Mahmoud« über Funk vorgegaukelt hatte, gerade habe er aus Deutschland die Nachricht erhalten, »dass die Häftlinge in deutschen Gefängnissen, die Sie freigelassen haben möchten, hier nach Mogadischu geflogen werden«. Wegen der Entfernung würde es aber noch einige Stunden dauern … Mahmoud ist hocherfreut, entspannt sich und teilt seine Geiseln in elf Gruppen ein – vor Augen hat er, wie er sie auf dem Flugfeld jeweils gegen einen der »Genossen« aus Deutschland »eintauscht«.

Der Anfang seines schnellen Endes beginnt zwei Stunden nach Mitternacht, 2.05 Uhr – 00.05 Uhr nach deutscher Zeit: Erst hört »Captain Mahmoud« einen ohrenbetäubenden Knall. Dann sieht er für einen Augenblick nichts mehr. Blendgranaten gleißen. Durch sechs Türen der Maschine stürmen GSG-9-Männer – von Mahmoud unbemerkt waren sie nach Einbruch der Dunkelheit in einer Lufthansa-Sondermaschine gelandet. Bei dem Feuergefecht sterben »Mahmoud« und zwei seiner Komplizen. Als Einzige überlebt Souhaila

Andrawes Sayeh. Sanitäter tragen sie auf einer Bahre zu einem Krankenwagen. Sie spreizt die Finger zum »Victory«-Zeichen und brüllt: »Tötet mich, bitte tötet mich! Lang lebe Palästina!«

Wegen der Flugzeugentführung verurteilt sie ein »Sondergerichtshof für Staatssicherheit« in Somalia am 25. April 1978 zu zwanzig Jahren Gefängnis. Ein halbes Jahr später, im Oktober 1978, wird sie entlassen und in den Irak ausgeflogen.

Siebzehn Jahre nach der »Landshut«-Entführung wird Andrawes Sayeh in Oslo abermals verhaftet, 1994 – mittlerweile hat sie eine neunjährige Tochter. Nach Norwegen eingereist war sie drei Jahre zuvor mit einem gefälschten brasilianischen Pass. Mit ihren richtigen Personalien beantragte sie dort politisches Asyl – bei ihrer Festnahme war noch nicht darüber entschieden worden. Das Hanseatische Oberlandesgericht Hamburg verurteilt sie 1996 zu zwölf Jahren Freiheitsstrafe wegen Mordes, erpresserischem Menschenraub, Geiselnahme und Angriff auf den Luftverkehr – unter Anwendung der Kronzeugenregelung.

Die Nachricht von der Geiselbefreiung läuft in dieser Nacht ab 00.40 Uhr im Radio. Als Erstes sendet sie der Sender Freies Berlin im »gemeinsamen Nachtprogramm der ARD«.

Justizvollzugsanstalt Stuttgart-Stammheim, 7.41 Uhr: Zwei Justizbeamte öffnen die Türklappe der Zelle 716, um Jan-Carl Raspe das Frühstück hereinzureichen – Kaffee, Graubrot, ein gekochtes Ei. Sie sehen Raspe mit blutigem Gesicht auf seinem Bett sitzen, sein Rücken lehnt an der Wand. Die rechte Hand umfasst eine Pistole. Ein Kopfschuss. Ein Notarztwagen bringt ihn ins Katharinenhospital.

Bei Baader und Ensslin ist keine Hilfe mehr möglich: Baader liegt in der Mitte seiner Zelle in einer Blutlache, neben ihm eine FEG-Pistole ohne Griffschalen. Gudrun Ensslin hat sich am Gitter des Zellenfensters erhängt. Um 8.10 Uhr öffnen die Beamten die Zelle von Irmgard Möller. Sie liegt auf ihrer Matratze mit mehreren Stichverletzungen in der linken Brust. Ein Notarztwagen bringt sie ins Robert-Bosch-Krankenhaus. Jan-Carl Raspe stirbt um 9.20 Uhr.

Kurz vor neun Uhr bestätigt das baden-württembergische Justizministerium der Deutschen Presse-Agentur, dass sich Baader und Ensslin »am Dienstagmorgen in der Vollzugsanstalt Stuttgart-Stammheim das Leben genommen« haben. Kurios erscheint diese »Bestätigung«, weil die Ermittlungen zur Todesursache noch gar nicht begonnen haben.

Ab zehn Uhr läuft diese Meldung in allen Radionachrichten, zusammen mit der von der Geiselbefreiung.

Die Republik ist sprachlos. Wie konnte das geschehen, fragen sich viele. Im »sichersten Gefängnis der Welt«? Trotz aller Sicherheitsmaßnahmen? Trotz der Kontaktsperre, die für die Häftlinge schon seit sechs Wochen bestand? Wie konnten sie sich verständigen? Wussten sie von der Geiselbefreiung in Mogadischu? Verschwörungstheorien machen die Runde. Eine »Geheimdienstoperation«, mutmaßen nicht wenige.

Ab Mittag berichten die Radio- und Fernsehnachrichten, mehrere Anwälte von RAF-Mitgliedern bezweifelten, dass es sich um Selbstmord handle. »Der Verdacht auf Fremdverschulden ist nicht auszuschließen«, sagt Ensslin-Verteidiger Otto Schily. Unerklärlich sei ihm, wie die Häftlinge an die Schusswaffen gelangt sein können. Die Frage »Selbstmord oder Mord?« in Stammheim wird für viele zu einer politischen Glaubensfrage.

Das seinerzeit Unfassbare lässt sich so erklären – im Lichte all dessen, was seither bekannt wurde, unter anderem durch zwei Urteile des Oberlandesgerichts Stuttgart, Aussagen einstiger RAF-Mitglieder, staatsanwaltschaftliche Untersuchungen und polizeiliche Ermittlungen:

Im Herbst 1976 hatten Mitarbeiter der Croissant-Kanzlei eine Lücke im Stammheimer Sicherheitssystem erspäht: Streng sind die Kontrollen am Eingang zur Justizvollzugsanstalt – hier sind penible Justizwachtmeister am Werk. Anders am Eingang zum Prozessgebäude, einhundertfünfzig Meter weiter. Dort kontrollieren Polizisten, die für die Einlasskontrolle abkommandiert wurden. Der »Grabbeldienst« ist bei ihnen alles andere als beliebt. Deshalb erfolgt die Abordnung auch immer nur für einige Wochen. Dadurch konnten die Kontrolleure, urteilt 1980 das Oberlandesgericht Stuttgart, keine »ausreichende Routine und damit die nötige Selbstsicherheit im Auftreten gegenüber Verteidigern erwerben«. Zudem wurde von den Bocklosen am Eingang zum Prozessgebäude, wie es einer der Polizisten formuliert, »eher zurückhaltend« kontrolliert.

Den Transport durch diesen Eingang übernehmen Arndt Müller und Armin Newerla, die beiden »Postanwälte« der Croissant-Kanzlei. Die Akten, die sie dort in den Händen halten, wurden von den beiden »Stammheim-Betreuern« im »Büro« präpariert, Volker Speitel und Elisabeth von Dyck: Sie höhlten das Papier aus, legten Gegenstände hinein und verleimten anschließend alles so, dass die Anwälte bei der Kontrolle den Polizeibeamten die rechte Seite der Akte »vorblättern« können. Nichts fällt auf. Gute Handarbeit.

Im Prozessgebäude geben die Anwälte ihre Mitbringsel den Häftlingen, die sie mit auf die siebte Etage nehmen. Auf dem Weg gibt es keine Kontrollen. Und so kommt an Verhandlungstagen alles, was sich Baader & Co. wünschen, zu ihnen in die Zellen: Es beginnt mit Heizspiralen, Asbestplatten und einem Bügeleisenunterteil. Dann folgen einige kleine Werberadios, Minox-Kameras und ein Mini-Radio der Marke Sanyo. Und schließlich: Pistolen, Munition und Sprengstoff. Für ihre Schmuggeltouren werden die Rechtsanwälte Arndt Müller und Armin Newerla 1980 vom Oberlandesgericht Stuttgart wegen Unterstützung einer terroristischen Vereinigung verurteilt: Rechtsanwaltssohn Müller zu vier Jahren und acht Monaten Freiheitsstrafe, Richtersohn Newerla zu drei Jahren und sechs Monaten.

Das handtellergroße Sanyo-Radio wird am Tag nach der Todesnacht in Raspes Zelle entdeckt. Eingestellt ist das erste Programm des Süddeutschen Rundfunks: Es strahlt das »Gemeinsame Nachtprogramm« der ARD aus. Ab 00.40 Uhr wurde dort über die Geiselbefreiung berichtet.

Verständigt hätten sich die Häftlinge, nachdem Raspe die Nachricht in seinem Radio gehört hatte, über eine Art Wechselsprechanlage auf der siebten Etage, meint 1978 der »Stammheim«-Untersuchungsausschuss des baden-württembergischen Landtags: Genutzt hätten die vier Unterputz-Rundfunkleitungen – die auf der siebten Etage hatte ein Anstaltselektriker vom Netz der JVA abgekoppelt – sowie Lautsprecher, Kopfhörer und Schallplattenverstärker in ihren Zellen. Ein Sachverständiger demonstrierte den Abgeordneten, wie es funktioniert. Oder genauer gesagt: Wie es hätte funktionieren können. Denn es gibt keinen Beweis, dass die Häftlinge tatsächlich so in dieser Nacht kommunizierten.

Wahrscheinlicher erscheint, dass sich die Häftlinge schlicht durch Zurufe verständigten. Die Stammheimer Gefängnisleitung hatte die vier so weit wie möglich auseinandergelegt –

das aber war nicht weit genug, um eine Verständigung durch Rufe zu unterbinden.

In dem Gang auf der siebten Etage liegen vorn, nach dem Zugang, die Zellen von Raspe, links, und Möller, rechts. Hinten, am Ende des Gangs, liegt Baaders Zelle, links, und Ensslins, rechts. Die »Innenentfernung« – über den Gang der sich gegenüberliegenden Zellentüren von Raspe zu Möller und von Baader zu Ensslin – beträgt keine fünf Meter. Die Schalldämmungen, die jeden Abend vor die Türen geschoben wurden, erfüllten ihren Zweck nicht, wie die Justizbeamten und ebenso BKA-Kommissar Alfred Klaus festgestellt hatten. Und Amtsinspektor Bubeck berichtet, stundenlang hätten sich die Häftlinge während der »Kontaktsperre« »miteinander über den Gang hinweg« unterhalten. Mehrfach hätten seine Kollegen die Häftlinge »ermahnt, das zu unterlassen. Aber ohne Erfolg«.

Die »Außenentfernung« von Zellenfenster zu Zellenfenster, von Baader zu Raspe, beträgt keine zwanzig Meter. Nicht anders bei Ensslin und Möller. Hier muss man bei geöffneten Fenstern nicht einmal schreien, um sich zu verständigen.

Nachdem die Nachricht aus Mogadischu die Runde gemacht hat, läuft alles wie zuvor besprochen. Baader und Raspe holen ihre Pistolen aus den Verstecken: Raspe zieht seine HK 4 von Heckler & Koch aus einem Hohlraum hinter einer Fußleiste hervor, Baader die FEG-Pistole, mutmaßlich aus seinem Plattenspieler. Ensslin schlingt ein Lautsprecherkabel um einen Stahlstab ihres Fenstergitters. Irmgard Möller sticht sich mit einem anstaltseigenen Besteckmesser in die linke Brust.

Dieser Augenblick war für Baader, Ensslin und Raspe »das letzte Gefecht und das Setzen eines Fanals für andere«, bilanziert Alfred Klaus, »die den Kampf gegen den ihnen so verhassten Staat fortsetzen sollten«.

Als »frühest möglichen Zeitpunkt« des Todes stellen die Gerichtsmediziner bei Gudrun Ensslin die Zeit »zwischen 1.15 und 1.25 Uhr« und bei Andreas Baader zwischen »00.15 bis 00.30 und 2.15 Uhr« am 18. Oktober fest.

Das Ermittlungsverfahren wegen der Tode von Baader, Ensslin und Raspe stellt die Staatsanwaltschaft Stuttgart im April 1978 ein, weil sie zu dem Ergebnis gekommen ist, dass sich die drei »selbst getötet haben, die Gefangene Möller sich selbst verletzt hat und eine strafrechtlich relevante Beteiligung Dritter nicht vorliegt«.

Die Nachricht aus Stammheim erreicht an diesem Dienstag den Kanzler kurz nach neun Uhr. »Wie von der Keule getroffen« ist er, berichtet er später, »empört, entsetzt«. Gerade wollte er die Sondersitzung des Bundeskabinetts eröffnen – auf der Tagesordnung steht die erfolgreiche Befreiung der »Landshut«-Geiseln. »Jetzt hatten wir gerade einen großen Erfolg errungen«, sagt er rückblickend auf diesen Moment, »und nun dieser Tritt in den Unterleib.«

In Bagdad erfahren Mohnhaupt und andere aus einem Weltempfänger von den Toten in Stammheim. Mohnhaupt »machte sich Vorwürfe, dass es nicht gelungen sei, die Gefangenen zu befreien«, berichtet Monika Helbing. Viele schreien aus Wut und Verzweiflung. »Schnauze, haltet verdammt noch mal für einen Augenblick die Fresse«, brüllt Mohnhaupt mittendrin: »Was wird das hier, eine Trauerfeier mit Klageweibern? Könnt ihr die Stammheimer wirklich nur als Opfer sehen? Das war eine Aktion, habt ihr verstanden, eine Aktion! Ihr könnt aufhören zu flennen, ihr Arschlöcher!«

Eine klare Ansage. Allen ist klar, dass es sich um »kollektive Selbstmorde« handelte.

Dreizehn Jahre später berichten Monika Helbing und Susanne Albrecht, nachdem sie 1990 in der DDR gefasst worden waren, dass es RAF-intern für das Geschehen in dieser Nacht den Begriff »suicide action« gegeben habe – nach außen sei das Ganze geheim gewesen. »Die Wahrheit von Selbstmorden hätte nicht in das politische Selbstverständnis der ›RAF‹ gepasst«, gibt Albrecht zu Protokoll. Und Monika Helbing berichtet, von Mohnhaupt gehört zu haben, dass die Stammheimer für den Fall, dass die Freipressung nicht klappe, vorgehabt hätten, Selbstmord zu begehen: »Aus meiner Sicht war diese Lüge über den angeblichen Mord an den Gefangenen in Stammheim allein durch den Selbstzweck begründet, die Politik der RAF fortsetzen zu können und in der Öffentlichkeit glaubwürdig zu machen.«

Auf dem Rhein-Main-Flughafen in Frankfurt landen die befreiten Geiseln um 13.58 Uhr. »Die Freude über den glücklichen Ausgang der brutalen Entführung und über Ihre Rückkehr«, sagt ihnen Bundesverkehrsminister Kurt Gscheidle, »wird von allen Bürgern unseres Landes geteilt.«

Anderthalb Stunden später dankt Bundesinnenminister Maihofer den »lieben Männern der Grenzschutzgruppe 9«, die auf dem Flughafen Köln-Wahn gelandet und vor ihm angetreten sind: »In nicht mehr als sieben Minuten, vom Aufsprengen der Türen an, hatten Sie den Geiseln den Weg in die Freiheit freigekämpft. Vielen Familien haben Sie so mit einem Schlag ihre schon fast verlorenen Angehörigen wiedergegeben.« Der Bundesinnenminister erklärt ihnen den »Dank unserer Nation« und endet mit den Worten: »Wir sind stolz auf Sie!« Gemeinsam singen sie das Deutschlandlied.

Im Lichte all dieses Jubels fährt um halb fünf Bundesjustizminister Vogel bei der Familie Schleyer in Stuttgart im Ginsterweg vor, um ihr das »besondere Mitgefühl der Bundesregierung« auszudrücken. Eine Stunde spricht er mit Waltrude Schleyer und kündigt ihr »den Appell des Herrn Bundespräsidenten an die Entführer an, Hanns Martin Schleyer freizulassen«. So, als ob die RAF auf Walter Scheel hören würde. Seinen Appell strahlen ARD und ZDF um 20.15 Uhr aus, tatsächlich appelliert er an die Entführer, »Ihre Geisel freizugeben«. Doch die RAF reagiert nicht.

Am Abend teil Payot dem Bundeskriminalamt mit, er habe »nichts mitzuteilen«.

Mittwoch, 19. Oktober

Um 16.21 Uhr meldet sich im Stuttgarter Büro der Deutschen Presse-Agentur eine Anruferin. »Hier RAF«, sagt sie – Tag eins nach dem glücklichen Ende der »Landshut«-Entführung, Tag vierundvierzig nach der unglücklichen Schleyer-Entführung und dreiunddreißig Stunden nachdem Justizbeamte Baader und Ensslin tot in Stammheim fanden. Die Frau spricht langsam. Zum Mitschreiben: »Wir haben nach 43 Tagen Hanns Schleyers klägliche und korrupte Existenz beendet. Herr Schmidt, der in seinem Machtkalkül von Anfang an mit Schleyers Tod spekulierte, kann ihn in der Rue Charles Péguy in Mülhausen in einem grünen Audi 100 mit Bad Homburger Kennzeichen abholen. Für unseren Schmerz und unsere Wut über die Massaker von Mogadischu und Stammheim ist sein Tod bedeutungslos. Andreas, Gudrun, Jan, Irmgard und uns überrascht die faschistische Dramaturgie der Imperialisten zur Vernichtung der Befreiungsbewegungen nicht. Wir werden Schmidt und den ihn unterstützenden Imperialisten nie das vergossene Blut vergessen. Der Kampf hat erst begonnen. Freiheit durch bewaffneten anti-imperialistischen Kampf!«

Schnell entdeckt die französische Polizei den Audi 100 mit dem Kennzeichen HG-AN 460. Es ist der Wagen, den »Hans-Georg Schmied« vor fünf Tagen in Neu-Anspach kaufte – tatsächlich war es Christian Klar. Vorsichtig nehmen ihn Sprengstoffexperten unter die Lupe. Sie fürchten eine Sprengfalle.

Um 18.25 Uhr ruft Bundesjustizminister Vogel Waltrude Schleyer an, die noch nicht weiß, dass sie Witwe ist, und sagt ihr, im Laufe des Abends müsse sie mit »einer tragischen Nachricht rechnen«.

Den Kofferraum öffnen die Sprengstoffexperten um 20.50 Uhr. Vor sich sehen sie die eingepferchte Leiche von Hanns Martin Schleyer: das Gesicht entstellt. Die grauen Haare kurz geschoren. Derselbe Anzug wie am Tag seiner Entführung.

Um 23.05 Uhr ruft Bundesjustizminister Vogel Hanns-Eberhard Schleyer an und sagt ihm, der Tod seines Vaters stehe »nunmehr amtlich« fest.

Nach den Feststellungen der Gerichtsmediziner liegt Schleyers Todeszeitpunkt zwischen dem 18. Oktober, 13 Uhr, und dem 19. Oktober, 1 Uhr. Also auf jeden Fall nachdem der Tod von Baader und Ensslin aus Stammheim im Radio gemeldet worden war.

Was genau in den letzten Stunden im Leben von Hanns Martin Schleyer passiert ist, steht bis heute nicht fest. Alles, was seither bekannt wurde, spricht dafür, dass es so war:

Zwei Tage bevor seine Leiche gefunden wurde, war bei seinen Bewachern in Brüssel die Stimmung schlecht – seit vier Wochen hält ihn die RAF dort in der Dreizimmerwohnung gefangen. Zu dem Stimmungsdämpfer hatte die Nachricht geführt, dass die »Landshut« in Aden wieder starten musste. Aden sollte die Lösung sein, den Austausch bringen. Keiner in Brüssel weiß, wieso es nicht geklappt hat.

Von diesem Augenblick an steht für die RAF fest, in Brüssel wie auch in Bagdad, dass es ihr nicht gelingen wird, ihre Häftlinge freizupressen – am zweiundvierzigsten Tag nach der Schleyer-Entführung. Einen Tag später melden die Radionachrichten ab zehn Uhr den Tod von Baader und Ensslin. Daraufhin beschließt das Brüsseler Kommando, einstimmig, ohne längere Diskussion, Schleyer zu erschießen. Bagdad stimmt zu. »Es gab in Brüssel öffentliche Fernschreiber, die standen im Postamt«, erklärt Peter-Jürgen Boock dreißig Jahre später, was geschah. Und so sei gekabelt worden – in etwa: »Wir müssen das Geschäft jetzt zum Abschluss bringen. Die letzte Ladung ist verdorben. Seht ihr das auch so?« Die Antwort habe aus nur einem einzigen Wort bestanden, meint Boock sich zu erinnern: »Okay.« Schleyers Todesurteil. Vier Buchstaben.

Die schmutzige Aufgabe übernehmen zwei RAF-Männer. Um leichtes Spiel zu haben, gaukeln sie Schleyer vor, seine Freilassung stünde bevor. So klettert er guter Stimmung in den Kofferraum. An solche Touren hat sich der einstige Fond-Fahrer in den vergangenen Wochen gewöhnt. Von Brüssel aus geht es Richtung Südosten. Irgendwo unterwegs stoppt der Audi. Der Arbeitgeberpräsident darf aus dem Kofferraum. Pinkelpause. Alles wirkt entspannt. Doch auf einmal feuert einer der Männer mit einer Smith & Wesson Schleyer in den Hinterkopf. Zwei Schüsse folgen. Entfernung: zwischen zwanzig und fünfzig Zentimeter. Hanns Martin Schleyer erleidet eine zentrale Atem- und Kreislauflähmung und eine Luftembolie im Herz. Sein Todeskampf dauert Minuten. Nicht auszuschließen ist, dass auch der zweite Mann abdrückte.

Aufgrund der Obduktionsbefunde spricht alles dafür, dass dieser Mord in einem Wald geschah, gut möglich: im Elsass – Gras, Baumrinde und Fichtennadeln deuten darauf hin, die im Mund der Leiche gefunden wurden. Im Todeskampf biss Schleyer in den Boden.

Schleyers letzte Begleiter nehmen Abstand von ihrem Plan, den Wagen mit der Leiche in der Nähe des Bundeskanzleramts in Bonn abzustellen. Unterwegs verlässt die Mörder der Mut – in diesen Tagen ist das Regierungsviertel Hochsicherheitszone. Und so fahren sie den Audi nach Mülhausen. Über die deutsche Grenze trauen sie sich nicht.

Juristisch bis heute ist ungeklärt, wer die beiden Täter waren: Stefan Wisniewski und Willy Peter Stoll, sagte Susanne Albrecht in Vernehmungen nach ihrer Verhaftung 1990. Herold-Biograf Dieter Schenk nennt Wisniewski und Rolf Clemens Wagner. Und Peter-Jürgen Boock behauptete 2007, es seien Rolf Heißler und Stefan Wisniewski gewesen.

Nach Boocks Aussage bei der Bundesanwaltschaft leitet sie ein Ermittlungsverfahren gegen Heißler im Dezember 2007 ein. Der ist mittlerweile neunundfünfzig und seit sechs Jahren wieder auf freiem Fuß. Aber für Boocks Behauptung finden die Ermittler nichts Stichhaltiges. Deshalb stellt die Bundesanwaltschaft das Verfahren nach sechs Jahren Ermittlungen ein, im August 2013. Sechsunddreißig Jahre nach dem Schleyer-Mord. So ist auch im Fall Schleyer, nicht anders als bei Buback, fast vierzig Jahre nach der Tat nach wie vor ungeklärt, wer der Todesschütze war.

Donnerstag, 20. Oktober

Bericht aus Ostberlin, von der »Terrorabwehr« im Ministerium für Staatssicherheit:

Abteilung XXII — Berlin, den 20. Oktober 1977

Hinweise zu Personen, nach denen aus Anlaß der Ermordung des Präsidenten des BRD-Unternehmerverbandes S c h l e y e r in der BRD gefahndet wird

---

Durch westliche Massenmedien wurde bekannt, daß die Ermordung des Präsidenten des BRD-Unternehmerverbandes S c h l e y e r von den Sicherheitsorganen der BRD zum Anlaß genommen wurde, eine öffentliche Großfahndung nach vermutlichen Terroristen auszulösen. Die Bevölkerung der BRD wurde aufgerufen, die Maßnahmen der Polizei, insbesondere bei der Fahndung nach den Tatverdächtigen

1. A l b r e c h t ,	Susanne
2. van D y c k ,	Elisabeth
3. H e i ß l e r ,	Rolf
4. K l a r ,	Christian
5. K r a b b e ,	Friederike
6. L a n g ,	Jörg
7. M a i e r - W i t t ,	Silke
8. M o h n h a u p t ,	Brigitte
9. P l a m b e c k ,	Juliane
10. S c h u l z ,	Adelheid Barbara
11. S p e i t e l ,	Angelika
12. Sternebeck,	Sigrid
13. S t o l l ,	Willy Peter
14. V i e t t ,	Inge

15. W a c k e r n a g e l , Christof
16. W a g n e r , Ralf Clemens,
mit zweckdienlichen Angaben zu unterstützen.

Dieser Bericht aus dem Ministerium für Staatssicherheit (MfS) am Tag nachdem die Leiche Schleyers gefunden worden war, zeigt, wie genau Ostberlin verfolgte, was zwischen RAF und »BRD« passierte. Zuständig für die RAF war 1977 die Abteilung XXII – »Terrorabwehr«.

Zwei Jahre zuvor, 1975, war sie gegründet worden, weil Stasi-Minister Erich Mielke fürchtet, auch in der DDR könnte es Terroranschläge geben: Das junge Phänomen Terrorismus boomte weltweit. Die Abteilung diente primär der Prophylaxe. Nach dem Sicherheitsdenken von Mielke soll sie erkunden, was anderswo an »Terror« passiert, um zu prognostizieren, was davon in die DDR hineinschwappen könnte. So bedeutete »Terrorabwehr« für Helmut Voigt, den einstigen Chef der Unterabteilung XXII/8, die für die RAF zuständig war, »dass wir uns um alle Terrorgruppen gekümmert haben, bei denen nicht auszuschließen war, dass sie die DDR betreten«.

Die »Terrorabwehr« sitzt, getrennt von dem großen Stasi-Gebäude-Komplex an der Berliner Normannenstraße, im Stadtteil Hohenschönhausen, in der Ferdinand-Schultze-Straße 55: ein dreistöckiger DDR-Büro-Plattenbau, umgeben von einer hohen Mauer – mit Wachposten auf der Mauer und vor dem Tor.

In den Büros legen Stasi-Offiziere Dossiers über die einzelnen RAF-Mitglieder an – ihre Quellen sind westdeutsche Medienberichte, abgehörte Telefonate und gelegentlich auch Hinweise von ihren »Kundschaftern an der unsichtbaren

Front« in Westdeutschland. In dem Stasi-Dossier über Susanne Albrecht vom 20. Oktober 1977 ist beispielsweise zu lesen, dass »unserer Diensteinheit folgende Hinweise« vorlägen:

> A l b r e c h t , Susanne
> geb. am 1. 3. 1951 in Hamburg
> wh.: Hamburg
> Bartelstraße 49
> (Abt. XII erfaßt für HA PS/AIG)
> – gehörte dem ›Komitee gegen Isolationsfolter‹ Hamburg an
> – war aushilfsweise im Anwaltsbüro C r o i s s a n t tätig
> – April 1973 Hausbesetzung in Hamburg, Eckhofstr. 39, zusammen mit
> Karl-Heinz D e l l w o ,
> Ulrich W e s s e l und
> Karl-Heinz R o t h .
> – November 1973 wurde die A. an der niederländischen Grenze festgenommen, als sie versuchte, Zünder für Nebelkerzen über die Grenze zu schmuggeln, und zu einer Geldstrafe verurteilt.
> – Dezember 1973 reiste Ilse S t a c h o w i a k mit dem Paß der A. nach Belgien. Sie soll auch mit diesem Paß in die Schweiz und in den Libanon gereist sein.
> – Febr. 1974 wurde die A. nach einer ›Straßenschlacht‹ in Frankfurt/Main festgenommen.
> – Okt. 1974 nahm die A. an der Besetzung der Hamburger Filiale von ›Amnesty International‹ durch das ›Komitee gegen Isolationsfolter‹ teil.
> – April 1975 zur Zeit des Anschlages auf die BRD-Botschaft in Stockholm hielt sich A. in Schweden auf.
> – 1975 wurde die A l b r e c h t durch BRD-Polizeiorgane erkennungsdienstlich bearbeitet.

– 1976 wurde ein Ermittlungsverfahren wegen Beteiligung an einer kriminellen Vereinigung gegen die A. eingestellt.
– Juli 1977 soll die A. am Attentat auf den Vorstandssprecher der Dresdner Bank Jürgen P o n t o beteiligt gewesen sein.

Könnte die DDR-Staatssicherheit mit der »Offensive 77« der RAF mehr zu tun gehabt haben, als dass sie lediglich Informationen sammelte? Könnte sie die RAF unterstützt oder gar gesteuert haben?

Für das Jahr 1977 findet sich in den Hinterlassenschaften der Staatssicherheit kein Anhaltspunkt dafür.

Vielmehr zeigen die Dokumente, bestätigt werden sie von sämtlichen Aussagen zu diesem Komplex, dass die Stasi-RAF-Verbindung erst drei Jahre später entstand, 1980. Eingefädelt wurde sie von Inge Viett; 1980 war sie von der »Bewegung 2. Juni« zur RAF in Paris gestoßen: die Fluchtburg von Mohnhaupt & Co. nach dem »Deutschen Herbst«. Im Mai 1980 reiste Viett nach Ostberlin zu ihrem Kontaktmann bei der »Terrorabwehr« Harry Dahl, um ihn zu fragen, wie man am besten ein sicheres Exil für Aussteigewillige der RAF findet: Susanne Albrecht, Silke Maier-Witt und andere hatten vom »bewaffneten Kampf« die Nase voll. Der Stasi-Offizier fragt Viett, ob sie schon einmal daran gedacht hätten, »die demobilisierten Kämpfer zu uns zu bringen?«

So reisen zu Sondierungsgesprächen Ende Juli 1980 die RAF-Männer Christian Klar und Henning Beer in die DDR. Grünes Licht auf Stasi-Seite kommt von Gerhard Neiber, dem ersten Stellvertreter des Ministers für Staatssicherheit – nach Rücksprache mit seinem Chef Erich Mielke.

Es entstehen zwei Stasi-RAF-Kooperationen: die Integration und Betreuung von insgesamt zehn RAF-Aussteigern

(»Stern 2«) von 1980 und bis zum Ende der DDR 1990 – aus der 77er-Formation machen Gebrauch von dem RAF-Aussteigerprogramm der DDR-»Terrorabwehr« Susanne Albrecht, Silke Maier-Witt, Sigrid Sternebeck und Monika Helbing. Daneben bietet die Staatssicherheit der aktiven RAF ein Erholungs- und Trainingsprogramm in der DDR (»Stern 1«) zwischen 1980 und 1984 – eine Mischung aus Relaxen in Stasi-Landhäusern und dem Schießen auf Truppenübungsplätzen der Nationalen Volksarmee.

Im Laufe der Zeit knirscht es mächtig zwischen aktiver RAF und der »Terrorabwehr«: Die RAF-Mitglieder können mit dem »realen Sozialismus« und den Lobreden der Stasi-Leute auf ihn nichts anfangen und den dogmatischen Stasi-Leuten ist ihr undogmatischer Westbesuch zu flippig. Der teuflische Pakt zwischen »Terroristen« und »Terrorabwehr« endet, weil im Juli 1984 alle RAF-Mitglieder verhaftet sind, die in der DDR zu Erholungs- und Ausbildungszwecken waren. Anhaltspunkte dafür, dass er später fortgesetzt wurde, bestehen nicht.

Freitag, 21. Oktober

Bundesjustizminister Vogel hebt die »Kontaktsperreanordnung« auf – zwei Tage nachdem Schleyers Leiche gefunden wurde.

Die Ende September 1977 »über Nacht« gezimmerten Kontaktsperreparagrafen gelten heute noch immer, um zwei Vorschriften ergänzt; nachzulesen in den Paragrafen 32 bis 38 a des »Einführungsgesetzes zum Gerichtsverfassungsgesetz«. Nach der Schleyer-Entführung wurde die Kontaktsperre in der Bundesrepublik nicht noch einmal angeordnet.

Im Juni 2015 kündigte Bundesjustizminister Heiko Maas an, »vorzuschlagen«, »die Kontaktsperre zum Verteidiger aus dem Gesetz zu streichen«, weil ihm die Fantasie fehle, so sagte er auf dem Deutschen Anwaltstag 2015, sich vorzustellen, »dass deutsche Anwälte wieder wie damals zu Helfershelfern des Terrors werden könnten.« Bei Abschluss des Manuskripts im Oktober 2016 war das Kontaktsperregesetz unverändert in Kraft.

Montag, 7. November

Die Staatsanwaltschaft Stuttgart entscheidet über die in der Republik lebhaft diskutierte »Abhörfrage«: Das Ermittlungsverfahren gegen den früheren Justizminister Bender und den Innenminister Schiess wegen der »Verletzung der Vertraulichkeit des Wortes« stellt sie ein – Aktenzeichen 17 Js 966/77: Der Straftatbestand sei nicht erfüllt worden, weil »das Abhören der Gespräche rechtmäßig« erfolgt sei. Es habe eine »Notstandslage« vorgelegen, schreibt Staatssekratär Manfred Schüler in der Einstellungsverfügung: Sowohl nach dem Stockholm-Überfall wie auch nach der Festnahme von Siegfried Haag, aus dessen Aufzeichnungen sich ergeben habe, dass Vorbereitungen für Straftaten sehr weit gediehen gewesen seien, sei eine »schwere Gewalttat in Kürze zu erwarten« und davon auszugehen gewesen, »dass die neue Tat auf die Initiative oder mindestens mit Wissen der inhaftierten Bandenführer geplant und dass deren Befehle und Meinungen von den Vertrauensanwälten übermittelt würden«. Deshalb habe »die konkrete Möglichkeit« bestanden, »dass Vertrauensanwälte in Gesprächen mit den inhaftierten Bandenmitgliedern Pläne bevorstehender Terrorakte erörtern würden«.

Angesichts dieser Sachlage seien »die Minister zutreffend davon ausgegangen, sie seien befugt, die Gespräche zwischen den in der Vollzugsanstalt Stuttgart einsitzenden Terroristen und ihren Wahlverteidigern abzuhören. Die Befugnis hierzu ergab sich aus dem Vorhandensein einer Notstandslage im Sinne von § 34 Strafgesetzbuch.«

Diese Entscheidung bestätigt die Staatsanwaltschaft bei dem Oberlandesgericht Stuttgart am 29. September 1978 (8 Zs 428/78). Wegen einer »Verletzung der Vertraulichkeit des Wortes« könnten die Beschuldigten nicht bestraft werden, da ihnen der Rechtfertigungsgrund des rechtfertigenden Notstandes zur Seite stehe. Zutreffend sei die Staatsanwaltschaft davon ausgegangen, dass der »rechtfertigende Notstand« »grundsätzlich auch von Trägern staatlicher Amtsbefugnis in Anspruch genommen werden« könne, wie zwischenzeitlich auch der Bundesgerichtshof entschieden habe. Zutreffend habe die Staatsanwaltschaft die angeordneten Maßnahmen »angesichts der ganz besonderen Umstände als angemessene Mittel zur Gefahrenabwehr in einer Ausnahmesituation gewertet«.

Knapp zwei Jahre nachdem die Abhöraffäre aufgeflogen ist, bestätigt das Oberlandesgericht Stuttgart aufgrund der Beschwerden von Klaus Croissant (»zur Zeit in Untersuchungshaft in der Vollzugsanstalt Stuttgart-Stammheim«) und Brigitte Tilgner in einem »Klageerzwingungsverfahren«, dass das Ermittlungsergebnis der Staatsanwaltschaft Stuttgart zutreffend ist: Drei Tage bevor die Entscheidung erging, war Traugott Bender an einem Hirnschlag gestorben; Schiess arbeitet als Rechtsanwalt, im Jahr zuvor hatte ihn als Innenminister Lothar Späth abgelöst.

Zur Erhebung der öffentlichen Klage bestehe kein Anlass,

entscheidet das Gericht, weil die Abhörmaßnahmen nach dem Ermittlungsergebnis aufgrund eines »rechtfertigenden Notstandes« gerechtfertigt gewesen seien. Die Anwendung dieses Rechtfertigungsgrundes sei nicht durch die Garantie des unüberwachten mündlichen Verkehrs zwischen Angeklagten und Verteidiger ausgeschlossen. Und die im Rahmen des »rechtfertigenden Notstandes« »vorgeschriebene Interessenabwägung ergibt in beiden Fällen, dass die mit den Abhörmaßnahmen geschützten Interessen der hierdurch beeinträchtigten wesentlich überwogen«: Einen »wesentlich höheren Rang« als »die Vertraulichkeit des zwischen einem Beschuldigten und dessen Strafverteidiger gewechselten Wortes« habe »nach unserer Verfassungs- und Rechtsordnung das menschliche Leben«.

Dienstag, 8. November

In der Polizeistation Erftstadt ruft um 13.20 Uhr ein Mitarbeiter von der Wohnungsverwaltung des Hochhauses »Zum Renngraben 8« an. Er knüpft an ein Gespräch an, das er mit einem Polizisten dieser Wache vor zwei Monaten führte: Der hatte ihn zu der Wohnung 104 in der dritten Etage befragt – am dritten Tag der Schleyer-Entführung. Nun, so sagt der Mann, deutete alles darauf hin, dass diese Wohnung seit Wochen nicht mehr benutzt werde. Schon lange seien die Vorhänge zugezogen. Aber die Miete käme noch pünktlich, aus Köln.

Zwanzig Minuten später informiert die kleine Polizeistation das Bundeskriminalamt mit einem Fernschreiben über diesen Anruf. Dort löst die Nachricht »Terroristenalarm« aus: Schnell stellt sich heraus, dass es schon vor zwei Monaten von derselben Polizeistation einen Hinweis auf dieselbe Wohnung als mögliches Schleyer-Versteck gab – aber niemand diesem Hinweis nachgegangen war.

Damals war die Wohnung Polizeihauptmeister Ferdinand Schmitt aufgefallen: Wie Tausende Polizisten in dieser Republik war er am 7. September zum »Terroristen suchen« losgeschickt worden. In seinem Revier sollte er sich nach einem möglichen Versteck Schleyers umsehen und umhören.

Die Wohnung 104 meldete er seiner Wache als verdächtig, weil er von der Wohnungsverwaltung gehört hatte, dass es bei der Mieterin »Annerose Lottmann-Bücklers« einige Punkte gab, die sie verdächtig erscheinen ließe unter dem Gesichtspunkt Schleyer-Entführung. So hatte sie, als sie die Kaution von 800 Mark bar bezahlte, ein dickes Bündel mit Fünfhundert- und Einhundert-Mark-Scheinen in ihrer Handtasche. Auch passte das Objekt in das dem Streifenbeamten vorgegebene Fahndungsraster: Hochhaus. Im Vierzig-Kilometer-Radius von Köln. Nahe eines Autobahnanschlusses.

Diese Information gab die Polizeistation noch am 7. September, exakt um 15 Uhr, mit der Fernschreibnummer 140 auf dem vorgeschriebenen »Meldeweg« zur vorgesetzten Dienststelle, dem Oberkreisdirektor in Bergheim. Von dort ging sie – zwei Tage später – über »Meldewege« nach Köln zur »Soko 77« und zumindest teilweise zum BKA. Was genau passierte, ließ sich später nicht mehr aufklären. Nur eines war sicher: Dem Hinweis war nicht nachgegangen worden. Richtiges Behördentohuwabohu. Verbindungsnachweise gab es noch nicht.

Nach dem erneuten Hinweis auf den Renngraben tippt an diesem Dienstag ein BKA-Beamter den Namen der Mieterin in den Polizeicomputer PIOS ein. Auf seinem Bildschirm sieht er, dass sie im Verdacht steht, RAF-Unterstützerin zu sein. Zweimal hatte sie ihren Personalausweis als gestohlen, einmal als verloren gemeldet. Und dann stellt er auch noch fest, dass es die von der Mieterin angegebene bisherige Adresse in Wuppertal gar nicht gibt.

So rückt die Polizei flugs mit einem Großaufgebot in Erftstadt-Liblar an: Die Wohnungstür öffnet sie nicht, weil ein Sicherheitsschloss montiert wurde. Aufschließen lässt es sich nicht. Nur aufbrechen. »Das Objekt unverdächtig lassen«, lautet die BKA-Strategie, abgesegnet von Bundesinnenminister Maihofer, aber »unter totaler Observation« halten. In der Hoffnung, dass die RAF noch einmal zurückkehrt, quartieren sich Polizisten in mehreren Wohnungen rundherum ein. Auch gegenüber auf dem Flur: Die Mieter, ein Rentnerpaar, dürfen auf Staatskosten auf Mallorca Urlaub machen.

Für das Bundeskriminalamt, das bei der Suche nach den Schleyer-Mördern im Dunkeln rumtapst, ist es »die heißeste Spur«, resümiert Horst Herold, »die Erwartung bestand permanent, dass sie dort auftauchen«. Bundesinnenminister Maihofer glaubt, es sei »die Falle, in der wir sie schnappen«. Aber sie tappen nicht rein.

Nach knapp zwei Monaten Dauerobservation hört die Polizei vom Wohnungseigentümer, dass die Wohnung am 1. Februar gekündigt wurde. Damit ist für sie klar: Die RAF kommt nicht noch einmal zurück nach Erftstadt-Liblar. So brechen BKA-Männer am 2. Februar 1978 die Tür auf und stellen fest: Die drei Zimmer sind perfekt gecleant, mit Alkohol. Als die Beamten das Bett wegschieben, finden sie einen goldenen Manschettenknopf Schleyers. Das Pendant lag in der Radmulde des Mercedes 230, den am 6. August »Martin

Klas« alias Willy Peter Stoll in Forsbach bei Köln kaufte. Außerdem entdecken Kriminaltechniker die Stelle in der Wohnung, an der die Videoaufnahmen von Schleyer gemacht wurden.

Als die Beamten die Wohnung inspizieren, ist Schleyer seit drei Monaten tot. In Erftstadt-Liblar hatte für zehn Tage die Möglichkeit bestanden, den Arbeitgeberpräsidenten aus seinem Versteck zu befreien – bevor die RAF ihn in die Niederlande verschleppte. Die Chance wurde vertan, weil die Information des »kleinen Schupo« in der Datenflut auf den weiten »Meldewegen« unterging.

Donnerstag, 10. November

Amsterdam, Stadtteil Osdorp, Baden Powellweg 217 – bis vor Kurzem die »Kommandozentrale« der RAF. Eine Stunde vor Mitternacht: Zwei Polizeibeamte beobachten den Hauseingang, einer ist von der Gemeindepolizei Amsterdam, der andere vom deutschen Bundeskriminalamt. Sie sehen, wie zwei Männer aus dem Haus kommen. Über Funk informiert der Gemeindepolizist die Amsterdamer Einsatzgruppe »Überfälle, Terrorismusbekämpfung und Geiselnahme«. Von ihr sind neun Beamte in vier Autos in der Gegend postiert – es besteht »Terroristenverdacht«, weil die Wohnung im Dezember des vergangenen Jahres von »Otmar Fehr« angemietet wurde. Ein Alias des RAF-Mannes Rolf Clemens Wagner.

Für einen Moment verliert die Einsatzgruppe die beiden Männer aus den Augen. Dann entdeckt sie ein Zugriffsteam in einem grünen Mazda in einer Telefonzelle. Um jeden Zweifel auszuschließen, geht Hoofdagent-Rechercheur Zoet

(48) zur Zelle und fragt auf Holländisch, ob sie noch lange brauchen, er müsse einen Arzt rufen. »Einen Moment noch, bitte!«, antwortet ihm der Mann, der rechts in der Zelle steht – auf Deutsch.

Damit ist für den Beamten klar, dass er richtig ist. Die drei Zivilpolizisten aus dem Mazda legen ihre »kugelsicheren« Westen an und entsichern ihre FN-Pistolen, Kaliber 7.65.

Den »Aufschlag« macht Brigadier-Rechercheur van Hoogen (45): Er reißt die Tür der Telefonzelle auf und schreit scharf auf Deutsch: »Hände hoch, Polizei!« Die drei Männer der Einsatzgruppe halten ihre Waffen schussbereit in den Händen. Aber nichts passiert. Van Hoogen wiederholt seine Aufforderung. Der Mann links in der Zelle zieht aus einem Innenbundholster eine Pistole und richtet sie auf die Polizisten. Der andere greift nach einer Handgranate.

In diesem Augenblick fällt der erste Schuss. Wer ihn abgibt, lässt sich später nicht klären. Ein Feuergefecht beginnt. Der Mann mit der Handgranate wirft sie in Richtung Zoet. Sie explodiert. Den Hoofdagent-Rechercheur treffen etliche Splitter – in die rechte Augenlinse, die Schläfe, die Bauchwand und am rechten Fuß.

Nach wenigen Sekunden liegen auf der Straße verletzt drei Polizisten und die beiden aus der Telefonzelle: Die RAF-Neueinsteiger Christof Wackernagel (26), der Schauspieler kam erst im Oktober 1977 zur RAF, und Gert Schneider (28), seit August mit dabei.

Schnell stellt sich heraus: Schneider landete an diesem Tag in Amsterdam-Schiphol um 16.05 Uhr – im Outfit eines Geschäftsmannes: grau-blauer Anzug, beiger Regenmantel und Diplomatenkoffer. Er kam aus Bagdad über Prag und sollte für Brigitte Mohnhaupt Besorgungen in Europa erledigen. In seiner Tasche finden die Ermittler einen Zettel: »das Zeug für Saki (Shit und K) ist nicht zum Vergnügen, d. h., es ist verdammt notwendig und dringend.« Es ist Mohnhaupts Handschrift. »Saki« ist der Deckname von Peter-Jürgen Boock, »Shit« bedeutet Marihuana und »K« steht für Kokain. Schneider hatte den Auftrag, für den ewigen Junkie Boock Stoff zu besorgen.

Er und Wackernagel erklären zweieinhalb Jahre später in ihrem Strafprozess vor dem Oberlandesgericht Düsseldorf, ihr Verhalten sei nicht »justiziabel«, weil sich die RAF mit der Bundesrepublik im »Krieg« befinde. In Wahrheit seien sie »Kriegsgefangene«. »Abwegig« nennt das Gericht diese Ansicht. Denn die »völkerrechtlichen Voraussetzungen für die Annahme eines Kriegszustandes« lägen »zweifelsfrei nicht vor«. Die fünf Richter verurteilen die beiden für die Schießerei wegen versuchten Mordes und »mitgliedschaftlicher Beteiligung an einer terroristischen Vereinigung« zu jeweils fünfzehn Jahren.

Dienstag, 6. Dezember

Starnberger See, Tutzing am Westufer: die Akademie für Politische Bildung. Um 9.30 Uhr tritt BKA-Präsident Horst Herold vor Chefredakteure, Kommentatoren und andere publizistische Multiplikatoren der Republik. Er zieht Bilanz, kurz vor Ende von Deutschlands aufregendstem Terrorjahr – sieben Wochen nach Ende des Deutschen Herbstes. Er spricht von einem »Ergreifungsdefizit, das uns alle bedrückt«. Seit dem 20. Oktober arbeite die Polizei an einer »Neustrukturierung« ihrer Arbeit, weil sie seither nicht mehr nur im Verborgenen fahnde.

In diesen Wochen seien eineinhalb Millionen Menschen kontrolliert worden. »Dabei wurden etwa 1500 Personen verhaftet, aber leider alle nicht von Rang«, berichtet der BKA-Chef: »Kein einziger Terrorist.« »Dreißig Millionen Fahndungsplakate« seien unters Volk gebracht worden, einschließlich ganzseitiger Zeitungsanzeigen. Sie hätten »etwa dreißigtausend Hinweise gebracht«, dreitausend müssten »noch aufgearbeitet werden«. Aber »erfolgsträchtig« seien sie nicht. Herolds Bilanz: »Viel Wirbel um nichts. Ein Schlag ins Wasser nach dem nächsten.« Für ihn stehe aber außer Zweifel, fährt er fort, »dass wir Terroristen auch noch ergreifen werden« – nur sei dies »angesichts der grenzüberschreitenden Natur und der Internationalität der Erscheinung für die deutsche Polizei außerordentlich schwierig«.

Im Lichte der Anstrengungen von Herolds Leuten sind die Zahlen für das BKA im Dezember 1977 mau: Fünf RAF-Mitglieder wurden in diesem Jahr verhaftet. Zwei von Streifenpolizisten in Singen (Verena Becker und Günter Sonnenberg), drei von niederländischen Kollegen (Knut Folkerts, Christof Wackernagel und Gert Schneider).

Der von Herold an diesem Nikolausdienstag prognostizierte »hohe Aufklärungserfolg« tritt ein – wenn auch nicht so schnell, wie von manchen erhofft. Von den insgesamt zweiundzwanzig RAF-Akteuren des Jahres 1977 fasst die Polizei alle, abgesehen von einer Ausnahme: Nach den fünf Festnahmen im Jahr 1977 verhaftet sie bis zum Jahr 1982 zehn RAF-Mitglieder (Christine Kuby, Stefan Wisniewski, Angelika Speitel, Rolf Heißler, Rolf Clemens Wagner, Sieglinde Hofmann, Peter-Jürgen Boock, Brigitte Mohnhaupt, Adelheid Schulz und Christian Klar); zwei verlieren beim Versuch ihrer Festnahme das Leben (Willy Peter Stoll und Elisabeth von Dyck). Vier Frauen werden erst dreizehn Jahre später gefasst, 1990 in der DDR. Dort hatte sie die DDR-»Terrorabwehr« mit neuen Identitäten versteckt (Susanne Albrecht, Sigrid Sternebeck, Silke Maier-Witt und Monika Helbing).

Bis heute nicht gefasst wurde Friederike Krabbe. Ende 1977 war sie mit Mohnhaupt & Co. in Bagdad. Alle flogen zurück nach Europa. Sie blieb dort. In Bagdad verliert sich ihre Spur.

Während Herold an diesem Dienstag am Starnberger See erklärt, warum es so »außerordentlich schwierig« ist, die RAF zu fassen, sind Mohnhaupt und die halbe RAF in Bagdad, ein Teil versteckt sich in Hamburg.

Zum Jahresende schweigt die RAF zu 1977. In dem Jahr gab sie dreißig »Erklärungen« ab – allein während der Schleyer-Entführung fünfundzwanzig (neben x-telefonischen Erklärungen, beispielsweise gegenüber den Angehörigen der Familie Schleyer). Erst fünf Jahre später, im Mai 1982, äußern sich Mohnhaupt & Co. erstmals zur »Offensive 77«: »Wir haben 77 Fehler gemacht, und die Offensive wurde zu unserer härtesten Niederlage.«

Einundzwanzig Jahre nach dieser »Offensive 77«, im Mai 1998, erklärt die RAF – es sind die Nachfolger von Mohnhaupt & Co, »dritte Generation« genannt – ihre Auflösung und sich selbst zur »Geschichte«. In dieser »Auflösungserklärung« bilanziert das letzte Aufgebot der RAF über die Bedeutung des Jahres 1977: »Die RAF hatte alles in die Waagschale geworfen und eine große Niederlage erlitten. Im Kampfprozess bis zum Ende der siebziger Jahre hatte sich herausgestellt, dass die RAF aus dem 68er Aufbruch mit nur wenigen anderen übriggeblieben war.« Und genau diese Einsicht ist dann auch 1998 der Grund, warum sich die RAF auflöst. Politisch steckt sie, so ihre Selbstanalyse, »in einer Sackgasse«. Die Situation ist grundlegend keine andere als 1977. Zwischen 1985 und 1993 ermordet die dritte RAF-Generation zehn Menschen.

Sonnabend, 31. Dezember

Am Abend strahlen ARD und ZDF die Neujahrsansprache von Bundeskanzler Helmut Schmidt zum Jahreswechsel 1977/78 aus. »Wir haben ein schwieriges, zeitweilig sehr schwieriges Jahr hinter uns«, bilanziert der Kanzler. Die Bundesbürger hätten »ernste Herausforderungen bestanden«: »Gründe zum Triumph haben wir nicht. Es sind in diesem Jahr 1977 zahlreiche Heimsuchungen durch eine für uns bis heute nicht völlig erklärbare Gewalt über uns gekommen. Es sind Opfer gebracht worden, die wir, der Schnelllebigkeit unserer Zeit zum Trotze, nicht vergessen dürfen in ihrer mahnenden Bedeutung. Für die innere Sicherheit werden wir auch künftig das leisten, was sinnvoll und notwendig ist.«

Wenn sich nun die Bundesdeutschen vorzustellen versuchten, was ihnen das kommende Jahr 1978 abverlangen werde, sagt der Kanzler, »so können wir wohl ein gutes Gefühl deshalb haben, weil wir doch in den langen Wochen des September und Oktober bewiesen haben, dass die ganz große Mehrheit unserer Bürger zu ihrem Staat Bundesrepublik Deutschland steht, dass sie sich mit ihm, was und auch wenn ihnen dieses oder jenes missfällt, innerlich verwandt oder ganz verbunden fühlt. Das ist eine gute Gewissheit für alle, denen durch Sie, durch die Bürgerinnen und die Bürger unseres Staates, politische Verantwortung auferlegt worden ist.«

Was wurde aus den zweiundzwanzig RAF-Akteuren des Jahres 1977?

Susanne Albrecht (* 1951): Taucht 1980 mithilfe der Staatssicherheit als »Ingrid Jäger« in der DDR unter, wird »Diplomlehrer Englisch (extern)«, gibt Ausländern Deutschunterricht in Köthen, heiratet einen DDR-Bürger und bekommt einen Sohn. Verhaftet am 6. Juni 1990 in Berlin-Marzahn – als erste RAF-Aussteigerin in der DDR. 1991 Verurteilung durch das Oberlandesgericht Stuttgart wegen Mordes an Jürgen Ponto u. a. zu zwölf Jahren Freiheitsstrafe nach der Kronzeugenregelung. Vorzeitige Haftentlassung 1996. Lehrerin in Bremen.

Verena Becker (* 1952): Verhaftet am 3. Mai 1977 nach einer Schießerei in Singen. Am 28. Dezember 1977 verurteilt das Oberlandesgericht Stuttgart sie zu »lebenslänglich« wegen sechs versuchter Morde – die erste Verurteilung eines RAF-Mitglieds aus der 77er-RAF-Crew. 1981 macht sie Angaben beim Bundesamt für Verfassungsschutz. Begnadigung durch den Bundespräsidenten 1989. Lebt in Berlin-Zehlendorf und bezieht Hartz IV. 2008 nimmt die Bundesanwaltschaft Ermittlung gegen sie wegen des Buback-Mordes auf. 2012 Verurteilung durch das Oberlandesgericht Stuttgart wegen Beihilfe zum Mord an Buback und seinen beiden Begleitern: vier Jahre Freiheitsstrafe (braucht sie nicht anzutreten wegen der bereits verbüßten Strafe).

Peter-Jürgen Boock (* 1951): 1980 Flucht aus einer konspirativen RAF-Wohnung in Paris. Trödelhändler in Hamburg. Verhaftung in der Hansestadt 1981. 1986 Verurteilung durch das Oberlandesgericht Stuttgart wegen der Komplexe Ponto, Bundesanwaltschaft und Schleyer zu »lebenslänglich«. Haftentlassung 1998. Anschließend Karriere als Talkshow-»Terrorist«.

Elisabeth von Dyck (* 1950, † 1979): Erschossen am 4. Mai 1979 durch ein Polizei-Sondereinsatzkommando beim Versuch, sie in Nürnberg, Stephanstraße 40, festzunehmen. Überprüfen wollte von Dyck, ob die von der RAF in der Stephanstraße aufgegebene Wohnung unentdeckt geblieben ist. Drei SEK-Männer erwarteten sie.

Knut Folkerts (* 1952): Festnahme am 22. September 1977 in Utrecht, nachdem er den Polizeibeamten Arie Kranenburg erschossen und dessen Kollegen durch zwei Bauchschüsse schwer verletzt hatte. Das Landgericht Utrecht verurteilt ihn am 7. Dezember 1977 wegen dieser Schüsse zu zwanzig Jahren Freiheitsstrafe. 1980 verhängt das Oberlandesgericht Stuttgart »lebenslänglich« gegen ihn wegen der Morde an Generalbundesanwalt Buback und seinen Begleitern am 7. April 1977 in Karlsruhe sowie wegen versuchten Mordes bei dem Raubüberfall auf den Waffenhändler Fischlein in Frankfurt am 1. Juli 1977. Haftentlassung 1995. Buchhalter in Hamburg.

Rolf Heißler (* 1948): Verhaftet 1979 in der konspirativen RAF-Wohnung in der Frankfurter Textorstraße 79 – auf sie gestoßen war die Polizei durch die Rasterfahndung. 1982 verurteilt ihn das Oberlandesgericht Düsseldorf zu »lebenslänglich« wegen Mordes an zwei niederländischen Zöllnern bei einer Schießerei an der »grünen Grenze« zu den Niederlanden. Haftentlassung 2001. Berufslos. Hartz IV.

Monika Helbing (* 1953): 1980 steigt sie aus der RAF aus und in die DDR ein. Als »Elke Winter« arbeitet sie als Krankenschwester und Gesundheitsfürsorgerin. Verhaftung 1990 in Frankfurt/Oder. 1992 Verurteilung durch das Oberlandesgericht Stuttgart wegen der Beteiligung an der Schleyer-Entführung zu sieben Jahren Haft nach der Kronzeugenregelung. 12. Dezember 1993: Vorzeitige Haftentlassung nach der »Halbstrafenregelung« – die erste Haftentlassung von einem der vier DDR-Aussteiger der 77er-RAF-Mannschaft. Durch Heirat »Freifrau von«.

Sieglinde Hofmann (* 1945): Verhaftet am 5. Mai 1980 in Paris. 1982 verurteilt sie das Oberlandesgericht Frankfurt am Main wegen des Ponto-Komplexes zu fünfzehn Jahren Freiheitsstrafe, 1995 das Oberlandesgericht Stuttgart zusätzlich wegen des Mordes an fünf Menschen (Schleyer-Komplex) zu »lebenslänglich«. Das Gericht stellt die besondere Schwere der Schuld fest. 1999 vorzeitige Haftentlassung. Lebt anschließend zurückgezogen. Mittlerweile Rentnerin.

Christian Klar (* 1952): Verhaftet am 16. November 1982 bei Aumühle im Sachsenwald, östlich von Hamburg – auf dem Weg zu einem RAF-Depot. 1985 verurteilt ihn das Oberlandesgericht Stuttgart wegen neun Morden und elf Mordversuchen (Riehen, Buback, Ponto, Bundesanwaltschaft, Schleyer, u. a.) zu »lebenslänglich«. 2007 lehnt der Bundespräsident seine Begnadigung ab. 2009 vorzeitige Haftentlassung durch das Oberlandesgericht Stuttgart: nach sechsundzwanzig Jahren Haft – der längsten Haftdauer eines RAF-Mitglieds. Später Kraftfahrer und Mitarbeiter des Bundestagsabgeordneten Diether Dehm (Die Linke). 2016 verweigert ihm der Bundestag den Hausausweis.

Friederike Krabbe (* 1950): Die Einzige von den zweiundzwanzig RAF-Akteuren des Jahres 1977, die noch nicht gefasst wurde. Krabbes Spur verliert sich in Bagdad um die Jahreswende 1977/78: Von dort fliegen die RAF-Mitglieder zurück nach Westeuropa. Krabbe bleibt. Der Haftbefehl gegen sie besteht noch heute.

Christine Kuby (* 1957): Verhaftet am 21. Januar 1978, als sie in einer Apotheke in Hamburg ein gefälschtes Schmerzmittel-Rezept einlösen will – Nachschub für RAF-Junkie Boock. Weil sie bei ihrer Festnahme versuchte, einen Polizisten zu erschießen, verurteilt sie 1979 das Hanseatische Oberlandesgericht zu »lebenslänglich«. Vorzeitige Entlassung 1995.

Silke Maier-Witt (* 1950): 1980 taucht sie in der DDR unter; arbeitet unter dem Decknamen »Angelika Gerlach« als Krankenschwester in Erfurt und als IM für die Staatssicherheit. Verhaftung 1990 in Neubrandenburg als »Sylvia Bayer« (hatte in der DDR ihren Decknamen gewechselt). 1991 Verurteilung durch das Oberlandesgericht Stuttgart wegen des Mordes an Schleyer: zehn Jahre Freiheitsstrafe – unter Anwendung der Kronzeugenregelung. Vorzeitige Haftentlassung 1995. Fortsetzung des Psychologiestudiums in Oldenburg und Einsatz als »Friedensfachkraft« im Kosovo.

Brigitte Mohnhaupt (* 1949): Verhaftet am 11. November 1982 in Heusenstamm in der Nähe von Frankfurt an einem RAF-Erddepot. 1985 »lebenslänglich«-Verurteilung durch das Oberlandesgericht Stuttgart wegen neun Morden und neun Mordversuchen – für die Komplexe Buback, Ponto, Bundesanwaltschaft, Schleyer u. a. – als »Rädelsführerin« einer »terroristischen Vereinigung«. Vorzeitige Haftentlassung 2007. Lebt zurückgezogen in Süddeutschland.

Gert Schneider (* 1948): Für die Schießerei am 10. November 1977 in Amsterdam verurteilt ihn 1980 das Oberlandesgericht Düsseldorf zu fünfzehn Jahren Freiheitsstrafe wegen versuchten Mordes. 1983 distanziert er sich von der RAF. Haftentlassung 1983. Später arbeitet er als Filmkaufmann – bis zur Rente.

Adelheid Schulz (* 1955): 1982 Verhaftung zusammen mit Mohnhaupt in einem Wald bei Heusenstamm. 1985 »lebenslänglich«-Strafe durch das Oberlandesgericht Düsseldorf wegen der Morde an Schleyer und seinen vier Begleitern; 1994 Verurteilung u. a. wegen zweier Morde an niederländischen Zöllnern im November 1978. 1998 Haftentlassung wegen schlechter Gesundheit. 2002 Begnadigung durch den Bundespräsidenten. Anschließend in Frankfurt: arbeitsunfähig und krank.

Günter Sonnenberg (* 1954): Verhaftet am 3. Mai 1977 nach der Schießerei in Singen. 1978 Verurteilung zu »lebenslänglich« durch das Oberlandesgericht Stuttgart wegen zweier versuchter Morde in Singen. 1982 stellt die Bundesanwaltschaft die Ermittlungen gegen ihn wegen des Buback-Mordes ein – angesichts seiner erfolgten Verurteilung und beschränkten Verhandlungsfähigkeit durch einen Kopfschuss bei seiner Festnahme. Vorzeitige Haftentlassung 1992. Lebt später von Sozialhilfe.

Angelika Speitel (* 1952): Verhaftet am 24. September 1978 – gestellt beim Übungsschießen mit zwei RAF-Mitgliedern in einem Wald bei Dortmund von zwei Polizeibeamten. Bei dem Feuergefecht kommt der eine ums Leben, sein Kollege überlebt, weil er sich tot stellt. Wegen des Polizistenmordes Verurteilung 1979 durch das Oberlandesgericht Düsseldorf zu »lebenslänglich«. In der Haft wendet sie sich von der RAF ab und macht eine Lehre als Schneiderin. Haftentlassung 1990, nach Begnadigung durch den Bundespräsidenten. Schneidert.

Sigrid Sternebeck (* 1949): Taucht 1980 in der DDR unter. Arbeitet als »Ulrike Eildberg« als Fotografin, ihrem erlernten Beruf. Verhaftung im Juni 1990 in Schwedt an der Oder. 1992 verurteilt sie das Oberlandesgericht Stuttgart u. a. wegen Beihilfe zum Mord an Hanns Martin Schleyer zu achteinhalb Jahren Gefängnis unter Anwendung der Kronzeugenregelung. Vorzeitige Haftentlassung am 14. September 1994. Arbeitet wieder als Fotografin.

Willy Peter Stoll (* 1950, † 1978): Wird am 6. September 1978 in Düsseldorf von einem Polizeibeamten erschossen. Nach dem Hinweis aus einem China-Restaurant, in dem Stoll sitzt, will der Beamte in Zivil den Mann überprüfen – der greift zum Revolver. Der Beamte ist schneller.

Christof Wackernagel (* 1951): Wegen der Schießerei am 10. November 1977 in Amsterdam verurteilt ihn 1980 das Oberlandesgericht Düsseldorf zu fünfzehn Jahren Freiheitsstrafe. 1983 distanziert er sich von der RAF. Haftentlassung 1983. Danach arbeitet er wieder als Schauspieler, spielt mit Barbara Rudnik in dem ZDF-Film »Ins Blaue«, in der RTL-Serie »Abschnitt 40« einen oberbürokratischen Polizeibeamten und in »Der bewegte Mann« von Sönke Wortmann den Schwaben in der Männergruppe.

Rolf Clemens Wagner (* 1944, † 2014): Verhaftet wird die freundliche Telefonstimme der RAF 1979 an einer Tramhaltestelle »Bahnhofquai« in Zürich nach einem RAF-Banküberfall. 1987 verurteilt das Oberlandesgericht Düsseldorf Wagner wegen fünf Morden im Schleyer-Komplex zu »lebenslänglich«. 2003 Begnadigung durch Bundespräsident Rau. Anschließend ist der ehemalige Volkswirtschafts- und Jurastudent erwerbslos. Erstes RAF-Mitglied der 77er-Crew, das eines natürlichen Todes stirbt.

Stefan Wisniewski (* 1953): Verhaftung im Mai 1978 auf dem Flughafen Paris-Orly – vor dem Abflug nach Zagreb. 1981 »lebenslänglich«-Verurteilung durch das Oberlandesgericht Düsseldorf für die Morde an Schleyer und seinen Begleitern. Haftentlassung 1999. Lebt von Gelegenheitsjobs und Sozialleistungen. Nicht anders als vor seinem Beitritt zur RAF.

Frauenanteil der RAF 1977: 54,6 Prozent (zwölf Frauen bei zweiundzwanzig Mitgliedern).

Quellen

Für diese Chronik dienten in erster Linie rechtskräftige Gerichtsentscheidungen, Erklärungen der RAF, Schilderungen von damaligen RAF-Akteuren, Tätern, Zeugen und Ermittlern, Berichte von Staatsanwaltschaften und Polizeibehörden, Protokolle von Sitzungen des Innen- und auch Rechtsausschusses des deutschen Bundestages, Akten von anderen bundesdeutschen Behörden und der Hauptabteilung XXII des Ministeriums für Staatssicherheit. Dieses Material ist unveröffentlicht, von wenigen Ausnahmen abgesehen.

Grundlage für dieses Werk bildet außerdem eine Vielzahl von Gesprächen. Allen, die mir bereitwillig Auskunft gaben, danke ich von Herzen – 1987 begann ich mit meinen Recherchen zum Thema RAF als der Ressortleiter Rechtspolitik beim Norddeutschen Rundfunk in Hamburg. Zu ganz besonderem Dank verpflichtet bin ich Eberhard Foth, Horst Herold, Kurt Rebmann, Gerhard Boeden, Rainer Griesbaum, Walter Hemberger, Kurt Biedenkopf, Klaus Bölling, Wolfgang Seliger, Frauke Köhler, Alfred Klaus, Willy Terstiege, Hans-Jürgen Förster, Klaus Pflieger, Christian Lochte, Horst Bubeck, Kurt Groenewold und Hajo Wandschneider.

Gerne hätte ich auch mit den RAF-Akteuren des Jahres 1977 gesprochen, um ihre heutige Sicht auf die Dinge damals zu erfahren. Meine Versuche, mit Brigitte Mohnhaupt, Christian Klar, Susanne Albrecht und Verena Becker in Kontakt zu treten, hatten keinen Erfolg. Das ist bedauerlich. Aber nicht weiter schlimm. Denn von allen gibt es Stellungnahmen zu ihrer späteren Sicht auf das 77er-Geschehen in ihren Strafverfahren, teilweise auch anderswo. Zum Beispiel erlebte ich Susanne Albrecht an mehreren Verhandlungstagen in ihrem Prozess 1991 in Stuttgart-Stammheim als Reporter für den Norddeutschen Rundfunk.

Natürlich auch eingeflossen in diese Chronik sind die Berichte in den Medien über die Ereignisse des Jahres 1977: in erster Line vom *Spiegel*, der *Zeit*, der *Süddeutschen Zeitung*, dem *Hamburger Abendblatt* und im SWR-Blog »Terrorismus in Deutschland«. Berücksichtigt habe ich ferner Veröffentlichungen in: *Kriminalistik*, *Kritische Justiz*, *Monatsschrift für Deutsches Recht*, *Neue Juristische Wochenschrift*. Ebenfalls ausgeweidet habe ich die ARD- und ZDF-Berichterstattung. Darüber hinaus schöpfte ich aus folgenden Quellen:

Albrecht, Julia/Ponto, Corinna, *Patentöchter. Im Schatten der RAF – ein Dialog*, München 2012.

Albrecht, Julia/Gallenmüller, Dagmar: *Die Folgen der Tat*, ARD 2015.

Aust, Stefan, *Baader-Meinhof*, zwei Teile, NDR 1986.

Aust, Stefan/Büchel, Helmar, *Der Krieg der Bürgerkinder, Der Herbst des Terrors*, ARD 2007.

Bakker Schut, Pieter H. (Hrsg.): *das info, briefe von gefangenen aus der raf, aus der Diskussion 73 – 77*, Kiel 1987.

Bakker Schut, Pieter H.: *Stammheim – Der Prozeß gegen die Rote Armee Fraktion*, Kiel 1986.

Boeden, Gerhard: *Wirksame Bekämpfung des Terrorismus durch die Polizei; welche Voraussetzungen müssen geschaffen werden?*, in: Böhme, Wolfgang (Hrsg.): *Terrorismus und Freiheit*, Heidelberg 1978.

Boock, Peter-Jürgen: *Die Entführung und Ermordung des Hanns-Martin Schleyer*, Frankfurt 2002.
Boock, Peter-Jürgen: *»Mit dem Rücken zur Wand …« – Ein Gespräch über die RAF, den Knast und die Gesellschaft*, Bamberg 1994.
Brückner, Peter: *Die Mescalero-Affäre – Ein Lehrstück für Aufklärung und politische Kultur*, Hannover 1977.
Buback, Michael: *Der zweite Tod meines Vaters*, 2. Auflage, München 2009.
Bundesminister des Innern (Hrsg.): *Verfassungsschutzbericht 1977*, Bonn 1978.

Engelmann, Bernt: *Großes Bundesverdienstkreuz. Tatsachenroman*, Darmstadt 1974.

Fetscher, Iring/Rohrmoser, Günter: *Ideologien und Strategien (Analysen zum Terrorismus Band 1)*, Opladen 1981.
Fricke, Karl Wilhelm: *MfS intern – Macht, Strukturen, Auflösung der DDR-Staatssicherheit. Analyse und Dokumentation*, Köln 1991.

Geiger, Tim: *Die »Landshut« in Mogadischu*, Vierteljahreshefte Zeitgeschichte, 3/2009, Seite 413.
Gill, David/Schröter, Ulrich: *Das Ministerium für Staatssicherheit – Anatomie des Mielke-Imperiums*, Berlin 1991.

Hachmeister, Lutz: *Schleyer. Eine deutsche Geschichte*, München 2004.
Hachmeister, Lutz: *Schleyer – Eine deutsche Geschichte*, NDR 2002.
Hannich, Rolf (Hrsg.): *Karlsruher Kommentar zur Strafprozessordnung*, 7. Auflage, München 2013.
Hannover, Heinrich: *Das Prinzip Kollektivität – oder wer wusste was in der RAF?*, in: Komitee für Grundrechte und Demokratie (Hrsg.): *Der Prozess – Justiz in der Bundesrepublik Deutschland am Beispiel Peter-Jürgen Boock 1983/1984 zu Stuttgart-Stammheim*, Sensbachtal 1985.
Hannover, Heinrich: *Terroristenprozesse – Erfahrungen und Erkenntnisse eines Strafverteidigers (Terroristen und Richter, Band 1)*, Hamburg 1991.
Haus der Geschichte Baden-Württemberg (Hrsg.): *RAF – Terror im Südwesten*, Stuttgart 2013.

Hauser, Dorothea: *Baader und Herold – Beschreibung eines Kampfes,* Berlin 1997.
Hermann, Kai/Koch, Peter: *Entscheidung in Mogadischu – Die 50 Tage nach Schleyers Entführung,* Hamburg 1977.

ID-Verlag (Hrsg.): *Rote Armee Fraktion, Texte und Materialien zur Geschichte der RAF,* Berlin 1997.

Kauth, Anne/Reufels, Bernd: *Die Geschichte der RAF,* sechs Folgen, ZDFinfo 2015.
Kellerhoff, Sven Felix: *Was stimmt? RAF – Die wichtigsten Antworten,* Freiburg im Breisgau 2007.
Klaus, Alfred/Droste, Gabriele: *Sie nannten mich Familienbulle – Meine Jahre als Sonderermittler gegen die RAF,* Hamburg 2008.
Klaus, Alfred: *Verhalten und Aktivitäten inhaftierter links- und rechtsextremistischer Terroristen – Zur Kampagne gegen die Justiz* (Manuskript), 1983.
Klaus, Alfred: *Aktivitäten und Verhalten inhaftierter Terroristen,* Bonn 1985.
Knobbe, Martin/Schmitz, Stefan. *Terrorjahr 1977 – Wie die RAF Deutschland veränderte,* München, 2. Auflage 2007.
Kraushaar, Wolfgang (Hrsg.): *Die RAF und der linke Terrorismus,* zwei Bände, Hamburg 2006.
Kraushaar, Wolfgang: *Verena Becker und der Verfassungsschutz,* Hamburg 2010.

Landtag von Baden-Württemberg: *Bericht und Antrag des Untersuchungsausschusses »Vorfälle in der Vollzugsanstalt Stuttgart-Stammheim«,* 1977 (Landtags-Drucksache *7/3200).*

Marat, Jean Paul (Hrsg.): *widerstand heißt angriff! erklärungen, redebeiträge, flugblätter und briefe 1977–1987,* Amsterdam 1988.
Marighella, Carlos: *Mini-Handbuch des Stadtguerilla,* Berlin 1970.
Mehlich, Andreas: *Der Verteidiger in den Strafprozessen gegen die Rote Armee Fraktion – Politische Justiz und politische Strafverteidigung im Lichte der Freiheit der Advokatur,* Berlin 2012.

Müll, Diana/Bode, Christine: *Mogadischu – Meine Befreiung aus Terror und Todesangst,* Fernwald 2007.

Müller, Michael/Kanonenberg, Andreas: *Die RAF-Stasi-Connection,* Berlin 1992.

Oesterle, Kurt: *Stammheim – Die Geschichte des Vollzugsbeamten Horst Bubeck,* Tübingen 2003.

Peters, Butz: *Der letzte Mythos der RAF. Das Desaster von Bad Kleinen – Wer erschoss Wolfgang Grams?,* Berlin 2006.

Peters, Butz: *Eine »braune« RAF? – NSU und RAF: So nah und doch so fern,* in: Juristische Studiengesellschaft Karlsruhe, Jahresband 2013, Heidelberg 2014.

Peters, Butz: *RAF – Terrorismus in Deutschland,* Stuttgart 1991, aktualisierte Ausgabe: Stuttgart 1993.

Peters, Butz: *Tödlicher Irrtum – Die Geschichte der RAF,* Berlin 2004.

Pflieger, Klaus: *Die Aktion »Spindy«,* Baden-Baden 1997.

Pflieger, Klaus: *Die Rote Armee Fraktion – RAF,* Baden-Baden 2004.

Pflieger, Klaus: *Gegen den Terror,* Stuttgart 2016

Piegler, Hannelore: *Entführung – Hundert Stunden zwischen Angst und Hoffnung,* Wien, München, Zürich, Innsbruck 1978.

Ponto, Ignes: *Sie kamen mit Rosen in der Hand … Lebenseinschnitte,* 40. Druck, Zolikon/Schweiz 1991.

Presse- und Informationsamt der Bundesregierung: *Dokumentation zu den Ereignissen und Entscheidungen im Zusammenhang mit der Entführung von Hanns Martin Schleyer und der Lufthansa-Maschine »Landshut«,* Bonn 1977.

RAF: *texte: der RAF,* Lund/Schweden 1977.

Reinecke, Stefan: *Otto Schily. Vom RAF-Anwalt zum Innenminister,* Hamburg 2003.

Ridder, Winfried: *Verfassung ohne Schutz – Die Niederlagen der Geheimdienste im Kampf gegen den Terrorismus,* München 2013.

Sack, Fritz/Steiner, Heinz: *Protest und Reaktion (Analysen zum Terrorismus, Band 412),* Opladen 1984.

Schenk, Dieter: *Der Chef – Horst Herold und das BKA*, Hamburg 1998.

Schwind, Hans-Dieter (Hrsg.): *Ursachen für den Terrorismus in der Bundesrepublik Deutschland*, Berlin, New York 1978.

Siemens, Anne: *Für die RAF war es das System, für mich der Vater*, München, 3. Auflage 2007.

Sontheimer, Michael: *»Natürlich kann geschossen werden« Eine kurze Geschichte der Rote Armee Fraktion*, München 2010.

Stern, Klaus/Herrmann, Jörg: *Andreas, Baader – Das Leben eines Staatsfeindes*, München, 3. Auflage 2007.

Stuberger, Ulf G.: *»In der Strafsache gegen Andreas Baader, Ulrike Meinhof, Jan-Carl Raspe, Gudrun Ensslin wegen Mordes u.a.«*, Frankfurt 1977.

Stuberger, Ulf G.: *Die Akte RAF. Taten und Motive, Täter und Opfer*, München 2008.

Teuns, Sief/Seifert, Jürgen u. a.: *Folter in der BRD – Zur Situation der Politischen Gefangenen (Kursbuch 32)*, Berlin 1973.

Tolmein, Oliver: *»RAF – Das war für uns Befreiung« – Ein Gespräch mit Irmgard Möller über bewaffneten Kampf, Knast und Linke*, Hamburg, 3. Auflage 2002.

Viett, Inge: *Nie war ich furchtloser. Autobiographie*, Reinbek 1999.

Vogel, Hans-Jochen: *Möglichkeiten und Grenzen der strafrechtlichen Terrorismusbekämpfung*, in: Bundeszentrale für politische Bildung (Hrsg.): *Freiheit und Sicherheit. Die Demokratie wehrt sich gegen den Terrorismus*, Bonn 1979.

Weidenhammer, Karl-Heinz: *Selbstmord oder Mord? Das Todesermittlungsverfahren: Baader/Ensslin/Raspe*, Kiel 1988.

Werthebach, Eckart: *Lehren aus der politisch motivierten Gewalt*, in: Der Bundesminister des Innern (Hrsg.): *Demokratie und politisch motivierte Gewalt*, Bonn 1989.

Wilhelm, Frank: *RAF im Osten – Terroristen unter dem Schutz der Stasi*, Neubrandenburg 2016.

Willemsen, Roger/Tolmein, Oliver, *Gefangene aus der RAF im Gespräch, Die Celler Gefangenen*, PREMIERE, 1992.

Wischnewski, Hans-Jürgen: *Mit Leidenschaft und Augenmaß – In Mogadischu und anderswo. Politische Memoiren*, München 1989.
Wisniewski, Stefan: *Wir waren so unheimlich konsequent … – Ein Gespräch zur Geschichte der RAF*, Berlin, 3. Auflage 2003.
Wunschik, Tobias: *Baader-Meinhofs Kinder – Die zweite Generation der RAF*, Opladen 1997.
Wunschik, Tobias: *Die Hauptabteilung XXII: »Terrorabwehr«*, in: *Anatomie der Staatssicherheit. Geschichte – Struktur – Methoden*, MfS-Handbuch (Teil III/16), Berlin 1995.

Zahl, Peter-Paul, *Die Glücklichen*, Berlin 1979.